U0512264

西方马克思主义现代性理论研究

丛书编委会

学术顾问：陈学明

主任委员：韩秋红

　　　　　庞立生

责任编辑：胡绪明　史　巍

西方马克思主义
现代性理论研究丛书

现代性的城市场域与哲学之路

赫曦滢◎著

Modern City Market Domain and
Philosophical Road

人民出版社

　　2018年国家社会科学基金青年项目"基于人类命运共同体理念的空间正义重塑研究"（2018CZX004）阶段性成果。

总　序

陈学明　韩秋红

　　有人这样描述历史：16 世纪是意大利人的世界，是因为意大利人兴起了文艺复兴和宗教改革运动，更是因为这样的运动发现了人、自然；17 世纪是英国人的世界，是因为英国人发明了蒸汽机，更是因为这样的发明代表着人类工业文明的出现；18 世纪是法国人的世界，是因为法国人掀起了巴士底狱革命，更是因为这样的革命送给人类百科全书；19 世纪是德国人的世界，是因为德国人在欧洲的上空演奏了第一把小提琴，更是因为"第一把小提琴家"是马克思。如果说这样的描述有一定道理的话，那么这一道理在 20 世纪再一次得到证明——马克思是 20 世纪当之无愧的伟人。20 世纪无论是马克思、还是以马克思命名的马克思主义、还是借助马克思之名标榜自己的西方马克思主义，都成为 20 世纪人类历史上斑斓驳杂的重要章节。因为 20 世纪的人类社会经历了前所未有的进步与巨变，发生在思想领域的一系列事件无疑是这一状况的重要组成部分。新的冲突与融合，新的分化与对峙，新的竞争与较量都在世纪的舞台上一幕幕上演，在这样的时代中或明或暗地蔓延。在这股思想大潮中，诞生于 20 世纪的西方马克思主义渐渐发出了较强的声音，体现了当代思想文化的分化和多样化的格局。它不仅源流学派异彩纷呈，而且伴随着自身理论的深层转变而日益呈现出综合发展的趋势；同时这一令人捉摸难定的趋势，又隐约显示出深渊的历史渊源、文化背景以及学理的传承相继。

　　西方马克思主义作为西方哲学进入 20 世纪后别样的一支发展分流，既保留与继承了西方传统哲学的思想特质和价值关怀，又生发出西方马克思主义作为 20 世纪所具有的现代性批判的时代特征和现实品格。如同恩格斯所指出的那样，古代哲学（古希腊）是以后各种哲学的发源地，其他现代西方哲学都生发于西方传统哲学的基础之上，绽放于源自古希腊哲学思想之树的枝头，那么西方传统哲学与西方马克思主义之间也拥有着"欲说还休、欲语未流"的"未解情缘"。不能否认,西方传统哲学作为西方马克思主义诞生、发展的母体,为西方马克思主义提供了历史背景、传统内涵、思想质地、问题渊源、理论风格和民族情怀,成为西方马克思主义可以独自散发出自身的理论芬芳,也没有忘怀久远和厚重的西方传统哲学所无私提供的思想资源和精神养料。我们正是在西方传统哲学宏大的思想背景下研究西方马克思主义、在西方传统哲学向现代西方哲学转向的意义上,挖掘西方马克思主义理论中深蕴的传统情怀、当代话语和未来之意。

西方马克思主义是一派个性独特的理论学说,他们不强调在近代知识论的意义上构建体系,不追求自身学派内部的概念明晰。众所周知,"西方马克思主义"只是一个总体上的称谓,仅仅因为都注重与马克思主义联系而同属一门,表征着这样一个既具有某种共同理论基调,又色彩斑斓、内容庞杂的理论运动。与其说西方马克思主义是一种知识体系,不如说他们是一种叙事范式;与其说西方马克思主义是一个学术流派,不如说西方马克思主义是一场社会运动或社会思潮。与其说在西方传统哲学的基础上生发的西方现代哲学流派,不如说是西方哲学的现代转向——现代性批判的理论转向。事实也如此,西方马克思主义往往将自身的发展寄予其他理论学派的身上,演发出"弗洛伊德主义的马克思主义"、"存在主义的马克思主义"、"结构主义的马克思主义"等等,从另一个侧面表征了西方马克思主义与众多其他现代西方哲学流派之间千丝万缕的联系与"纠缠"。西方马克思主义与其他现代西方哲学流派一样,共同延续着西方传统哲学的思想传统,共同捕捉着西方传统哲学的思想传统,共同捕捉现代西方哲学的时代脉搏,两者共处在同样的时代,相遇在共同的地域,面对着同样的困惑,思考着人类的命运。以共同的话题,不同的话语方式,使自己的现代性理论的独特话语具有一定的话语权;使现代西方哲学流派成为西方马克思主义的理论资源和现实语境;使西方马克思主义成为马克思主义的所谓的"一奶同胞"的"兄弟姐妹";使西方马克思主义力求成为马克思主义队伍中的一分子时,也使人们不得不对西方马克思主义刮目相看。所以,探究西方马克思主义与现代西方哲学各流派之间的区别与联系,探讨西方马克思主义与马克思主义之间的同与异,成为研究西方马克思主义理论本身的内在需求。

西方马克思主义是一场命运多舛的社会运动,浮浮沉沉,立场波动。但是如前所述,其唯一变动不居的立场就是强调与马克思主义之间的关联。西方马克思主义眼中的马克思主义,已经超越政治意义而具有更为广泛和深刻的思想内涵。他们反对诠释马克思主义学说中的意识形态化倾向和官方哲学的教条化倾向,开创了对马克思主义教条化的传统教科书(苏联意义上)的批评,并以此标榜自我是真正的马克思主义。西方马克思主义冲破传统马克思主义哲学的樊篱,在一定意义上去拓展和发展马克思主义哲学,既是与传统马克思主义的断裂,又继承马克思主义思想本身的否定性思维、辩证性方法和发展性观点,在马克思主义发展史中起到了断裂传承、起承转合、继往开来的作用。马克思主义无疑成为西方马克思主义的又一重要的、不可或缺的理论背景和思想资源。在理论研究中自觉深入西方马克思主义与马克思主义之间的对话和交流,在比较中彰显各自理论的特质和立意,在互动中促进双方理论的融合和再生,在对话中澄明西方马克思主义不是马克思主义。

西方马克思主义是一支深具历史使命感的批判思潮,是西方哲学从古至今逻辑发展的当代传人。西方马克思主义关照现代西方社会的社会现实,关注现代西方人的生活状态,关怀现代西方人的精神出路。与众多其它现代西方哲学流派一同担负起实现西方哲学现代转向的历史重任。现代西方哲学流派不约而同地将哲学的视角从理性的天国转移到社会生活的现实,从关注思想的客观性、追求真理的普世性转移到关注现实人的生存困境、追求现代人的生存意义。意义问题成为当今时代最具亲和力和感染力的词汇,成为当今时代新的主题与价值内核。西方马克思主义以自己独特的社会批判理论为特色,批判物化问题、日常生活异化问题、人性异化问题、女性问题、生态问题等等,旨在说明现代西方社会是一个"不健全的社会"、"单面性的社会"、"病态的社会"、"总体异化的社会"、"患了社会健忘症的社会"等。在一定意义上看,西方马克思主义的思想家努力想当个好的"医者",试图通过对现代西方社会的全方位诊疗,指出现代西方社会的不合理性及其带给人类的异化状态,用尽智慧、挖空心思地为其开出各种药方,为人类社会更好的发展努力指路。只是这些药方充其量是纸上谈兵,而无现实疗效,更是殷切强调药方与马克思的不同,而无真正疗效。故此,我们愿意说西方马克思主义与众多现代西方哲学流派所作的努力异曲同工——共同实现西方哲学的现代转向——现代性批判的理论转向。

然而,西方马克思主义与众多其它现代西方哲学流派相比,又是另辟蹊径、别有风格的。虽然他们"同心协力"、共同实现了西方哲学的现代转向,但是各自理论的出发点与矛盾争锋的焦点以及理论的最终旨趣却不尽相同。现代西方哲学家们分别从不同的角度透视西方社会的生活现实,提出不同的拯救方案,表现为不同的哲学转向。针对生活世界的合理性危机,现代西方哲学的非理性主义者们将批判的矛头直接对准近代的理性主义,认为理性并非人类的全部,"客观"的面孔、"理性"的外衣、"真理"的话语遮蔽了人的肉欲和激情,扭曲了人的生命本性,非理性才是人的生存根基,无论是他们提出的"权力意志"、"生命冲动",还是"潜意识说"等,都表现出对非理性的崇拜、对理性的反抗和对自由的追求。近代理性主义的大厦轰然坍塌,"非理性"从地基中生长出来,接受阳光雨露和人类的审视;生存论哲学家们试图为现代西方人普遍存在的道德失落感和精神虚无感重新构建根基。他们重新梳理了哲学史,区分"存在"与"在者",指出"存在的遗忘"是哲学之所以无力和衰亡的主要原因。他们从"此在"出发重新构建本体论,以生存论代替实在论,赋予生活世界以新的意义,生存论哲学家倾向于为存在的意义——"此在"摇旗呐喊,为生活世界增添价值维度,为人的真实生活增光添彩,使生活回归"事情本身";语言学哲学家们认为哲学之所以不能为社会提供精神慰藉,在于传统哲学对语言的"误用",因此一方面要对哲学语言进行"净化和澄明",另一方面也要从离开对语言意义的审查而探究思想客观性的认识论立场转变为重视对语言意义的分析和理解。他们强调对语言意义的重视背后实质上是对人生存意义的关怀。语言学哲学家从认识的中介——语言入手,重新构造世界的本体,重新阐释人与语言的关系——人因语言而存在,语言是存在的家,对传统哲学语言观实现了翻转;后现代主义哲学家将现代西方社会的病态发展归结为现代性的后果,因而反对一切现代性特征,如主体、真理、解放等等,以一种极端毁灭的方式"解构"一切"元叙事",对启蒙以来的现代性精神持抛弃的态度。后现代主义试图通过对启蒙以来以理性为特征的现代性的批判,重新寻求人类的"自由"之路;西方马克思主义在某些方面与后现代主义相似,也将理论的出发点定位在对现代性的批判上,试图通过现代性理论穿越近代哲学的禁锢,实现人类精神的当代发展。只不过西方马克思主义对现代性的理解与后现代主义不同,对现代性的批判路径也迥异于后现代主义。

后现代主义所理解的现代性是源自启蒙运动的现代性,这种现代性以理性能力的自觉为思想前提,以挺立个体的主体形象为理论旨趣,以实现"自我感受的自我价值"为实践理想,以追求个性自由与精神释放为目的。理论上以勒内·笛卡尔"我思故我在"为起点、以格奥尔格·威廉·弗里德里希·黑格尔"真理大全"为收场,实践中以法国革命为标志,以各种追求自由与解放的民主解放运动为推动,带有鲜明的近代哲学特征。但是这种现代性的后果是人的理性无限扩张、主体形象无边膨胀、实践活动无度僭越,理性封闭在自己的手下无法超越自身。工具理性片面滋长,价值理性被蒙蔽,普遍的人类历史观演变为资本主义输出价值观和文化扩张的幌子,片面追求知识论意义上的真理无法解救人类精神生活的困惑,科技的发展与社会的进步没有给人类带来更多幸福的体验,"人类中心主义"不断遭到质疑。后现代主义正是要批判这种近代形而上学以理性主义为根本特征的现代性,认为现代性的严重后果源自现代性观念本身的错误,现代性在其根本上就是一种错误的"设计","元叙事"只是人类前进道路上一次错误选择。后现代主义将批判的矛头直接对准现代性本身,以一种极端的方式批判现代性,"颠覆"一切现代性特征,"解构"一切元叙事表现,试图以一种彻底的不留余地的态度将现代性"全面封杀"。同时,由于后现代主义将现代性只是看做以启蒙为时间点的、断代意义上的一场遗憾的人类选择活动,没有看到现代性本身的历史沿革性。所以,当后现代主义消解现代性的同时,却没有挖掘出现代性中蕴含的历史价值性,割裂了传统与现代的传承,以知性思维破解知性思维而走入尴尬境地。抛弃传统的给养,人类丢失生存的精神家园,走入精神的荒芜之地。后现代主义在消解现代性的过程中也消解了自身,并不能为人类指明一条行之有效的出路。这样后现代主义批判的现代性是一种时间意义上的、以理性为内核的现代性,后现代主义的现代性理论是一种解构式的具有毁灭性倾向的思想理论。

西方马克思主义也将思想锋芒对准现代性,将探寻现代性的问题作为自身的理论立场和思想内容,将重新破解现代性的"密码"作为时代交予自我的历史任务,将探究现代西方人的生存困境、寻找现代西方人的发展趋势作为理论的价值旨趣,将现实批判作为理论的风格,在这些方面,西方马克思主义与后现代主义似乎并无二致。但是,西方马克思主义与后现代主义在对现代性的理解、突破和继承发展的态度上却大相径庭,呈现出不同的理论特征和命运走向。西方马克思主义不排斥现代性观念,并不否认现代性观念本身的进步意义和人文价值,特别是当代西方工业文明社会的现实发展中进一步理解现代性。无论是对物化的批判、对日常生活异化的揭示、对人性异化的展现、对女性问题的表白、对生态问题的澄明等,都紧紧抓住当代西方工业文明社会这个叙事框架和问题阈。正因为如此,西方马克思主义的批判哲学才不只是停留在认识论内部的概念辨析,而具有了更多的实践性色彩和实证性特征。这种对当代西方工业文明社会的现实批判,深蕴着丰富的价值关怀——拯救真正的现代性精神。所以说,西方马克思主义的现代性理论是站在现代性内部对现代性实现途径的一次修正,是对真正的现代性精神的再次弘扬。西方马克思主义的现代性理论既批判现代性,又不背离现代性;既源于传统,又基于现代;既把现代性看作是人类精神内在否定发展的外化过程,又理解为具有永恒的自我更新的精神旨向。是人类不断自我否定、自我更新、自我超越的精神力量的表达。它不是一种不可逆的线性的时间意识,而是一种螺旋上升、"新旧交替的成果"。① 它的根本特征就是"重生"、"更新"、"革命"。也就是说,它是一个过程,且是一个永远无法完成、永无止境的运动过程;同时是一个不断以否定自身取得进步经验和动力的、自己反对自己的运动过程;它不是凝固不变的模型,也不是业已完善的圆满的普遍规律,而是以自由贯穿始终,以科学和理性为前提,具有开放性、个性的自我超越的过程。在西方马克思主义的理论建构中,现代性是一个人类生存发展的形而上问题,与人类自觉的否定性的历史文化内涵相通,是一种无法超越的历史姿态。现代性与人性具有某种无法拆解的"情愫"。因此,现代性观念本身并没有错误,反而是人类坚忍不拔的自我批判、自我否定精神的显现,错误的只是现代性精神实现过程中西方工业文明社会的现实途径。所以,格奥尔格·卢卡奇等人才在批判西方工业文明社会的"物化"现象之后,重新建构"社会存在本体论",指出现代性并不是排斥本体论,而是应该建构与现代精神相一致的具有生成性和开放性特征的新的本体论;卡尔·柯尔施等人才在批判近代理性形而上学一元论和二元对立思维方式的基础上,提出"总体性"方法,试图继承现代性精神中内在否定的辩证精神;法兰克福学派等才将社会批判理论作为自身学派的主要特征,试图表征自觉地对当下进行"批判与质疑"的现代性要求;西方马克思主义等才渴望重建"乌托邦",追寻人类形而上精神向前发展的灯塔。一定意义上可以说,西方马克思主义并不排斥后现代主义所极力鞭笞的现代性"元叙事",主体、本体、解放、实践、历史、自由等仍然是西方马克思主义理论中非常重要的概念,它

---

① 汪民安、陈永国、张云鹏:《现代性基本读本》,河南大学出版社 2005 年版,第108页。

只是要为这些概念注入更多符合现代性精神内核、更具人文色彩和历史感的思想价值,使这些构筑现代性精神大厦的元素都重新回归现代性诞生之初的美好情境,并带领人类共同走入未来的自由王国。由于西方马克思主义所理解的现代性是一种螺旋上升、"新旧交替的成果",①是一种置身于时间洪流之中永不停息地追求现代之义的永恒冲动,是一个转瞬即逝永不停止的漫漫征程,是人不断超越自身不断创造未来的历史足迹,所以西方马克思主义也没有选择如后现代主义一般极端毁灭式的批判路径——只是为人类的精神徒增了一些"虚妄乏力",丝毫没有增添任何前行的力量,在解构对方的过程中也肢解了自我——而是在承认生成性、差异性和开放性的前提下思考未来哲学的建设性,建构未来哲学的理想性,推进未来哲学的成长性。西方马克思主义以其自身的理论研究表征着现代性的历史传承性,也以其自身的学术态度展示着现代性的思想文化价值和现实实践价值。

西方马克思主义现代性理论具有鲜明的辩证性、现实性、开放性的特征。西方马克思主义对待现代性理念,采取的是辩证的态度;对待在现代性理念下生发的现代化运动对社会现实造成的负面效应,采取的是现实性的批判理路;对解救现代性危机的"治疗方案",采取的是真切而坚定地开出将现代化运动与社会主义制度相结合的"药方"。此外,西方马克思主义能够背靠西方哲学广博的理论资源与问题导向,并在解救现代性困境时,充分挖掘马克思主义理论的"真精神",将西方哲学与马克思主义理论以独特的方式融涵取并,从而实现对马克思主义非僵化的开放性解读,为社会现实问题寻求理论出路。西方马克思主义现代性理论的特点与旨向,对当代中国道路有着不可忽视的借鉴意义与启示作用。

首先,对现代性采取辩证态度的西方马克思主义现代性理论,为当代中国道路提供合法性合理性确证的理论资源。当今,随着改革开放进入深水区,中国特色社会主义道路也进入新的"历史拐点",而在这个新"历史拐点"上,中国所要探讨的问题实际上就是在现代化负面效应日趋显明的当代,如何进一步确证中国特色社会主义道路的合法性合理性的问题,如何对待"现代性"、如何面对"现代化"的问题。面对这样的问题,以往的经验似乎只给我们提供了以下两种选择:其一,由于现代性给我们带来了磨难,所以干脆放弃对现代性的追求。有些

---

① 汪民安、陈永国、张云鹏:《现代性基本读本》,河南大学出版社 2005 年版,第 108 页。

人开始主张中国停止始于 20 世纪 70 年代末的西方化、现代化的历程。其二,现代性是人类的必由之路。我们只能置现代化所带来的种种负面效应于不顾,让中国彻底经历一次西方式的现代性"洗礼"。只有等到中国的现代化过程基本完成了才有可能解决这些负面问题。显然,上述两种观点都带有鲜明的极端化特征,都是"死路",极不可取。前者要中国重新走回头路,后者则迟早会使负面代价葬送中国。我们希望和需要走的,是一条既能充分享受现代文明成果,又能使现代化过程中所出现的那种负面效应降到最低限度的道路,这条道路在现实中的表现形态就是中国特色社会主义道路。而西方马克思主义现代性理论则为这条道路寻找到了实现可能性,并为确证它的合法性合理性提供了有效的理论资源。

西方马克思主义的现代性理论的特点在于,它在激烈而愤怒地揭露现代性的负面效应时,并不将其完全归结于现代性本身逻辑发展的必然结果,并不希望现代人放弃对现代性目标的追求,而是要人们对现代性加以"治疗"。它努力地把物对人的统治追溯到人对人的统治,而不是把人对人的统治掩饰为物对人的统治。它深信,只要换一种社会制度,换一种社会组织方式,换一种价值观念,现代性理念以及作为这一理念具体实施的现代化运动完全有可能避免目前所出现的各种弊端。它对现代性以及现代化运动的负面效应的揭露和批判最终演化为对社会主义理想追求的必然性的论证。这充分说明走向现代化的中国式道路是可能实现的。联系"西方马克思主义"的现代性理论来反思我们中国的现代化运动,我们会得出这样的结论:首先,我们绝不能放弃对现代性的追求,因为现代性对人类有积极意义,即使在追求现代性的过程中出现了这样那样的问题,那也不是现代性本身造成的。其次,我们也绝不能放弃对追求现代性过程中所出现的种种负面效应的关注与消除。既然在追求现代性过程中所出现的负面效应不是根源于现代性本身,那么我们更应当积极地寻找出现这些负面效应的真实原因,并且想方设法消除这些原因,使负面效应降到最低限度。在这里,我们能深切认识到,正是中国特色社会主义道路符合上述结论,才能达到既充分享受现代文明成果又避免现代性的各种负面效应的目的。西方马克思主义的现代性理论坚持认为,人类走向现代文明是必然的,未来的共产主义社会就是高度文明的社会。在现代性理论方面,西方马克思主义是深得马克思如何为现代性祛除病症,为现代文明确立合理合法根基,为现代化振拔于世的精髓要领的,因此,它才能为中国道路提供积极借鉴。

　　其次，西方马克思主义现代性理论的现实性批判旨向，为破解中国现代化道路中所遇到的问题提供理论借鉴。中国特色社会主义道路已经取得了巨大的成就，但与此同时，也面临着一些难题和矛盾，大体可以归为人与自然的矛盾、人与人之间的矛盾和人与自身的矛盾三类。西方马克思主义的现代性理论包涵着经济理性批判、大众文化批判、心理机制批判、技术理性批判、消费主义批判、生态危机批判等多重角度，在发现现代化问题方面具有现实性意义，在着眼解决现代化负面效应时，也抱有着理论产生实效性的期待，一些西方马克思主义者在对发达工业社会的现代性批判后，将解救现代性危机的任务交由社会主义制度调节，虽然他们最终不免步入乌托邦的困境，但是其现实性的特点仍然不可为我们所忽视。并且，正是这一现实性的特点，有助于我们进行理论借鉴与问题启示，从而补充发展中国特色社会主义道路。

　　其一，生态马克思主义理论为我们如何解决人与自然之间的矛盾（生态危机的日益加剧）提供启示。生态马克思主义为我们揭示了生态危机与资本逻辑的对立，从而指出了在资本主义生产方式下人与自然关系的异化根源。马尔库塞敏锐地指出：生态危机的实质是资本主义的政治危机、制度危机，它是资本主义一切危机的集中表现。在这种制度下，自然完全屈从于"一种适应于资本主义要求的、工具主义的合理性"，正因为如此，围绕生态问题的斗争实际上"是一种政治斗争"。① 生态马克思主义者认为，资本的效用属性和增殖属性决定了资本本质上是反生态的，资本主义生产是"以无限价值扩张为目的的，它丝毫不考虑这种扩张所带来的政治的、经济的、地理的或生态的后果"②。因此，他们最终诉求社会主义制度来节制资本对自然的无限利用，解决经济合理性与生态合理性之间的矛盾，进而达到人与自然的和谐关系——"我们是自然界的一部分，而不是在自然界之上；我们赖以进行交流的一切群众性机构以及生命本身，都取决于我们和生物圈之间的明智的、毕恭毕敬的相互作用。"③生态马克思主义的现代性批判是沿着马克思主义的思路前行的，为我国解决生态问题提供了重要启

---

① 　王振亚：《生态社会主义价值观的多维透视》，《马克思主义研究》2003 年第 1 期。
② 　俞可平：《全球化时代的"社会主义"》，中央编译出版社 1998 年版，第 231 页。
③ 　[美]弗·卡普拉、查·斯普雷纳克：《绿色政治——全球的希望》，石音译，东方出版社 1988 年版，第 57 页。

示。按照马克思的生态理论,显然在当今中国消除对自然环境日益严重破坏的关键就在于限制无节制地追求利润的资本逻辑。

其二,西方马克思主义的市场社会主义理论,为我们如何解决人与人之间的矛盾(两极分化的日益加剧)提供启示。西方马克思主义的市场社会主义理论为我们正确地梳理马克思的市场理论积累了许多思想资料。一些市场社会主义理论家所做的主要工作是改变马克思把市场与资本主义联系在一起并进而认为社会主义无市场的观点。戴维·施韦卡特指出:"传统社会主义观点认为市场效率低是因为它无计划,社会主义有效率是因为它有计划。实践证明这种观点是错误的",①他极力倡导并努力从多方面论证市场社会主义的合理性。詹姆斯·劳勒则在题为《作为市场社会主义者的马克思》的文章中明确提出"马克思是市场社会主义者"。② 当然,还有一些英美马克思主义者认为市场社会主义概念本身就是荒谬的,以截然对立的基点分析市场只属于资本主义的经济关系,社会主义不存在市场。但是,正是在这种冲突论证和比较研究中,才有助于我们理清市场与社会主义的关系,佐证社会主义道路的合理性。借助西方马克思主义的市场社会主义理论,比较中国社会主义市场经济道路,使我们明确了只有切实贯彻社会主义市场经济理论,把市场这种配置资源的方式与社会主义的生产关系、价值目标联系在一起,才能真正消除目前两极分化日益加剧的现象。从而以此使我们更加深刻地认识到社会主义市场经济是马克思主义中国化的当代重要理论成果,日益坚定了走社会主义市场经济道路的信心,而且日益丰富和完善了具体实施社会主义市场经济的思路。

其三,西方马克思主义关于人的存在方式的理论,能为我们如何解决人的身心矛盾、人的单向度的日益加剧提供启示。西方马克思主义者坚持认可主体性原则的积极效用,他们批判工具理性的同时,希望通过对人道主义的弘扬可以解决现代性的危机和理性滥觞带来的负面影响。由卢卡奇所开创的西方马克思主义的主流,始终坚持把马克思主义归结为是一种人道主义,而且围绕着人的本质、人的需要、人的交往、人的自由、人的价值、人的异化等进行系统的研究。他们的哲学具有一种实在性的主体倾向。葛兰西把人的问题放在自己整个研究的

---

① 毕金华、周仲秋:《市场社会主义的反思》,《吉首大学学报》2001 年第 9 期。
② 李春放:《马克思是市场社会主义者吗——当前西方学术界关于市场社会主义的辩论中的一个问题》,《马克思主义与现实》2000 年第 8 期。

中心地位,而且竭力论证世界统一于人,统一于人的实践。他认为所谓"客观"就是"从人的角度客观",是"历史地主观"。① 生态马克思主义则要建立一种以"人为尺度"分析人与自然关系的现代自然观。佩珀曾明确指出:"生态学的马克思主义就是人类中心主义和人道主义"。② 西方马克思主义理论家对人的研究是以对马克思主义的人道主义思想进行阐述的,他们一是揭示了马克思对人的本质规定的全面性;二是揭示了马克思总是全面地、整体地论述人的异化;三是揭示了马克思所说的人的发展是使人的各个方面、各个层次兼容并包地、相互协调地全面发展。西方马克思主义在人的存在问题上对马克思思想的挖掘与传承,有助于中国特色社会主义道路在现代化背景下探索一种使人身心协调的新存在状态,解决人的存在方式的矛盾,开拓一条人类追求文明进步的新路。

最后,西方马克思主义在分析和施救于现代性危机时,所采用的对马克思主义的开放性解读方式,有助于我们坚定马克思主义信念,并推动马克思主义进一步中国化、当代化。当面对空前深重的现代性危机时,西方马克思主义者并未决绝否定,也未逃避隐遁,而是积极在马克思思想中挖掘思想精华,并以一种开放的态度为马克思主义寻求新向度,也为现代性危机寻找可行的出路。一方面表现在对日益僵化庸俗的马克思主义理论潮流的转轨纠错,一方面体现为根据现实问题借助马克思主义理论解救困境。西方马克思主义创建伊始,就带有鲜明的反对将马克思主义庸俗化、教条化的立场,无论在马克思主义理论的发展陷入静止甚至退步时期,还是在以马克思主义为指导的革命运动屡遭挫败的艰难时期,甚或是在苏东剧变的重大困难时期,西方马克思主义者由始至终强调马克思主义在解释与解决现实问题上的精华与宝贵之处,并且努力吸收马克思主义哲学的精髓要素,与西方广博的哲学思潮进行融合,因此才出现诸如"存在主义的马克思主义""结构主义的马克思主义""弗洛伊德主义的马克思主义""新实证主义的马克思主义""分析学派的马克思主义"等等,充分体现了西方马克思主义发展的开放历程。同时,西方马克思主义者并非为了拼凑而拼凑,而是在进行现代性批判、解救现代性危机时,立足于所发现的问题,尝试以新的理论形式为

---

① Antonio Gramsci, *Selections from the Prison Notebooks*, London: Lawrence & Wishart, 1971, p. 445-446.

② David Pepper, *Eco-Socialism: From Deep Ecology to Social Jutice*, London: Routledge, 1993, p. 232.

现实提供出路。卢卡奇期待无产阶级意识觉醒来变革资本逻辑带来的物化问题;葛兰西通过对马克思主义哲学的重拾与挖掘,期待实践哲学的实效性得以彰显;法兰克福学派不断关涉着发达工业社会中人的存在方式错位的问题,希望以社会主义制度取代资本主义的方式来缓解主客体间的紧张关系,真正释放理性的积极力量;生态马克思主义更是从生态危机的角度提倡用社会主义制度来调和人与自然的紧张关系,实现人与自然的和谐共存。总之,西方马克思主义者不断尝试把一些现代西方哲学思想"补充"到马克思主义哲学中去,这种对马克思主义的开放性解读、多元化发展,彰显了马克思主义的顽强生命力,反映了马克思主义所具备的因地制宜的属性,推倒了原有的一系列对马克思主义的错误理解,佐证了马克思主义理论的科学性与革命性,是面向现实、面向未来不断进行自我发展的具有世界意义的理论。这就有助于我们更加坚定马克思主义基本原理同中国实际情况相结合的理论可能性与有效性的信心,更加有利于在方法、结构、经验上从西方马克思主义中汲取优秀的成果与养分,以为我所用,推进马克思主义的当代化、中国化,坚信中国特色社会主义道路的美好前景。

目　　录

总　序···陈学明、韩秋红 1

导　论　城市空间理论的现代性理路与趋向 ································· 1

第一章　城市空间的经典传统与话语逻辑 ······························· 13
　　第一节　哲学语境中的城市空间 ································· 13
　　　　一、城市空间理论的两重向度 ····························· 13
　　　　二、城市空间理论的话语逻辑 ····························· 14
　　第二节　卡尔·马克思:商品与城市空间的慎思 ················· 16
　　　　一、马克思社会理论的黑格尔情结与批判传统 ··············· 16
　　　　二、空间化:马克思议城市和批判社会理论 ················· 19
　　　　三、城市资本化与城乡二元制的瓦解 ····················· 22
　　　　四、马克思的都市空间辩证法 ····························· 25
　　第三节　弗里德里希·恩格斯:曼彻斯特的冥想 ················· 29
　　　　一、阶级与资本:社会生活结构的分析与批判 ··············· 29
　　　　二、工业化与无产阶级的契合与分野 ····················· 31
　　　　三、城市与阶级关系的形象重塑 ··························· 33
　　　　四、社会主义和住宅问题 ································· 37
　　　　五、城市更新的批判 ····································· 40

第二章　想象之城 ··· 43
　　第一节　城市的想象与自我实现 ····························· 43
　　　　一、城市想象的思想传统 ································· 44
　　　　二、城市想象与自我实现 ································· 45

　　三、城市的意义 ……………………………………………… 48

　第二节　灵魂与本土化:三种阐释 …………………………… 50

　　一、独裁之城 ………………………………………………… 51

　　二、宇宙之城 ………………………………………………… 54

　　三、集体之城 ………………………………………………… 56

　第三节　传统与现代性:他山之石 …………………………… 58

　　一、传统城市发展的思想理路 ……………………………… 58

　　二、现代性的启蒙与卡塔瑜·育克的神话 ………………… 60

　第四节　瓦尔特·本雅明:梦幻之城的觉醒 ………………… 63

　　一、精神生活的城市传统 …………………………………… 64

　　二、现实主义与哲学批判 …………………………………… 67

　　三、精神生活的城市幻象与乌托邦向往 …………………… 69

　　四、超现实主义城市空间的重构 …………………………… 72

第三章　经济之城 ……………………………………………… 75

　第一节　经济视域中城市空间的重要价值 …………………… 75

　　一、新古典主义、马克思主义和后结构主义对城市经济
　　　现象的理解 ……………………………………………… 76

　　二、经济的非物质性与城市归属 …………………………… 78

　第二节　曼纽尔·卡斯特:资本主义城市发展的动因与特征 … 83

　　一、阿尔都塞与卡斯特:意识形态理论的继承与发展 …… 84

　　二、城市结构和集体消费 …………………………………… 88

　　三、城市作为资本主义竞争的"集合单位" ……………… 92

　第三节　大卫·哈维:资本的变迁与城市化 ………………… 95

　　一、城市主义与社会正义的秘密 …………………………… 98

　　二、资本循环与时空修复的辩证理解 …………………… 102

　　三、资本主义生产的经济"危机" ……………………… 104

　　四、后现代主义与大都市的当代发展态势 ……………… 108

　　五、差异地理学与解放政治学的思想谱系 ……………… 110

　第四节　安迪·梅里菲尔德:重塑都市二重性 …………… 112

一、想象的马克思主义与城市空间的联姻 ……………… 113

二、街头哲学与都市二重性 …………………………… 114

三、城市辩证法 ………………………………………… 118

第五节　约翰·洛根与哈维·莫洛奇:空间的政治经济学 ………… 121

一、空间政治经济学的叙述理路 ……………………… 121

二、空间政治经济学的实践性分析与批判 …………… 124

三、城市作为当代财富增长推动器的独特功能 ……… 131

第四章　差异之城 ……………………………………………… 135

第一节　城市空间中的差异与创新 ……………………… 135

一、从多元文化到空间差异的语境更迭 ……………… 135

二、城市生活与差异:价值体系分裂的积极历史效应 … 139

第二节　米歇尔·福柯:空间研究的异质性眼光 ……… 142

一、生命政治话语:从外部强制到微观权力的转换 … 143

二、"没有统治者"的市民社会权力机器 …………… 144

三、差异的空间与乌托邦 ……………………………… 146

第三节　爱德华·苏贾:城市三元辩证法 ……………… 147

一、重申之言:空间化的本体论 ……………………… 148

二、城市空间三元辩证法与走向界限模糊的物质空间 ……… 151

第五章　政治之城 ……………………………………………… 154

第一节　空间政治的再造:从社会正义到重塑城市秩序 ……… 154

一、社会公正、公平和团结 …………………………… 154

二、社会正义的政治历程 ……………………………… 156

三、城市空间政治的指向:社会正义与社会包容 …… 158

第二节　亨利·列斐伏尔:城市的社会政治功能 ……… 161

一、社会空间的生产本性与日常生活:社会政治的人学
根基 …………………………………………………… 162

二、空间实践的理性态度:现代性条件下人的主体性与
经济活动 …………………………………………… 164

三、意识形态的空间与政治 …………………………… 166
第三节 艾拉·卡茨纳尔逊:城市空间与身份政治 ………… 168
一、美国社会的政治结构与城市空间的变革 ………… 169
二、美国城市政治的成就与悖谬 …………………… 172
三、身份重构与城市政治的辩证存在 ……………… 175
结　语　走向全球都市化的元哲学 ……………………… 192
一、现实诠释与全球都市化的当代出场 …………… 193
二、全球都市化的检视:思维特点与内在矛盾 ……… 196
三、全球都市化的反思:元哲学的构建 …………… 199
四、结　论 …………………………………………… 201

主要参考文献 ………………………………………………… 204
后　记 ………………………………………………………… 219
丛书后记 ……………………………………………………… 223

导论　城市空间理论的现代性理路与趋向

　　人们对城市空间都会有某种直接或间接的领悟,甚至可以说是完全的理解。城市自古以来就是人类创造性显现的重要维度,而不同于自然形成的农牧业聚居区。简言之,城市从一开始就是人类施展想象力和实践能力的场域,这其实就已经赋予城市以重要的研究价值,使其成为奇特的多维度研究对象。可是,当仔细思考"什么是城市"这个问题时,我们会发现,人类对城市的理解并没有想象中那么令人满意。从古希腊时期的城邦到当代的国际化大都市,城市的发展历史已经十分古老,历史地位也十分显赫,但是作为一门显学,其研究历史却十分短暂。19世纪中后期以降,专门的城市研究在城市化与工业化浪潮的共同推动下逐渐发展,至今未能上升为人文社会科学的研究核心。城市作为人类生存与发展的重要载体,其复杂与深刻程度远比其呈现出的物质外观要多样,作为一个激烈竞争和专业分裂的学科,狭隘和新奇是当代城市研究最显著的特征。① 21世纪被称为城市化的时代,大多数的人在城市中生活并求得发展,越来越多的人受到城市进程的影响。城市是复杂的全球与地方互联的场所,产生了多种社会、文化、政治和经济的空间和形式。如果只从单一角度来看待城市,那么无论是文化的还是经济的,政治的还是社会的,都无法概览城市的全貌。相反,空间是一个维度多样的概念,既是经济学的范畴,同时也是符号学和政治学的研究对象。城市需要从不同的角度来理解其文化和社会、政治和经济结构。只有当我们采用一种复杂和多样化的视角来理解城市,才有能力解决世界各地城市面临的紧迫的社会、经济和环境问题。城市具有双重特征,它既是社会关系的必然产物,

---

　　① ［美］马克·戈特迪纳:《城市空间的社会生产》,任晖译,江苏凤凰教育出版社2014年版,第3页。

同时塑造着人类赖以生存的社会关系。因此,我们正在进入一个全新的城市社会,城市在社会生产和生活中占据重要的地位,空间思考已经成为考察社会相互作用的核心方法之一。

本书是一本用哲学方法研究城市现象的书籍,其最大特点是以复杂的方式思考城市问题,并将不同领域哲学家的思想聚集在一起,为城市研究创建一种多维度的研究视域。城市不再是经济学研究或地理分析的特权地带,随着"空间转向"的到来,来自不同学科的学者和思想家,如文化、经济学、哲学和地理学,都将注意力转向了城市,并构建了令人兴奋的新思维方式。本书有意将来自不同学科的城市声音融入同一个对话框中,以便从多维度分析城市的本质和思考城市的未来。通过将后结构主义、女权主义作家与马克思主义者、新古典主义经济学家对城市的认识进行综合分析,希望能激起热烈的辩论和新的知识空间。本书并不打算仅仅从历史的角度描绘城市领域,也不打算提供城市形成的年表,更不打算提供关于当代城市发展的地理目录,因为已经有很多出色的学者在这些领域做出了不菲的成绩。因此,本人转而用马克思主义的方法论处理城市的当代分析以及有关城市的关键问题。历史上,城市研究有一种趋势,即基于西方城市和西方对文化、社会和经济生活的假设进行分析和论证,很少关注不同社会、文化和经济过程的深刻差异,以及世界各地城市的地方特殊性。这种普遍化的做法受到了来自后殖民主义作家、女权主义者、后结构主义者和其他一些人的批评,这些人指出西方、男性和白人的假设会产生一种全球性的同质性话语,掩盖和忽视了差异。它还使主导力量与知识关系永久化,并将所有人、城市和国家群体都变成了统一性的主体。因此,本书要纠正这种不平衡和片面化,我们需要在各种语境、地点和空间中考虑关于城市的议题。在全球化飞速发展的 21 世纪,我们需要尝试建构城市空间和城市社会的复杂性和差异性。

本书是关于哲学视野下城市空间研究的原创作品,书中记录了哲学家们对城市研究的主要论点。本书的范围从散漫和反思的片段到原始的实证研究讨论,从西方马克思主义对城市问题的考察到后现代城市的重塑。在书中,我力图呈现出哲学与社会科学紧密联系的特征,对城市社会的整体进行把握,对当前城市明显的社会特征进行深入分析。这是哲学与社会科学的新动向,也是世界范围内出现的全球城市化的新需要。全球化时代的城市空间有三个鲜明的特点,所有章节都会以这些基本的想象、线索和边界为基础,力争映射城市领域研究的一种全新思维方式。城市空间的特点主要包括以下方面。第一,城市空间创造了新的政治景观。这种政治与传统社会政治有所区别,城市正在让位于一种新的转变,这一转变过程通过一些静态的分类过程来表现①,这是一种全新形态的都市政治。这种政治表现为街头、景观、护栏和镜头政治等形式,在当代的政治生态中占有重要地位。但是由于城市政治的研究并不充分,尤其是缺乏从社会哲学这种较为宏观的角度进行探讨,因而没有获得足够的重视。但是在城市政治维度中,追求空间正义与城市权的研究较为深入。第二,城市空间塑造了社会经济。集聚是经济发展的根本特征,在全球化和城市工业化、信息化高度集聚的当下,人流和物流在空间中高度集中,带来了经济活动的重大变化。学界相关的研究主要在经济学视野中展开,而很少涉及哲学层面,因而是值得关注的论题。第三,城市空间重塑了当今的社会文化。城市的社会文化具有区别于其他文化现象的特质,具有鲜明的大众文化而非精英文化的表现形式。这种文化具有鲜明的消费特征,货币的获得成为这种文化运作的核心机制。城市文化已经从重视时间到重视空间,从传统性向现代性不断转变。因而,城市文化既是想象的文化,也是差异化的文化。基于以上几个特点,我本人凝练出本书研究的四个主题,即想象的城市;经济的城市;差异的城市;政治的城市。每一个主题都先总括了主题的核心内容,然后围绕着该问题对主要人物和代表性观点进行详细阐释,试图阐明讨论的范围并提出接近城市本质的新方法,以突出城市的多样性和差异性特点。

城市本身是人类发挥想象力的重要场域,同时又影响着想象的发挥。第一主题"想象的城市",着眼于城市在规划和设计中想象的不同方式,以及对建筑形式和社会、文化和审美领域的影响。这些内容不仅仅是认知和创造性的,而且是无意识的。城市的想象不仅局限于规划和文化话语,还影响着思考经济、文化以及政治的方式。本书的每一主题都是为了充分地讨论城市研究的代表性观点,同时也为书的其他部分提供关联、交互和富有成果的探讨。第二主题"经济的城市",不仅仅是关于城市物质生产过程的学术争论,还包括想象的和政治意愿的行为,同时关涉文化研究的领域。第三主题"差异的城市",探讨了阶级、年

---

① ［美］马克·戈特迪纳:《城市空间的社会生产》,任晖译,江苏凤凰教育出版社 2014 年版,第 6 页。

龄、性别、公民、民族和种族在城市中所表现出的差异性,以及西方和非西方社会对生产认可和偏见的理解。本书的第四主题是"政治的城市",探讨了城市与政治的关系,并从政治角度提出重构城市的可能性。在以上四个主题中,城市已经代表了一种全新的发展方式和发展潮流,城市社会已经成为主宰人类命运的新引擎。城市拥有了聚落空间的新形式,一个通过社会系统三维矩阵合成为多核的功能性整体。本书的研究力图跨越不同学科的边界,建立知识之间新的链接,将对城市的想象与经济、政治、生活相融合,打破城市研究的单一维度,破立并举建立对城市理解的全新视角。

一、空间转向与空间观的当代变革

时空问题始终是哲学家争论的焦点,这个问题现在变得越来越重要,空间的边界也越发不清晰。这种重要性在当今世界的反映是,从政治经济到日常生活,从全球化到区域复兴,实践技术对话语表达所面临的诸多问题、危机都与空间因素息息相关,并且与地震海啸灾害、边境武装冲突、房地产业崩溃、道路拥挤、外层空间竞争日趋激烈等多种形式存在高度关联。当前的城市危机,已经不能仅仅被理解为局部危机,而是人类面临的共同挑战。至少它们在内部结构中表现出共同的特征,人类在这个世界上的生存遭遇了前所未有的危机。海德格尔在《存在与时间》中,已经表明了城市在人类存在意义上的关键作用。海德格尔使用"栖居"的概念来表达人类在空间中的存在方式,他认为真正的居住地的困境在于人们必须寻求居住的本质。人类要更好地发展,首先必须学会栖居。居住表明了人与大地之间的关系,很显然这种关系与空间有关。所以他说:"对空间存在的解释至今仍处于两难境地①"。只有回到世界,才能了解空间。人类不仅从世界各地到达某一空间,而且只有立足于世界才能揭示空间。在这个背景下,世界的基本结构本身就是空间的本质。因此,空间也参与了世界的形成。因为世界具有组建城市的作用,世界上的一切在空间中都会被映射。② 因此,就人类

---

① [德]马丁·海德格尔:《存在与时间》,陈嘉映、王庆节译,熊伟校,陈嘉映修订,生活·读书·新知三联书店1999年版,第131页。
② [德]马丁·海德格尔:《存在与时间》,陈嘉映、王庆节译,熊伟校,陈嘉映修订,生活·读书·新知三联书店1999年版,第128—129页。

和人类活动而言,它们本质上是萦绕着空间的。但空间不是外在的框架,而是人类活动的表现。空间是因为存在而赋予周围世界以特征。也就是说,当前的全球形势已经指出,城市是一个问题,一个需要认真解释和处理的问题。当然这并不是说城市是唯一的决定性因素。① 我们强调的是,在许多紧张的关系中,空间是关键因素。就全球化的当前或局部危机的理解而言,这是一个可以切入问题内部的视角。正是在这里,城市哲学试图呈现对现实危机的一些理解。

随着城市问题的研究不断深入,西方哲学家对城市的关注越来越多,促成了哲学研究的"空间转向"。美国地质学家迪尔强调,在城市中,人们似乎缺乏适当的想象力。他说:"我从来不明白为什么历史总是成功地运用大众的想象力,但地理却不能。我们都理解和尊重追溯到根源的活动。然而,在追踪空间起源问题上(在一定程度上,这取决于世界大部分地区的地理文盲水平)是不同的。人类似乎已经耗尽了对世界的探索,认为不再需要地理想象了。然而,儿童对区域(山脉、河流等)的好奇心,揭示了空间结构和空间存在最深刻的问题。"② 在忽视空间和缺乏空间想象的时代,只有少数思想家关注这个隐藏的问题。

列斐伏尔认为,正当我在写《空间的生产》的时候(1974 年初版),空间的概念还是一团乱麻,充斥着悖论而无法相互协调。伴随着星际火箭技术与航天技术的发展,空间毫无疑问地"流行"起来了:出现了这样或那样的空间——如图像的、雕塑的,甚至是音乐的空间等等——但绝大多数人嘴里面所念叨的以及一般公众所理解的空间和资本,都被赋予了一种新的和非同寻常的内涵,它只是宇宙之间的距离。在传统意义上,空间一词更多地与数学、欧几里得几何及其定理联系在一起,所以它是一个抽象的事物,没有内容的空壳。那么哲学是什么呢?空间受到的蔑视,被视为许多范畴之一。空间有时充满各种幻想和错误:偏离轨道的欲望和行动,然后是一种异化的、倦怠的、分裂的生活。对于各个学科的城市研究,都是按照方法论的简化方法,将城市划分为很多部分,空间被随机分解。③ 列斐伏尔出版了包括《空间的生产》在内的一系列探讨空间和城市的作品,他用深刻的哲学术语阐明了空间的复杂性,通过将城市作为重要的研究对

---

① 包亚明主编:《后现代性与地理学的政治》,上海教育出版社 2001 年版,第 7—9 页。
② [美]迪尔:《后现代都市状况》,李小科等译,上海教育出版社 2004 年版,第 2 页。
③ [法]列斐伏尔:《〈空间的生产〉新版序言(1986)》,刘怀玉译,载张一兵主编:《社会批判理论纪事》第 1 辑,中央编译出版社 2006 年版,第 177 页。

象,分析了城市社会的发展过程与未来走向,让人们关注城市生活。很多理论家认为,自 19 世纪以来,西方关于城市的思考已经从附属的地位转变为主要"角色",从遗忘走向强调。

福柯很早就透露了这个变化。他在《地理学问题》中提出:"地理问题起源比柏格森还可能更早?"过去空间是刚性的、死板的、非辩证的和静态的。而时间却是丰富的、多样的、充满活力的和辩证的。他认为 19 世纪的世界,沉迷于历史,对事物和经济社会的理解都与时间紧密相关,研究的核心是与时间相关的周期、危机和顺序。但是,全球化的当下使距离的概念发生巨变,人类进入了不可思议的"空间时代"。人类当前处于一个空间并置的时代,一个既遥不可及又彼此毗邻的时代,一个比肩而行的时代,一个消散事物的时代。这就意味着空间正成为我们思考和体验的关键词。在世界的经验中,空间比以往任何时候都更加突出,所以在长期实践中形成的生活经验使空间网络与整个空间和各个地方交织。在福柯看来,当前的意识形态会发生冲突的主要根源在于从时间与空间维度看待历史发展存在巨大的认知差异。

美国地理学家爱德华·苏贾与福柯的观点十分相似,他认为时间与历史的一维性有关,历史决定论是造成空间贬值的直接"凶手"。雷蒙德·威廉斯在《关键词》一书中总结了三种形式的历史决定论:第一种是中立的决定论,这一思想可以追溯以前的事实以作为当前事件的先例;第二种是审慎的决定论,通过对各种具体事件的解释,强调了许多历史和历史的变化;第三种是对抗的决定论,在历史发展规律的基础上反思各种"历史必然性"(历史必然性或各种解释和远见)。① 苏贾认为还有另一种形式的历史决定论。这一历史决定论等同于创造一个批判性的沉默和未被宣布的时空,它遮蔽了对社会世界变异性的地理解释,从最抽象的本体论观点破坏了理论话语。"存在"是对经验事件最具体的解释。他强调,这一历史决定论在理论意识中长期处于支配地位,它发展的结果会导致人们降低对空间的敏感性。空间的敏感性事实上是一种空间意识,使人们意识到世界不单是以时间为度量的一维性,而且还存在立体的空间建构,不断生产着的社会空间,一刻不停地重塑着这个世界的地理景观。社会存在不断地

---

① [美]爱德华·苏贾:《后现代地理学》,王文斌译,商务印书馆 2004 年版,第 23 页。

被安置于地理和历史共同构型的空间和时间中。①

城市空间哲学注重对空间的批判性重构,对历史和时间持审慎的态度,并呼唤着新思维的产生,这使其具有其他理论没有的学术特色。福柯等对医院和监狱的具体研究,在西方知识界引起不小的争议。20 世纪中叶以后,很多人文社会科学学科都呈现出不同以往的学科走向。苏贾认为,在 20 世纪所有伟大的哲学人物中,列斐伏尔是后现代人类地理批判的源头,也是最早旗帜鲜明地批判历史决定论的理论家,进而框定并批判社会理论的基本形态。他坚定的科学信念,使空间研究逐渐从附属的地位走向了科学研究的舞台中央,促进一大批学者对空间问题进行研究。如阿尔都塞、萨特、吉登斯、哈维等人都对空间进行了阐释。即使在今天,他仍然是历史上最原始、最杰出的唯物史学家。② 在不降低生命内在历史性和社会性意义的前提下,这些学者在理论和实践基础上丰富和发展了创造性和批判性的想象力,一个逐渐清晰的新空间视觉逐渐开始渗透到历史与社会研究之中。③

事实上,空间研究是跨学科的,不仅在地理上,而且也适用于社会学领域。包括吉登斯在内的很多学者的著作都高度重视空间问题,在文化研究和城市研究方面也进行了大量的延展。20 世纪 70 年代后,西方理论界也对现代性和后现代性的空间因素进行了积极的探索。在从现代主义向后现代"文化转向"的过程中,理论的阐述越来越受到空间因素的关注,空间的阐释在某种程度上已经成为理论先锋派的标志。因此,詹姆逊说,"后现代主义是关于空间的,现代主义是关于时间的④,后现代性在本质上就是空间文化"⑤。

总之,在这一转向的潮流中,许多理论家、研究者都在自己的相关研究中重新审视空间因素,重新调整了"空间"在自身学术体系、理论话语中的位置与身份,再次厘清了空间研究的理论思路,阐发由于空间因素的加入而生成的新理论景观。

---

① [美]爱德华·苏贾:《后现代地理学》,王文斌译,商务印书馆 2004 年版,第 16 页。
② [美]爱德华·苏贾:《后现代地理学》,王文斌译,商务印书馆 2004 年版,第 65 页。
③ [美]爱德华·苏贾:《后大都市:城市和区域的批判性研究》,李钧等译,上海教育出版社 2006 年版,第 9 页。
④ [美]詹姆逊:《后现代主义与文化理论》,唐小兵译,北京大学出版社 1997 年版,第 243 页。
⑤ [美]迪尔:《后现代都市状况》,李小科等译,上海教育出版社 2004 年版,第 73 页。

二、哲学思想史视域中的城市空间

从城市哲学和空间哲学的立场出发,存在着很多理论和实践上的难题。我希望这本书中出现的内容能够帮助我们理解城市空间哲学,同时丰富我们对今天大多数人居住的资本主义城市的批判性理解。无论从哪个角度看,将哲学与城市主义协调起来并非易事。在历史上,哲学与城市主义之间的关系一直相当紧张。城市主义作为一门基础广泛的社会科学和实践,经常用怀疑的眼光看待哲学。我在本书中选择的思想家都在某种程度上遭受各种各样的批判,存在不同的理论缺陷。在我看来,正是这种不断的争议让我在选择每一个思想家时,考虑的不单是这个人是不是一个城市主义者,而且还要考虑他是否是一个具有想象力的哲学家。在某种程度上,我们可以让伟大的马克思主义创始人马克思和恩格斯,来联姻马克思主义与城市。但是,这两个人都没有真正把握住"城市"的核心概念,没有把城市看作是一个确定的研究范畴。在他们的长篇巨著中,在资本主义生产方式的"运动定律"中,城市当然是存在的,但又不是显性的问题域。恩格斯在著作中强调了"伟大的城镇"(和住房)问题,并写下了一些可以被认为是关于"城市"问题的小册子。但与他的其他理论相比,城市研究仍然是被弱化的。在 20 世纪,为了使研究更加科学化,那些带有"马克思主义"印记的运动和政权对城市和城市知识分子都不太友好。

哲学中一直存在着某种反城市的倾向。城市不断被描绘成地狱、罪恶或污秽之地,一切都变得肮脏、野蛮和短暂。城市是资本主义发展的一个教训,是堕落的表现。它玷污了马克思主义的神圣性,同时也影响了马克思主义的耀眼"光环"。这样的思想,在更大程度上,已经不可磨灭地给现存的(或曾经存在的)社会主义留下了伤痕。农村和城市之间存在着尖锐的矛盾和分歧。在 20世纪 30 年代,西方马克思主义的代表人物之一安东尼奥·葛兰西被判在法西斯监狱中等待死亡,政府曾试图"阻止他的大脑运转 20 年",但他却写作了 2848页的手稿,在 1937 年死后,他的笔记被偷偷带出,并命名为《狱中札记》进行出版。如果德布雷(Debray)是在拉丁美洲丛林中寻求救赎的巴黎哲学家,那么葛兰西(Gramsci)则是来自撒丁岛的乡下男孩,他在都灵发现了意大利共产党。他的马克思主义"实践"更敏感而微妙地通过城市和农村发展的困境来适应城市工人与乡村农民的要求。对于葛兰西来说,城市与农村的空间对抗倾向于解决更多的基本问题,其中一个最大的问题是组织。在南方,城市力量服从于农村力量,城市附属于乡村,乡村的进步程度虽然不如城市,但是南方城市主义与北方城市不同,并不完全是工业,那不勒斯的文化和历史与都灵和米兰不同。然而,考虑到北方工业的主导地位,以及工厂工人和工会的更大影响力,后者不得不说服南方的农村和城市工人阶级。换句话说,城市与乡村的分裂比第一次看到的要复杂得多。事实上,葛兰西警告说:"城市人口与农村人口之间的关系不是单一的。"①"因此,有必要建立城市和乡村在现代文明中的组合。"②有时矛盾发生是因为农村的发展比城市更先进。了解这个悖论的具体情况,就可以完成一些教育、指导和组织功能,这是"有机知识分子"的任务。

芝加哥学派的理论家们把城市当成了一个癌症患者,一个崩溃的地方,像家庭这样的"自然"群体正因紧张而四分五裂。城市成为破坏社区、培养异化以及助长越轨行为、犯罪行为和不良行为的温床。城市不是社会生活的强化,而是社会本身的瓦解。在 20 世纪后期,帕克留下了一种反城市的偏见。即使是最具才华和智慧的城市理论家,比如路易·芒福德,也渴望着过去的城市,向往着希腊城邦或中世纪城镇。当芒福德看到巨大的现代大都市时,他认为这是一个"墓地",现代城市需要做的是彻底的手术,必须被分解成一个"正常的"大小,分散和重新排列。与此同时,如果批判性的城市主义是反城市的,那么不加批判的城市主义就只能承认那些可以被测量或量化的东西。实际上,城市的四个维度被简化成一个平坦的表面,一个"被分离的"平面,无视底层的过程和社会关系。对这种"数量革命"的反应,在诸如行为主义等不同的空间学科中,只是回到了一种基于唯意志论的范式。他们关注个体的行为和意识,以新颖的方式扭曲社会心理学和现象学。当马克思主义在 20 世纪 60 年代末在欧洲和美国被摧毁时,一切都改变了。地理学、社会学和城市规划的某些领域变得激进和智能化,将新鲜理论传播到以前的实证学科,使它们以前所未有的方式变得有趣和具有社会意义。有一段时间,最好的城市主义都是由马克思主义者倡导的,而最好的马克思主义则是由城市主义者提出的。这些思想家的优点之一就是他们都

① Antonio Gramsci. *Selections from Prison Notebooks*. London: Lawrence and Wishart, 1971, pp90-91.

② Antonio Gramsci. *Selections from Prison Notebooks*. London: Lawrence and Wishart, 1971, pp90-91.

支持马克思主义,而且肯定城市的重要性。他们在维护城市生活的优点和潜力的同时,谴责不公平的资本主义城市。他们陷入悖论的现代城市生活,但不是回避或退出,他们试图以发展个人和集体的方式来塑造城市生活,两个灵魂不可避免地同时居住在马克思主义者的心中。他们知道关于大都会的辩证法,关于它如何塑造城市本身的功能和形式,以及如何形成对城市的理解。这是一个城市辩证法,许多贫穷城市的居民生活在柏拉图的洞穴里,他们面对着黑暗、贫困和恐惧。另一方面,这种辩证法也承认了洞穴外光的共存。这是城市的辉煌,它承诺了巨大的自由,用诱人的商品和服务确保了令人眼花缭乱的城市生活。正如马克思所表述的,在资本主义制度下好东西与坏事物有着千变万化的联系,好生活有变成坏生活的可能,资本主义的城市进程也是如此。他们在某种程度上表达了一种尖锐的批判,但他们同样也肯定城市生活,在一个并不矛盾的统一体中保持着矛盾的二元性,在单一的意识里抓住了双重的物质现象。因此,本书将深入挖掘马克思主义的辩证法,并将其作为研究的主线之一。

马克思、恩格斯、瓦尔特·本雅明、亨利·列斐伏尔、曼纽尔·卡斯特、大卫·哈维和艾拉·卡茨纳尔逊等人都可能是伟人,也可能都不是。他们已经发展了知识和自己关于城市的观点,并在其他人的帮助下,展开对累积过程的批判,而不仅仅是智力上的顿悟。在20世纪,马克思主义和城市主义的累积过程分裂为知识分子的侧翼,而这些侧翼通常并不是由男性主导的。事实上,女性是主角。人们只需要想到引人注目的罗莎·卢森堡,她的《资本积累》(1913年)一书是马克思主义最伟大的成就之一;还有简·雅各布斯(Jane Jacobs),她的《美国大城市的死与生》(1961年)可能是关于现代城市最伟大的书籍。这两个女人试图通过一个庞大话题说明城市的本质,试图从整体上把握社会和历史、城市和生活,即使这个理论只有一个不起眼的起源。然而,如果一个人有了逻辑上的飞跃,如果一个人试图把马克思主义和城市主义融合在一起,形成强大的力量,那么就必须非常认真地思考。由于这一原因,马克思主义城市研究是一个正在进行的马克思主义故事:将通过时间和空间,通过文化和社会,通过戏剧性的生命和悲剧性的死亡,来展示在特定的时间和地点,马克思主义的某些立场为何得到认可。它将讨论如何形成特定的思想体系,如何产生独特的城市变迁,并探索如何将它们付诸实践,以帮助我们理解今天的城市生活。这是一种有目的的对话,有教科书的感觉和功能,但却努力保留一些政治的魅力。它将阐述城市哲学的辩证本质,以及资本主义大都市的认识论和方法论,考察城市如何实现资本主义的功能角色。

三、城市空间的"进化"与重写

1945 年以后,英美人文地理学呈现诸多流派共同发展的特征,可以笼统地分为三个哲学派别。一是以实证主义为主要研究方法的哲学派别。实证主义认为世界分析具有客观性,科学描述具有伦理中立性,并试图找到客观世界的一般规律,并根据这些规律形成某种解释。通过对空间格局的分析,地理成为分析空间组织和行为的一般规律。二是以人本主义取向为主要特征的哲学流派。这一思潮的根本出发点是人的主观世界,人类创造了这一世界,并在其间自由活动。他们的行为不能被解释为行为的一般规律,而只能通过洞察他们的主体性来理解。三是以各种结构主义和现实主义为代表的哲学流派。这一派别认为简单地对模式本身进行分析,实际上无法找到对模式的合理解释,因此必须发展相应的基础过程理论。基本过程形成了人的动态角色,并创造了塑造模式的条件。在这一派别中,马克思主义的成果是最为引人注目的。马克思主义者强调过程本身并非一成不变,可以通过政治行为的介入来协调空间布局,因此空间组织并不存在普遍的规律。① 后两种流派倾向于挑战实证主义。尽管遭遇各种批评,但地理学科中的实证主义倾向非常强烈,它努力地使自身科学化,并成为一门科学。这就要求地理学必须明确自身领域以及理论框架中的事实和数据,运用独特的分析手段和解释能力来自圆其说。地理学用了很长的时间,通过"在理论格局中进行分类和排列的全部事实"搜集积累了方法和经验。②

随着时针指向 20 世纪下半叶,城市危机的不断升级导致了一场关于地理和城市正义思潮的兴起,即列斐伏尔所说的"城市权力"思想,正义概念的空间化演进扮演了重要的角色。经过数个世纪由民族国家来定义公民身份和人权后,列斐伏尔提出的城市权利概念为正义、民主和公民权确立了新的城市基础。城

---

① [美]约翰斯顿:《地理学与地理学家》,唐晓峰等译,商务印书馆 1999 年版,第 372 页。
② [美]理查德·皮特:《现代地理学思想》,周尚意等译,商务印书馆 2007 年版,第 38 页。

市再一次成为社会和经济利益的一个特殊空间和地点,成为社会权力和义务运作的焦点,它已经成为谋求更多民主、平等和正义的重要战场。从城市自身的角度来看,城市居民理应享有空间权利,在城市空间的使用、占有过程中公平和公正地参与城市建设,特别是在非常重要的城市中心,利用城市生活的特殊优势,让公民都可以享受正当的公共服务。构建"城市权"的根本目标不仅是使公民获得使用城市空间的权利,而且是推进空间生产的过程。城市及其空间的变化与重塑,可以反映出市民的意愿和要求。从自由平等主义观点看来,列斐伏尔的目标在于获得更大的、塑造城市空间的控制权,其思想远远地超出了自由平等主义的模式。对城市权利的追求代表着一个连续的、更激进的空间,它构成了直接的空间再利用,并要求在资本主义城市的生活中积极地塑造一切事物。列斐伏尔以城市中的阶级斗争为核心,为最劣势的人争取空间的和社会生产的控制权,从而实现关键的转换来更好地满足他们的需要。

21世纪以来,空间正义术语被更为广泛的使用。苏贾在《后大都市》(2000)中,在对过去的40年里现代化大都市的危机产生过程进行考察的基础上,提出了为"空间正义和区域民主而斗争"的战斗口号。[①] 在有关正义的空间化研究范式中,其中最有影响的就是以苏贾为代表的后现代洛杉矶学派。他们始终,高度重视资本循环以及资本积累在城市空间变化中的重要地位,并从经济和阶级斗争角度解释了社会冲突的作用[②],解释了文化多样性导致社会冲突。在他们看来,无形的文化劣势比制度歧视更难消除。在《后大都市》一书中,苏贾尝试了一种激进的批判文化研究与地缘政治经济学相结合的方法,并收集了加州大学洛杉矶分校以及库尔特等学者的观点,从六个不同角度分析了后大都市的话语特征。他认为都市所具有机构和空间属性是城市空间历史发展进程中的"特别地理志"[③]。

---

① [美]爱德华·苏贾:《后大都市:城市和区域的批判性研究》,李钧等译,上海教育出版社2006年版,第125页。

② 曹现强等:《空间正义:形成、内涵及意义》,《城市发展研究》2011年第4期。

③ [美]爱德华·苏贾:《后大都市:城市和区域的批判性研究》,李钧等译,上海教育出版社2006年版,第10页。

第一章　城市空间的经典传统与话语逻辑

第一节　哲学语境中的城市空间

城市空间的哲学研究是关于哲学与城市学交叉的领域,主要从哲学视角出发研究城市的社会属性,以及与资本积累、阶级斗争等基本命题的关系。自 20 世纪 70 年代以来,"空间转向"愈演愈烈,城市哲学蓬勃发展,形成了一系列重要学说,对研究城市的本质属性和发展路径有重要意义。

一、城市空间理论的两重向度

当前,在学术界掀起了一场如何将马克思主义进行空间化的论战,学者们围绕着究竟是马克思主义城市理论还是城市马克思主义才能够更准确地刻画 20 世纪 70 年代以来的马克思主义城市思潮展开了各种想象,这场辩论的焦点集中于该思潮研究的重点到底是用马克思主义来理解城市问题,还是从城市角度来"创新"马克思主义。有学者认为,"城市马克思主义"的核心要义并非是将城市纳入马克思主义的研究对象,而是将城市作为马克思主义不断生长的落脚点。[①] 进而认为城市并非马克思主义的必然对象,而是马克思主义未来发展的可能领域,通过城市问题实现马克思主义的"进化"才是这股思潮的真意。但是,从我个人的理解来看,这两种解读都具有有效性和合理性,马克思主义出现在 19 世纪的大工业化时代,彼时是西方城市发展最快,也是城市问题凸显的重要时期。

---

① 刘怀玉:《城市马克思主义的问题域、空间话语与中国实践》,《理论视野》2017 年第 2 期。

马克思虽然并未直接切入城市问题,但城市始终是马克思主义产生和发展的重要"容器",也是马克思思考经济社会问题的重要维度。从《1844年经济学哲学手稿》到《资本论》,无论是历史唯物主义和辩证唯物主义的方法论,还是对政治经济学的批判,他的立场都是建基于对市民社会的考察,从身份政治和城市经济的角度批判资本主义。这是一种建立在康德和黑格尔伦理思想基础上的道德批判和政治批判立场,并与希腊哲学和基督教的传统联系在一起。城市问题与马克思主义始终相互交织,相互建构,共同发展,进而推动了马克思主义城市理论的形成与发展。马克思主义城市理论是一种现代性的理论,描述了资本主义发展、城市政治与日常生活空间转变之间的关系。马克思主义城市理论的主要任务之一是理解金钱和权力对资本主义城市面貌和市民日常生活的影响。其主要目的是通过马克思主义的阶级理论整合城市空间关系现象。它寻求提供统一的分析框架,捕捉不同阶层、社区、邻里、种族或领土形式的身份和群体关系,这些要素构成了日常生活的框架和资本主义发展的模式,以及城市土地、住房和空间的治理模式。

现代城市被看作是由地位、种族和宗教组织,以及社区和工作场所分化和重叠的领域,有学者认为城市是各种力量的角力场,社会变革由多重因素共同塑造,是各种力量博弈的结果。马克思主义城市理论驳斥这种立场,认为这些立场抛弃了客观的社会关系观念,即团结、意识和身份结构在城市空间的构建中起到了决定性作用。为了证明以上立场,马克思主义城市理论家们扬弃了历史唯物主义的政治理论含义,用马克思主义的方法论表达了结构性矛盾的对立与社会变革之间辩证的关系。马克思主义的城市理论保留了阶级结构、身份政治和利益格局之间关系的研究,并将其作为理解城市斗争和权力分配的中心范畴。因此,马克思主义的城市理论代表了当代城市解放政治最具战略意义的观点。

二、城市空间理论的话语逻辑

马克思主义哲学不足以单独面对或解决城市问题,但可以结合其他意识形态理论和方法来解决这一理论问题。所以本书的第二步是追问"我们怎样才能构建一种城市理论"。马克思主义哲学的城市空间理论作为一个批判性的问题,蕴含着深刻的哲学方法论或哲学基础。这是现象学、结构主义、后结构主义和批判的马克思主义相结合的领域,也是 20 世纪至今最重要的哲学事件。这三股思潮不断地推动和改变着全球人文社会科学的关注焦点、发展动向和流行趋势。三股思潮在方法论、互补性、视觉冲突和整合上的结构性差异对我们理解城市空间理论意义重大。

城市空间理论与三股思潮以不同的空间哲学话语方式展开了融合与发展。(1)以现象学为代表的存在论视角。在著名哲学家梅洛·庞蒂的著作中,城市是身体的无形世界,周围的和感性的形象,可能的生活世界。(2)结构主义的空间认识论。城市只能通过共时文本符号的结构和形式来设计、呈现、认识和把握。(3)运用马克思主义的经济理论、政治理论、社会理论,以及唯物史观和政治社会实践对城市问题进行深入剖析。城市是历史发展的结果,也是现实社会运动产生和实施的场域。从现象学的角度来看,这样的组合方式是马克思主义认识论与庞蒂所谓的显性认识论与隐形认识论的综合产物。现象学是对"无形"世界本体论进行更自觉的理解与实践的重要方法。马克思主义对现代"有形"与"无形"世界的生产和转化过程进行了反思,尤其是从历史辩证法的角度看,现代世界是一个抽象的空间生产过程,另一方面也是地方差异和抵抗的政治斗争。这三种方法实际上显示了空间话语的三个维度,它们是不可替代的,各有优缺点。结构主义要归功于阿尔都塞的重要理论贡献,构建了全新的城市方法论。现象学是我们透视都市情感生活的重要窗口,是一种不期而遇的微观的、具体的视觉流。唯物史观作为对政治经济学的批判,是理解城市宏观方法论的基础和观点。

这种结合使我们想起了列宁著名的"三个源泉"和"三个组成部分"的马克思主义学说。这种结合不仅是自然的,而且是与时代精神的内在结构和功能系统相补充的。城市马克思主义的创始人只代表了三种方法论范式:列斐伏尔是日常生活批判现象学的维度;卡斯特的结构主义方法论;大卫·哈维代表的地理的政治经济学批评。卡斯特从结构主义马克思的观点出发,认为社会形态是由政治、经济和意识形态共同塑造的结构矩阵,城市体系只是社会结构的一部分,具体地说是生产、消费和社会结构的一部分。城市是由记忆、交换、城市组织体系和城市标志这五个要素共同组成的体系,城市空间在某种意义上代表了社会结构的物质表现。发达的资本主义城市表征的是一种经济的存在。但是,由于经济结构的调整,城市生产的主导地位正在弱化,消费的地位在稳步上升,消费成为城市结构体系中具有主导意义的因素。

哈维是坚定的马克思主义者,始终站在批判立场上从地理学角度看待城市,通过这一视角我们能够更好地理解金融资本积累对城市的影响和经济危机周期性发生和循环的具体时空配置。在某种意义上看,金融资本直接参与了积累过程,并且影响甚至决定了城市化发展的具体进程。因此,研究城市资本化与资本积累之间的内在联系十分重要。从第一个角度看,城市化是资本积累的重要实现形式;从第二个角度看,资本积累又决定了城市化进程的结果和走向。资本在当今资本主义社会的积累过程中发生了重要的变化,这促使哈维思考了"弹性积累"的相关问题,并提出了一系列理论。当今时代,资本主义的发展表现为一种破坏基础上的创造性和地理空间的重构。

在城市化研究中,要关注资本积累和资本循环对空间的塑造作用。城市空间理论的代表学者们一致认为,从古典经济学角度看来,城市是人类赖以生存和发展的生态体系。而经典马克思主义则认为城市是资本聚集的场域,是生产和再生产发生的场所。在全球化时代,城市已经成为一种人类发展必不可少的社会关系。城市是一种"区位"和全球地域共同组成的网络化空间。城市化的快速发展与金融资本的发展密不可分,城市群和城市带的快速崛起是资本循环和热钱大量投入的必然结果,同时也是国家干预市场经济和公共服务的直接产物。城市空间的微观化发展是当今社会基本矛盾、危机、问题和未来的必然结果。

第二节 卡尔·马克思:商品与城市空间的慎思

马克思是马克思主义的开创者,他敦促着人们用实践不断改变世界,而不仅仅是对世界进行理论上的解释。他的思想历经漫长的实践检验,仍然焕发着旺盛的生命力,成为指导社会主义实践的"圣经"。他也是马克思主义城市理论的最初倡导者和践行者,对我们理解这一理论有重要的研究价值。

一、马克思社会理论的黑格尔情结与批判传统

马克思对黑格尔有深刻的理解,在他后来的专著《资本论》中恰当地把握了

黑格尔辩证法的所有矛盾和悖论,使其成为分析资本主义社会的连贯思想。然而,在黑格尔的思想中,一切都在自我批判的、自我意识的个体中达到了绝对状态。马克思很快把黑格尔作为批判的对象,认为他的想法只是物质世界反映在人头脑中的思维。他试图改变黑格尔的辩证法和哲学,试图将其转化为更多的图形和材料。他不是完全否定黑格尔,而是用内在的批判去梳理黑格尔的"理性内核"。在黑格尔的论述中,辩证法所遭受的困惑并不能阻止他成为第一个以全面和有意识的方式呈现社会一般运动形式的人。

在《1844年经济学哲学手稿》,以及那段时期的其他著作中,马克思的思想产生了巨大的争议,反对和赞成的两派互不相让。例如,像路易斯·阿尔都塞这样的人,就是反对阵营的缩影,而亨利·列斐伏尔则是赞成派的缩影。我们需要在以后的讨论中回到这两个人进行分析。现在,我们应该记住,阿尔都塞强调马克思早期的人文主义(1845年之前)和他成熟的政治经济学(1857年)之间的裂痕是最突出的。阿尔都塞认为,在所谓的"认识论突破"之前,马克思的思想是"意识形态化的"黑格尔。后来,马克思成为伟大的革命者,他的分析开辟了一个新大陆,创造了历史的"科学"。在20世纪中叶以后,阿尔都塞式的分析方法在马克思主义城市研究中的影响与日俱增。在我看来,列斐伏尔对这件事做出了最合理的总结,并指出"在早期的著作中,马克思还没有完全发展他的思想①。"然而,它在那里发芽、成长和完善。在马克思的著作(以及人类历史)中,城市问题并没有突然出现,而是以不连续的方式呈现。青年马克思的浪漫梦想,为所有的问题以及社会主义构想提供了一个"新浓缩的人性。"马克思坚持认为,"富有的人需要全面的人类生活——他自己的意识是作为内在需求而存在的人②",但马克思并不认为男人和女人真正需要物质财富。人类实际上需要一个"更大的财富",即满足其他人类的需要。根据马克思的推理,当人们变得更穷,他们对金钱的需求就会变得越来越大,越来越绝望。简而言之,我们的"需求随着金钱的力量而增长"。③ 现代资本主义社会存在"真正的需要",一个"新

---

①　Henri Lefebvre.*Critique of Everyday Life*,vol.1.London：Verso,1991,pp.79-80.

②　"Karl Marx to Ludwig Feuerbach."August 11,1844,in *The Letters of Karl Marx*.ed.Saul Padover Englewood Cliffs,N.J.：Prentice Hall,1979,pp./34-35.

③　"Karl Marx to Ludwig Feuerbach."August 11,1844,in *The Letters of Karl Marx*.ed.Saul Padover Englewood Cliffs,N.J.：Prentice Hall,1979,p35.

的力量"和"外来力量"——每个人都不可避免地沦为奴隶。因此,为了让社会沿着资产阶级的道路前进,为了获得满足,马克思已经知道,我们必须卖掉一切,包括我们自己,把我们的欲望、需求和梦想都抛在脑后,让人拜倒于眼花缭乱的金钱之下。他认为金钱的力量是人性力量的延伸,金钱是人的属性和基本力量、权力的所有者....我很丑,但我可以为自己买到最漂亮的女人。我很坏、不诚实、无耻、愚蠢,但是金钱是值得尊敬的,所以它的拥有者也是如此⋯⋯金钱是一切事物的真正意义。①

在"异化劳动"一节中,马克思指出了理性资本主义的非理性。工人生产的财富越多就越贫困,更多的生产降低了劳动的价值,因为他们生产的商品太多。"人类世界的贬值,与世界的价值增长成正比"②。货币贬值是一种物质现象,它映射的是一种商品,是一种直接与人相对立的商品。劳动和劳动者之间的关系也是如此。简言之,劳动是对劳动者的物化。工人越努力工作,异化力量就越强大,他们的内心世界就越贫穷。因此,马克思断言:"如果劳动的产物是异化,生产本身必须是积极的异化。"③人们会失去自我,他们所说和所做的都被异化了。最终,人们从他们的"物种存在"中,脱离了真正的人类发展潜力。对工人来说,积极的工作变成了"被动的权力","权力就像无能","生育就像阉割一样",一种针对自我恐惧的生活,一段时间内会使自我丧失。当工作时,人们感到自己在外面。在家里,他们进行自我改造。有意识的生活是人类区别于动物的本质属性。在实践活动中剥夺自由意志,通过私有财产在某种程度上进行调解——某些东西将会失去,一种至关重要的力量,一种被限制的人力使全面发展迟缓和被破坏。马克思通过对这种情况的无情否定,寻求一种"积极的超越"。他的渴望是超越所有的隔阂,在某一天,用他所谓的"真正的自由"来取代异化,让更自由和更健康的人类上演"社会生活"。

这一实践活动的主题在另一部重要的早期马克思著作中再次被重申,这一次是在《关于费尔巴哈的提纲》中提到。路德维希·费尔巴哈的《基督教的本质》(1841)是左翼圈子里的畅销书,年轻的海格里亚人欣然接受他的观点。1844年8月,叛逆的年轻马克思把费尔巴哈的作品奉为"圣经",把他的批判文

---

① Karl Marx."Theses on Feuerbach."in *Early Writings*.1845,p421.
② 《马克思恩格斯文集》第 1 卷,人民出版社 2009 年版,第 159 页。
③ 《马克思恩格斯文集》第 1 卷,人民出版社 2009 年版,第 160 页。

章附在《黑格尔法哲学批判》上。实际上,费尔巴哈把黑格尔颠倒了过来,把他放到了现实世界的血肉之躯中。所以,宗教也被"从抽象的天堂拉到现实的世界里"①。现在,绝对的精神可以被理解为是物质世界取代了人类想象的下层社会,费尔巴哈将黑格尔当作基督教的辩护者。但是马克思知道费尔巴哈的思想还没有完全成熟。因此,他开始研究费尔巴哈的人类抽象概念如何转化为一种更具活力的物质力量。可惜的是,当马克思陷入这样的困境时,他发现他为巴黎的报纸写的两篇反对普鲁士的文章引起了很大的麻烦,马克思收到了法国的驱逐令。在布鲁塞尔的第一个春天,马克思与费尔巴哈研究都取得了重大突破。恩格斯后来发表了《关于费尔巴哈的提纲》,作为论文《路德维希·费尔巴哈和古典哲学的终结》的附录。在前言中,他把他已故朋友的文字称为"仓促地写下来,以供以后使用,绝对不是为了出版,而是作为第一份文件的价值,它保存了新世界前景的光辉种子"②。这种观点的绝妙之处在于有一个鲜明的标签"革命实践"。在布鲁塞尔的写作使马克思成长起来——使他成为特殊的社会主义者和唯物主义者,一名有态度的哲学家。

二、空间化:马克思议城市和批判社会理论

马克思在他的第一篇论文中写道,"事物、现实和感性,仅仅是通过物体或沉思的形式来构成,而不是作为人类感官活动的实践形成的"③。但他并不认为人类活动本身就是客观活动。换句话说,他的唯物主义仍旧是理想主义的。根据马克思的理论,费尔巴哈"真正的人类态度"仍然是一种"理论态度"。费尔巴哈认为实践是人类思考的外在表现:一方面,我们是有沉思的人类,存在自我意识,思维自然地植根于地球;另一方面,我们是可以与感官世界接触的人。然而,费尔巴哈对这些领域如何结合在一起几乎一无所知。他无法理解"实践活动"如何改变感官对象和冥想本身。因此,通过对外部世界的行动,通过改变外在的本性,实践也改变了内在的本性。这两个世界成为马克思的世界,是动态连接的,而不是被动的,主体和客体通过实践和革命得到调和。

---

① 《马克思恩格斯文集》第1卷,人民出版社2009年版,第500页。
② 《马克思恩格斯文集》第1卷,人民出版社2009年版,第501页。
③ 《马克思恩格斯文集》第1卷,人民出版社2009年版,第503页。

因此,什么是客观事实就成了一个"实际的问题"。没有可行的抽象解决方法,真理永远是具体的,这是马克思关于城市的重要认识。现在,人类"必须证明真理,即现实和力量。这是费尔巴哈在实践中思考的问题"①。从实践中分离出来的现实与非现实的争论是纯粹的学术问题。哲学家们可以为真理争论不休,但他们永远不会在神圣的大学辩论里找到真正的真理。抽象思维只能通过它的步伐来检验,只有通过解决问题,人类才会创造答案。这是事先不可知的,抽象思维的焦点在此时也变得更加清晰。这就是马克思所说的真理,也是他定义对与错的方法。但在另一篇论文中,他将自己与"庸俗"的唯物主义拉开距离。他提醒每个人,人类改变了自己,我们不仅能适应外部环境的变化,而且能成为变革的发起者。因此,革命化的实践意味着改变人类的观念和思想。马克思指出,在某种程度上,革命实践必须干预思想的产生。在学术场所、工作场所、街道和酒吧中发展的思想,在报纸、小册子和书籍上公开传播的思想,都应该是渗透社会主义的公平渠道。显然,马克思的唯物主义有一个唯心主义切入点。这是一种自我反省、自我批判的唯物主义。他坚持认为,正确的想法是最重要的。马克思建议,实践可以改变想法和环境,改变环境通常会促使思想的转变。但是新的想法同样可以改变环境。与此同时,革命实践提供了使真理凝聚在一起的可能。

在现实中,需要"抛弃哲学",这一观点在长达 700 页的著作《德意志意识形态》中最为明确地表达了出来。这本书主要写于 1845 年 9 月至 1846 年的夏天。他说"要跳出(哲学),把自己当做普通人来研究"②。从此,"唯物主义方法"的"第一前提"成为"真正的前提"、"真正的个体"及其生产活动和物质条件。因此,"这些前提可以以纯粹经验的方式得到验证"③。而物质性则是意识形态的"真正基础",因为生命不是由意识决定的,而是由生命意识决定的。在马克思和恩格斯的想象中,历史的实际进程现在赫然突出,首先是真实的男人和女人的身体,他们与自然世界的关系,以及通过改变人类文化行动所做的一系列的修改。在《德意志意识形态》中展现的是历史唯物主义本身、物质生活生产的"历史",这一讨论预示着现代资本主义生产方式的崛起。不久,我们就听到了马克

---

① 《马克思恩格斯文集》第 1 卷,人民出版社 2009 年版,第 503 页。
② 《马克思恩格斯文集》第 1 卷,人民出版社 2009 年版,第 588 页。
③ 《马克思恩格斯文集》第 1 卷,人民出版社 2009 年版,第 588 页。

思关于资本主义发展与城市化之间关系的第一次提及，其动力是由他所称的"劳动分工"所调和的。

马克思和恩格斯认为，工业只存在于劳动分工之中。然而，要做到这一点，体力劳动和脑力劳动的分工必须已经基本完成。对这两个人来说，最大的体力和脑力劳动分工实际上是国家和城镇的分离。他们指出，分离实际上是一种"对抗"，"从原始社会一直到文明社会，从部落到国家，从地方到城市，它贯穿整个历史文明"①。城镇意味着政治管理的必要性。在城镇中，社会分化为"两大阶级"，其最明显的表现形式，直接基于劳动分工和生产工具的变革。我们在这里聆听了马克思和恩格斯对新兴工业资本主义破坏性倾向的首次辩证的观点——当然，这一主题注定要在未来的 40 年左右的时间里占据对资本主义分析的主导地位。城市实际上已经是人口集中的场所，生产的工具、资本、娱乐、需要都有所发展，而国家却恰恰相反是隔离和分化的。城镇和乡村之间的对抗只能存在于私有财产的框架内，这是最粗鲁的表达个人分工的方式。

这些见解中有相当一部分可能来自恩格斯，在他早期的原创作品《工人阶级的状况》中。正如我们即将看到的，他在详尽的历史和关键细节中探索了制造业的兴起和英国大工业城镇的发展。《德意志意识形态》激起我们对未来历史唯物主义的描绘，城市是封建制度解体的产物，逐渐从商业过渡到生产、制造的巨型工厂体系构成了"现代世界市场"。到 19 世纪中叶，昔日的商业资本已被生动地转化为工业资本。马克思知道大工业是"普遍竞争"的结果。"普遍竞争"正在"摧毁尽可能多的意识形态、宗教、道德等"②。马克思知道，我们第一次创造了"世界历史"，因为资本主义使所有文明国家和每一个个体成员都依赖他们对整个世界的需求，从而破坏了独立国家的前自然排他性。它使自然科学从属于资本和自然分工的结果，然而引人注目的问题是："在自然生长的城镇，现代大工业城市如雨后春笋般在一夜之间被创造出来"③。如果这里有任何怀旧的悲叹，那是无意的，因为很明显，大工业以矛盾的方式聚集了大量的工人。一方面，工人被分离为个体，彼此疏远，从他们的产品和活动中分离出来，被竞争和他们的联盟有目的地分开。另一方面，同样的运动帮助创造了巨大的工业城

① 《马克思恩格斯文集》第 1 卷，人民出版社 2009 年版，第 590 页。
② 《马克思恩格斯文集》第 1 卷，人民出版社 2009 年版，第 591 页。
③ 《马克思恩格斯文集》第 1 卷，人民出版社 2009 年版，第 592 页。

市,廉价而快速的交流创造了新的联系形式和进步的行动。这个悖论是《共产党宣言》的核心主题之一。1848 年,马克思的这本 14000 字的小册子在德国的书店里流传开来,当时欧洲大部分地区弥漫着一种激烈的反抗气氛。1848 年 2 月至 6 月,经济危机和社会不平等笼罩了欧洲大陆,愤怒的工人和学生走上街头,释放了"人民的春天"。"一个幽灵正在困扰着欧洲",这是"共产主义的幽灵"①。这些乐观的观点被证明是不成熟的,马克思在《共产党宣言》序言中为"普遍原则"不断辩护,认为"从整体上看,这些原则仍然是正确的"②。

三、城市资本化与城乡二元制的瓦解

马克思为共产主义联盟准备了一份最具影响力的社会主义宣言,这是一份由国际工人和左翼知识分子组成的秘密计划,他们在 1847 年的伦敦会议上委托马克思同志起草了一份详细的理论和实践规划。《共产党宣言》记录了现代工业的迅猛发展,资产阶级的政治进步,以及无产阶级的崛起。工人阶级与资产阶级是天生的对立面,他们在历史上一直扮演着"最革命的角色"。一方面,"无论它(资产阶级)在哪里占据上风,都会终结一切封建、父权"③。马克思指出,"资产阶级无情地撕毁了束缚人与他的'自然上级'之间的封建束缚,并且在人与人之间,除了赤裸裸的利益之外,没有留下任何其他的联系,只有无情的"现金支付"④。它淹没了宗教的狂热、侠义的热情、非利士人的感情主义,将个人价值转化为交换价值。

很快到处都能感受到资产阶级扩张、资本积累、工厂增加和市场关系蔓延的巨大冲击,戏剧性地改变了人们和城市,将所有人的交往变成了一种货币交往,一种事物之间的关系。马克思说,"资产阶级已经剥夺了它的光环,所有的职业都被尊崇,并怀着敬畏之心抬头仰望"⑤。人们现在都涌向有薪的工人行列——假如他们的劳动力确实有市场,他们可以成为别人的生产资本。马克思对这个

---

① 《马克思恩格斯文集》第 2 卷,人民出版社 2009 年版,第 26 页。
② 《马克思恩格斯文集》第 2 卷,人民出版社 2009 年版,第 45 页。
③ 《马克思恩格斯文集》第 2 卷,人民出版社 2009 年版,第 48 页。
④ 《马克思恩格斯文集》第 2 卷,人民出版社 2009 年版,第 54 页。
⑤ 《马克思恩格斯文集》第 2 卷,人民出版社 2009 年版,第 54 页。

"剥蚀"过程保持乐观态度,他看到的是一种进步,一种必要的邪恶。马克思知道现代工业的发展和资本主义制度下的生活将会是破坏性的、分裂的,身体上的和情感上的挑战,这种不公正和野蛮将会盛行,人们会受到伤害。他真诚地相信光线可以透过隧道的昏暗被看到。与此同时,这些悲观需要在一个新的、未来的新事物中得到肯定,资产阶级是第一个展示人类活动能带来什么的阶级。它已经创造了远远超过埃及金字塔、罗马运河和哥特式教堂的奇迹。它开创了一次远征,把所有以前的国家和十字军东征都置之度外。

尽管如此,这一切都是要付出代价的,因为资产阶级不知道什么时候该停止。事实上,它不能停止剥削劳动力,吸引人们投入生产,生产更多的产品,到处都是新产品,到处都是自相残杀的竞争,只是为了超越竞争对手而创新。为生产而生产,为了消费而工作——这是资产阶级的重要属性。在一篇文章中马克思指出,"生产不断进行着革命,把资产阶级时代与以前的时代区别开来。一切固定的、僵化的关系,连同他们古老的偏见,都转眼不见,所有新形成的关系在僵化之前都已经过时了。所有的一切都化成了空气,所有神圣的东西都被亵渎了,人类终于被迫面对事实,他的真实生活条件,以及他与同类的关系已经改变。在城市里,最重要的是,我们不得不清醒地面对我们生活的真实状况以及我们与人类同胞的关系"①。马克思认为城市化是生产力发展的必然结果,也是维持发展的根源。它使国家服从于城镇的统治。它创造了巨大的城市,大大增加了城市人口的比重,并从农村生活的愚蠢中拯救了相当一部分人口。近 20 年后,他的观点更加复杂,认为工业化的直接后果之一是破坏了工人阶级的身体健康和农民的文化和思想。马克思似乎在暗示,农村生活被农业资本主义改造的过程弄得一塌糊涂,它摧毁了农村工人的活力、自由和自治权。然而,马克思对农村所持的任何反感,都与知识(和政治)一样多。

城乡二元制的瓦解,被社会学家称为"萌芽"的文化,被封闭的社会所概括,被马克思作为一个世界性的和"文明"的过程所采纳。它将抹去旧的地方主义、自给自足和狭隘的思想,取而代之的是一种更加不稳定、更丰富、更复杂的安排,在各个方向上的交往,各国的普遍相互依存以及文化交融。马克思喜欢"世界

---

① Karl Marx."Large-Scale Industry and Agriculture".chapter 15 of *Machinery and Large-Scale Industry*.in *Capital* vol,p1637.

文学"这个概念,在一个多元文化的知识世界,思想无国界,一切都是可以争取的。可以说,世界文学的作者之一当然是城市化本身。生产工具的迅速改进、通讯的革新、时间的湮灭——在都市文化的生产中具有重要的影响,反之亦然。马克思纵容任何加速人口的集聚、资本和财产增值的方式。马克思解释说,资产阶级创造了更庞大的生产力。从前,工人们是分散的群众,被相互竞争破坏。在资产阶级的要求下,工人们组织了工会。这个强制性的联盟正在推动无产阶级创建自己的"积极联盟"。在城市里,无产阶级聚集了更多的群众,"它的力量在增长,变得更加强大"①。工人们开始顽强地形成"组织"(如工会)反对资产阶级,在工资关系上聚在一起。聚集的结果是形成了"不断扩大的工人联盟"。马克思希望有一天,会合并成一个新的阶级力量。他相信,很快无产阶级就会组织成一个新的阶级,形成一种有自我意识的、独立的多数派运动,在城市里以各种"形式"进行激进化的行动,同时催化"实质上"的反抗,形成一种更广泛的阶级斗争。正如马克思提出的,这种描述把资产阶级看作是工人"革命结合"的"非自愿的推动者"。事实上,随着现代工业的进步——我们可能会补充说,现代城市化将削减帮助它形成的社会基础。资产阶级本身就是它自己的掘墓人。

在资产阶级社会中,阶级力量残酷而荒谬,"我们将会结合成一个新社会,其中每个人的自由发展都是以所有人自由发展为条件"②。但这是不可能实现的,除非通过对资产阶级权力进行掠夺。这一次马克思还列出了这种新的自由和更公平的社会需要体现的新特点,这些特点也同时反映了社会主义城市的本质:(1)废除所有的土地地租,土地所有权和使用权应当出于公共目的;(2)实行累进税制;(3)废除继承权;(4)由国家控制信贷;(5)集中处理国家的通讯和交通工具;(6)对国家所有的工厂进行扩建,并按照共同的计划进行生产;(7)有孩子在公立学校进行免费教育;(8)不断消除城乡差异,使人口均衡分布。除此之外,它似乎与马克思对资本主义城市化的肯定是不一致的,因为现在他提出了一个以小规模城市理想为基础的后资本主义城市,与自然共生,与他以前谴责的前资本主义手工业城市相似。在《论住宅问题》的第三部分中,恩格斯提出了一种社会主义版本的住宅,即把工业和农业生产重新连接起来,并"尽可能地使全国人口分

---

① Karl Marx."Large-Scale Industry and Agriculture".chapter 15 of *Machinery and Large-Scale Industry*.in *Capital* vol,p1644.

② 《马克思恩格斯文集》第 2 卷,人民出版社 2009 年版,第 56 页。

布均匀"。他认为,"废除现代大都市唯一的方法是废除资本主义的生产方式"①。

四、马克思的都市空间辩证法

19 世纪 40 年代后期,我们已经开始理解城市在经济增长和资本主义生产方式消亡中所起的作用。总的来说,马克思和恩格斯肯定了历史中的资本主义城市。他们把这看作是社会前进的一步。他们也同样谴责资本主义城市,这是一种可鄙的、充满矛盾的存在,一种即将爆发危机的导火线。显然,这两个形象汇合成一种对立统一,一种奇怪的社会形态,一切都孕育着相反的东西。更进一步说,我们可以看到马克思和恩格斯如何维护资本主义城市特有的矛盾心理。相同的黑暗力量反对法律上的商品形式,导致世界市场的形成。马克思和恩格斯当然认识到这种特殊的都市辩证法的存在。马克思的所有思想,以及他的本体论都围绕着辩证法:这是马克思思想中最重要的内容。因此,我们需要花一点时间来熟悉马克思的想法。作为一种方法论,作为一种世界观,辩证法为我们在本书中所研究的城市空间作了铺垫,许多马克思主义者动员起来,研究了资本主义城市化的动态,并阐述和扩大了马克思主义本身的范畴。

在辩证法中最明显的特征就是变化。一切都拥有流动性,一切都具有变化的特质。马克思坚持说,现在的社会"不是固定的晶体,而是一种能够改变的有机体,并且不断地参与变化的过程"②。资本主义秩序——当然也意味着资本主义的城市秩序——是"历史上的短暂发展阶段",因为辩证法"同时承认它的否定,不可避免在毁灭的同时存在积极认识"。因为它认为每一种历史发展的形式都是处于流体状态,都在运动中。马克思认为变化的根源在于矛盾。矛盾是不相容元素相互运动破坏实体完整性的过程。然而,每个方面都是这个实体的内在,源于它的本质。最明显的例子就是商品,它的使用和交换价值,其价值形式和货币形式,存在相互破坏和对立的关系,在资本主义的普遍不稳定中起决定性作用。马克思认为资本主义社会的运动充满了矛盾。在试图理解矛盾时,必

---

① 《马克思恩格斯文集》第 3 卷,人民出版社 2009 年版,第 125 页。

② Karl Marx.*preface to A Contribution to the Critique of Political Economy*.London:Lawrence and Wishart,1971,p20.

然要理解世界的过程。事实上,马克思是过程思维的重要开拓者,过程思维构成了他思想的核心特质。我们被告知,资本发展是一个过程,劳动、价值、金钱、阶级也是如此,财富积累、工业化和城市化也是如此。在资本中,"社会的经济形成"被视为"自然历史的过程"。在这里,人们成为过程的接受者和化身,或者正如马克思所认为的,过程是"经济范畴的拟人化,特定阶级关系和利益的承载者"①。马克思是过程主义思想者,他把社会现象看作是在各个层面上的内在联系。换句话说,相互联系是世界各个方面运行的本质属性。在马克思的本体论中,关系本身就是矛盾的、过程的拟人化、矛盾的人格化。"我在这部作品中要研究的是资本主义的生产方式,以及与之对应的生产与形式的关系。"②从马克思主义的观点出发,思考社会和城市的问题,需要有一种神圣的思想,这是一种正统的马克思主义思想。

对于马克思来说,只有具体的整体才能全面地把握世界,只有具体的整体才能够将感知和图像转化为概念——从人、地方和生活中抽象出来的真实概念。因此,马克思的辩证法将抽象思维过程定义为归纳和演绎的,在理论和经验之间,不可觉察的和可感知的,这是一种从抽象到具体的方法。只有思想占有了具体的东西,才会把它作为一种具体的思想重新产生。也许马克思在资本主义的概念中最优秀、最深刻的辩证法就是他对"商品的拜物教"的定义,这是一种洞察,而不是一种本本——这是我们即将听到的许多城市马克思主义者的核心思想。在某种程度上,在感官的外表、触觉、嗅觉、视觉上,没有什么是不可能的。同样可以用它的使用价值来形容它,它是满足人类需求的东西:木头在被转化成桌子的时候仍然是木头。然而,在另一个更深层次上,一旦这个有用的东西成为商品,它就会"超越感性"。一种商品是由活生生的人的实际劳动创造出来的,这些人是在"具体"的劳动实践中被聚集起来的,他们是被资本家所雇佣的。这种劳动是由私人所有和控制的,为市场制造社会商品、出售物品,并希望获得利润。商品的具体"外观"是真实的:鞋子、衬衫、电脑、汽车——在我们的世界里都有非常真实的存在。我们可以戴着它们、触摸它们、驱动它们。它们在市场上承担起定量的价格标签的作用来裁定自己的定性身份。在感性的、可感知的日

---

① Karl Marx.*Grundrisse*.Harmondsworth:Penguin,1973,p101.
② Karl Marx.*Grundrisse*.Harmondsworth:Penguin,1973,p103.

常经验领域中,我们思考和处理事物的过程就是将一件东西交换为金钱的过程。

但马克思要求我们思考把事物的经验放到更大的历史和地理环境中,要求我们考虑经验之外的方面。他想唤起我们的记忆,提醒我们商品同时也是明智的,超理智的或社会的。不幸的是,我们看不到这种联系。他认为,这是因为"商品世界的最终形式——货币",将私人劳动的社会性质和个体工人之间的社会关系隐藏起来"①。在统一的不同时刻,在生产、分配、交换和消费中,商品链的每一部分都有透明度。马克思认为商品在生产中的错位——是最低工资剥削生产,甚至是血汗工厂的生产——决定最终的消费,在政治上削弱了工人阶级的利益。商品链是支离破碎的、是虚幻的,并且使我们的行为表现得心不在焉。因此,如果我们重新认识这种"脱钩",将其重构为完整的社会关系,重新建立我们自己的透明度,就有可能揭露资本主义,更好地了解它的世界。我们将更牢固地掌握资本主义社会的功能以及我们必须做些什么来改变它。在某种意义上,马克思用激进的方式把握世界的双重性和二元性,同时设想世界是一个过程、一种社会关系,一个研究对象,一个可以观察到的结果与一个不可见的"定律"。

一些 20 世纪最具吸引力和富有想象力的马克思主义者,其中一些是城市马克思主义者,从马克思的观点中汲取了营养。他们常常把马克思的思想进行扩展,将它在城市的舞台上打开,带入流行文化的领域,照亮城市的街道和公共空间,同时滋养着马克思主义的思想。例如卢卡奇认为历史和阶级意识思想是基于马克思的经济分析而来,日趋严重的异化和大宗商品,既是一个客观的形式,也是一种主观立场的回应。有影响力的黑格尔学派马克思主义者,发展了具象化的概念,这是马克思关于异化论和对拜物教成熟概念的一种奇妙结合。与此同时,另一位城市马克思主义者亨利·列斐伏尔,把自己的思想放在了异化上,并敦促我们不要盲目崇拜空间,不要把建筑物、纪念碑、公共空间、整个社区和城市基础设施视为"空间中的物体"。相反,我们必须进行概念上的飞跃,从根本上理解它们,找到这些东西的根源,就像马克思所说的那样,专注于实际的"空间的生产"和它固有的社会关系。拜物教的概念为资本的辩证流动奠定了基础,马克思认为货币的谜语实际上是商品崇拜的谜题。金钱的流动带来更多的金钱。货币转化为资本,实际上根源于商品的流动。这就是资本主义的秘密:商

---

① 《马克思恩格斯文集》第 5 卷,人民出版社 2009 年版,第 62 页。

品是它的"细胞形态"。因此,马克思的分析是建立在货币分析之上的。货币是一种流通商品,货币作为对商品劳动时间的普遍衡量标准,对他来说是"资本的起点"。金钱是真正资本的来源,是一种特殊的商品,一种能产生比自身价值更大价值的商品:"劳动力"是一个人的劳动能力,在"生产隐藏的居所"里的消费。马克思在这里开始了他对资本主义工业过程的动态描绘。他带领我们通过劳动过程、编年史,把丰富的历史与政治丑闻、存在主义和经济事实结合起来。

　　一直以来,马克思都非常有效地唤起了资本对剩余价值的渴望和狂热,以及围绕它的阶级斗争。他戏剧性地描绘了与劳动竞争的资本,与童工竞争的劳动者和资本家。他直接进入了竞争的核心,向我们解释了新形式的生产合作、分工和技术。他展示了人类发明创造的惊人威力,制造出可以创造和破坏我们生活的东西,即生产工具,它可以让人类成为工具。最后,作为资本的终结,我们听到马克思对积累的无情批判。现在,所有关于人和地方的障碍都被永远消灭了,身体上和经济上都被摧毁了。在这个过程中,资本霸占着世界,把它当作另一种生产力。因此,在前进的过程中,资本在集中,"随着资本主义核心国家数量的不断减少,他们篡夺并垄断了这一转型过程的所有好处,苦难、压迫、奴役、堕落和剥削大量增长"①。由于其空前的历史视野、巨大的范围和知识内容,使得传统学科界限的划分发生变化,马克思从来没有意识到城市本身的需要,也没有真正地将工业化(和生产)的发展与城市化的发展(和城市的生产)联系起来。他在19世纪40年代末进行了一段时间的城市研究,但从未将其融入19世纪60年代的沉思中。尽管城市在资本主义制度下具有明显的理论、政治和历史重要性,但它并没有成为马克思批判的最前沿,也没有在其激进的希望中发挥核心作用。资本积累与城市进程之间的联系,只有在这一时刻才能体现出来。"生产方式的集中度越高,在一定的空间内,工人的集中程度就越高。因此,资本主义积累越多,工人阶级的住房情况越悲惨,城镇的财富越增加"②。马克思本可以在这方面说得更多,但他没有进行深入研究。他留下了更广泛的城市批评,并将这些问题抛给了密友弗里德里希·恩格斯。事实上,恩格斯已经认识到"城市问题"的重要性,已经认识到工业化、积累和城市化之间的关系。在《资本论》中,马克

---

① 《马克思恩格斯文集》第 5 卷,人民出版社 2009 年版,第 75 页。
② 《马克思恩格斯文集》第 5 卷,人民出版社 2009 年版,第 76 页。

思曾对恩格斯大加赞赏:"恩格斯对资本主义生产方式的精神理解得很透彻。"①他指出在这本书中,我们现在必须转向,以寻找真正的城市马克思主义的起源,并在 20 世纪和 21 世纪解开它复杂的谱系和年代学。

第三节　弗里德里希·恩格斯:曼彻斯特的冥想

与马克思不同,恩格斯是一名自学成才的知识分子。1837 年初,父亲把年轻的弗里德里希赶出了学校,从 17 岁开始他在父亲的纺织工厂办公室工作。在 20 岁的时候,恩格斯应征入伍,来到一座沉浸在黑格尔主义中的城市——柏林。这座城市对年轻的恩格斯的冒险精神产生了重要影响。尽管在柏林大学马克思发现了黑格尔、辩证法和共产主义,但恩格斯却从外部,在城市的地下文化,在咖啡馆、啤酒坊和会议厅里,发现了另外一种共产主义。曼彻斯特催化了弗里德里希的批判性想象力,激起了他的钦佩和愤慨,促使他把自己的文学才华投入工作中。在《英国工人阶级的状况》一书中,恩格斯成功地将城市发展与资本积累和阶级动力转化相结合,将工业化的规律与城市化的规律联系起来,从而产生了一种生动的和新兴的城市哲学。

一、阶级与资本:社会生活结构的分析与批判

恩格斯声称:"我在英国已经生活了很长时间,足够了解工人阶级的情况……我已经研究了我能够得到的各种官方和非官方文件。但我对这些并不满意,我不止希望了解抽象的知识,我想看看家中的工人阶级,观察他们的日常生活,与他们聊天,见证他们反抗社会和政治权力的斗争。"②恩格斯又补充说,他放弃了公司和宴会,中产阶级的葡萄酒和香槟,并把闲暇时间专门用于与普通工人的交流。他很高兴,也很自豪这样做。恩格斯非常聪明地认识到,实际的第一手观察无论是在政治或研究中都不能缺失:"对无产阶级的剖析是社会主义理

---

① 《马克思恩格斯文集》第 6 卷,人民出版社 2009 年版,第 145 页。
② 《马克思恩格斯文集》第 1 卷,人民出版社 2009 年版,第 385 页。

论的坚实基础,对其存在的权利进行判断,并结束所有的情感梦想和幻想"①。此外,恩格斯认为他的理论是对英国资产阶级的一种攻击,同时也提醒德国同行,他们"和英国人一样糟糕,只是没有那么勇敢"②。最重要的是,在英国,无产阶级以他们的"古典形式"存在。只有在英国,这些记录被政府检查人员记录在案,因为数据对于任何关于这个问题的陈述都是必不可少的。

对《英国工人阶级的状况》一书的读者来说,最直接的感受就是恩格斯对即将到来的社会革命充满了热情和信心。恩格斯认为工人阶级的反抗,在各个方面都有进步,希望它能迅速取得胜利。他清楚地感觉到,1845 年即将到来。他力劝工作的男人和女人"不要气馁——你们成功是肯定的"③。1892 年,恩格斯承认他之前的预言热情有余,但是正确性有所欠缺。这位年轻人乐观和夸张的语气就像恩格斯遥远的同时代的人之一,另一个狂热的城市理论家,沃尔特·惠特曼一样。在恩格斯调查曼彻斯特工人阶级状况的同时,20 岁的年轻记者惠特曼漫步在高谭市的人行道上,对资产阶级民主进行了猛烈的抨击。他目睹了这个城市的极端奢侈和赤贫,富裕和过度拥挤。但他的本能驱使他走向这里,他称这是"可怕而壮观的景象"。惠特曼和恩格斯都意识到了潜在的可能性——从城市的黑暗中显露出光明的可能性。没有几个人认为大都市是一个自相残杀的世界,每个人都追求自己的利益,不同种族、阶级和民族之间的冲突是不可避免的。然而,惠特曼却将此视为一种新的民主图景,一种日常的分享,一种"本土的表现精神"。在这种精神中,不同阶层的公民能够携手合作。恩格斯的希望不那么民粹和诗意。他提出了一种几乎毫无瑕疵的、务实的城市图景,这是一个以阶级为导向的城市环境,在这里"工人阶级的悲惨状况将被延续,不是轻微的不满,而是对资本主义制度本身的不满。对所有人来说,肮脏的战争并不是天生的,而是由社会引起的,是历史的产物,而不是生物学的,也不是永恒的。恩格斯设想了他自己的"本土表现精神"④,但只有在资本主义生产模式被消除之后,才会有这种体验。对他来说,伟大的城市具有一种特殊的辩证品质。它们承受着

---

① 《马克思恩格斯文集》第 1 卷,人民出版社 2009 年版,第 390 页。
② Frederick Engels."Speech at the Graveside of Karl Marx." in *The Marx-Engels Reader*.New York: W.W.Norton,1978,pp681-682.
③ 《马克思恩格斯文集》第 1 卷,人民出版社 2009 年版,第 390 页。
④ 《马克思恩格斯文集》第 1 卷,人民出版社 2009 年版,第 395 页。

资本主义对不平衡发展的强烈冲击,然而它们也是劳工运动的发源地,建立了一种相互利用,可以引发工人阶级的阶级意识,能按照自己的意志反抗资源丰富和强大的资产阶级的方式。事实上,恩格斯永远不会真正成为一名漫游者,他永远不会是一个无目的的流浪汉和游手好闲的人。他在曼彻斯特的街道上的探险有一种倾向性的目标,一种内在的新教残余使他鄙视懒惰,这一精神贯穿始终。在惠特曼的《奥菲斯漫游》(Orphean Wanderings)中不经意地将这个"温暖的大都市"贴上"光荣"的标签时,恩格斯用敏锐的眼光只发现了"巨大的集权"。惠特曼在街上发现了不和谐,恩格斯说:"这是一种令人反感的东西,是人类本性反抗的东西。"惠特曼的眼睛看到雄伟、美丽和庄严,恩格斯认为这是"残酷的冷漠",使人类解散为单体,其中每一个人都有单独的本质和单独的目的。惠特曼感到"一种全新的世界氛围",而恩格斯则想知道"疯狂的城市是如何结合在一起的"。

二、工业化与无产阶级的契合与分野

恩格斯坚定地认为,曼彻斯特的发展史就是无产阶级的发展史,始于 19 世纪后半叶。随着工业化改变了工作方式,促进了巨型工厂的发展,彻底改变了城市。手工业快速让位给现代制造业,城镇向工业大都市方向发展,工业革命点燃了城市革命。当然,城市革命也助长了工业的火焰,因为前者为后者提供了工人和原料。恩格斯认为工业革命对英国来说同样重要,工厂系统的巨大增长现在要求雇佣更多的工人,这带动了工资的增长,反过来又吸引了劳动力大军——这些人要么迁徙,要么从农村转移到繁荣的城镇和城市。城市人口呈指数级增长,而增长的人口大部分是无产阶级。恩格斯对无产阶级的概念进行了广泛的阐述,包括工匠、工人、手工编织者、农场工人、制鞋工人和木匠等。几年后,他在《共产党宣言》中与马克思一道,将"现代工人阶级"定义进行了扩大化理解,定义为"只要他们找到工作,只要他们的劳动增加资本就是工人阶级"。恩格斯认为工人阶级的状况"是绝大多数英国人生活条件的反映"[1]。他们的队伍不断壮大,迅速吸引了小店主和熟练的自我雇佣者,将工具转化为机器,车间变成了工

---

① 《马克思恩格斯文集》第 1 卷,人民出版社 2009 年版,第 365 页。

厂,工匠们将手工劳动工具变成了机械装置,从而将整个社会减少为两个对立的阶级——工人和资本家。在那些涌向曼彻斯特的无产阶级中,也有爱尔兰人,他们的人口现在迅速增加,尤其是制造业的进步吸引大批爱尔兰人来到英格兰。在这种情况下,人口集中起来,资本也一样,集中的人口是城市的全部。越来越多的制造业工厂要求工人在一个地方进行工作,并统一为单一的劳动力。他们被详细的劳动分工所分割,被工具所异化,生活在一起,却被贫穷所折磨。大工厂意味着大量的资金,大的城镇培育了巨大的生产能力,提供了巨大的激励和优势。大规模的道路系统、铁路和运河,丰富和特定的劳动力储备,与股东和供应商的直接沟通。恩格斯指出,大城镇财产的集中达到了最高点。在这里,过去美好时光的道德和习俗被完全抹杀了。恩格斯在英国各地的旅行中,注意到每个"大城市"的布局都有惊人的相似之处。总之,一切都符合典型的模式。没有一个是真正的计划,但都表现出一种反常的内在秩序,一个可预测的逻辑和轨迹。他说:"每个大城市都有一个或多个贫民窟,那里的工人阶级挤在一起,工人和资本家被强制隔离在不同的区域生活。这些贫民窟在英格兰所有的大城镇中都是存在的,这是城镇里最糟糕的地方,充满了蔬菜和动物的垃圾,没有下水道或排水沟,但是却有肮脏的、淤积的水池。此外,糟糕、混乱的建筑方法也阻碍了通风"①。

在曼彻斯特,恩格斯发现它是一个典型的现代制造业小镇,几乎全部都是办公室和仓库。几乎整个地区都被居民抛弃了。然而"所有的曼彻斯特人"都是真正的工人阶级,围绕着商业核心构成了一个庞大而可怕的同心圆。在这个区域之外,住着中产阶级和上层资产阶级,他们的财富似乎随着距离工人住房距离的增加而增加。傲慢的资产阶级住在有花园的偏远别墅里,呼吸着自由、健康的乡村空气。这是一个直接出自但丁的故事,他的《地狱》是恩格斯所熟知的。恩格斯曾声称,但丁是"中世纪的最后一位诗人,也是现代的第一个诗人"②。恩格斯写道:"在一个没有人造地板的小房间里,穿过粗糙的河岸,在木桩和洗刷线之间,一个人进入了这个混乱的小房间。厨房、起居室和卧室都在一个房间里。这一群人都被房子和工厂包围着。这一地区位于英格兰第二大城市——世界第

---

① 《马克思恩格斯文集》第1卷,人民出版社2009年版,第375页。
② Thomas Malthus.*An Essay on the Principle of Population*.London:Pelican Classic,1976.

一个制造业城市的中心地带"①。

　　有趣的是,像恩格斯这样的描述很快就被大家所认可。在 19 世纪 80 年代末,雅各布·里奥斯(Jacob Riis)在纽约生动地展现了工人阶级的生活,这证实了恩格斯所说的一切。和恩格斯一样,他坚称贫民窟并非不可避免,也不是"道德堕落"的结果。肮脏的房屋可以改善,可以被根除。在接下来的几年里,里奥斯富有同情心的作品和令人震惊的照片,被西奥多·罗斯福(Theodore Roosevelt)所推崇,帮助纽约的公共卫生改革家和进步运动的先驱进行活动,同时唤醒了一些有良知的中产阶级。恩格斯很可能会赞扬里奥斯的摄影新闻,但自己的改革倾向可能会让他不那么喜欢。对恩格斯来说,所有引起恐惧和愤怒的事情,都是最近才存在的,只属于工业时代。他指出,单是这一时期,"就能让这些牲畜棚以高价租给人类,掠夺贫困的工人,破坏成千上万人的健康,使他们只能够屈从于资本"②。简而言之,昂贵的工资买下了彻底毁灭的权力。这就是制造业所取得成就,如果没有这些工人和他们的贫穷,这种奴役将是不可能的。

三、城市与阶级关系的形象重塑

　　竞争创造了无产阶级。资产阶级最初增加了织工的工资,是因为纺织产品的需求增加了,可以引诱农民放弃他们的农场,全身心地投入到织布机上。与此同时,竞争排挤了小农,他们被庞大的体制所压倒,今天我们称之为农业企业,把他们变成无产者,把许多人赶进城镇。同样,竞争也破坏了小资产阶级,它的成员也减少到仅仅是工薪阶层,开始了更大的资本集中,越来越少的资产阶级企业掌控着经济。每一天,工人们必须彼此竞争,这场对抗所有人的战争贯穿了整个现代文明社会。但真正需要面对竞争的是工人。他们可以相互竞争,在雇主的要求下,逐步地相互削弱,争夺工作,任何工作都要服从他们的技能和工作的需求和供应。正如恩格斯所希望的那样,他们可以"通过团结来抵消这种竞争,从而使他们在每一次失败中取得胜利③"。无产者本身是无助的,他们需要的是从

---

　　① 《马克思恩格斯文集》第 1 卷,人民出版社 2009 年版,第 377 页。

　　② Frederick Engels. "Preface to the English Edition of *The Condition of the Working Class*." written by Engels in 1892. Reprinted in *The Condition of the Working Class*, Penguin ed., 1987.

　　③ 《马克思恩格斯文集》第 1 卷,人民出版社 2009 年版,第 380 页。

资产阶级那里得到权利。后者提供生活方式,向雇员支付工资作为工作的"等价物"。在合同中,每个人都有自由选择工作的权利,没有人直接听命于资产阶级的实际决定。恩格斯认为,因为无产阶级没有其他选择,所以要么接受资产阶级提供的条件,或者饥饿、冻死。即使无产阶级决定挨饿,反对资产阶级的对等主张,另一个人很快就被发现介入了争斗。总的来说,没有一个工人的工作比他们需要的要少。

英国工人代表着人力、劳工和奴隶,根据恩格斯的说法,"他们是资产阶级的奴隶,他像商品一样被贩卖,像商品一样上涨和膨胀"①。如果工人的需求增加,工人的价格就会上涨,如果需求下跌,他们的价格就会下跌。因此,工资是由需求来确定。当需求高涨,生意兴隆时,工资上涨,婚姻增多,工人变得更富裕,有更多的孩子,从而扩大了未来的劳动力储备。相反,当经济不景气的时候,劳动力过剩,供给超过需求,工资相应下降,缺乏工作、贫困和饥饿,随之而来的疾病就会出现,过剩人口被排除在工作之外。工人们周期性地被卷入生产中,并被用作矿山、磨坊、工厂和济贫院的劳动力。但是,当萧条袭来时,工人们就会突然被抛弃,"自由"地走上街头,被饥饿和疾病消灭。贫穷和绝望的妇女转向卖淫,男人犯罪和酗酒,父亲们发现自己永远处于失业状态。随着工人的增加,对他们孩子的需求也增加了。随着贫困的爱尔兰人涌入,一个可有可无的、可支配的过剩人口的存在,使这些工人变得更加可有可无,成为一种便利的资本积累。技术创新只是加剧了这种状况,在扩张工业的同时减少了相对数量的劳动者,加剧了劳动力贬值的程度,使那些没有工作的人负担不起生活的支出。我们这里所讲的是恩格斯对托马斯·马尔萨斯(Thomas Malthus)的"人口过剩"理论的早期研究,这是在一篇关于人口原则的论文中提出的。恩格斯和马克思在未来的岁月里说的更多的是资产阶级的神职人员,他们的论断对英国政治经济的影响巨大。恩格斯坚持认为,马尔萨斯错误地断言,手头上的人比可用的生存手段所能维持的人还要多。过剩的人口,或者说是"工业后备大军",是由于工人之间的强迫竞争而产生的。他们被迫生活得贫困,因为太多的东西被生产出来。恩格斯问道:"这种不协调是从哪里来的?"他回答说:"这取决于工业竞争的性质和由此

---

① Frederick Engels. "The Housing Question." in *Marx*: *and Engels*: *Collected Works*, vol.23.London: Lawrence and Wishart, 1988, p324.

产生的商业危机。"①在不受管制的生产和生活方式的分配中,不是为了满足供应需要而生产,而是为了利润。在这种制度下,每一个人都为自己工作,因此不可避免地出现混乱。

马尔萨斯坚持认为,公共福利是一个突出的问题,但不是解决问题的办法。它刺激失业群众大量地存在,进一步超越现有的生存手段。为了使人口恢复到正常的水平,他们宁愿挨饿。然而,"明智的马尔萨斯主义者"深信他们的理论是正确的,"他们毫不犹豫地把穷人扔进了他们的经济观念里,用最令人厌恶的残忍方式对待他们"②。他们更倾向于完全废除贫穷的法律。因为马尔萨斯的权威并没有那么大的延伸,有人提出了一项与马尔萨斯理念一致的法律。货币和粮食的救济不再,唯一允许的救济是进入新的济贫院,"可怜的法国巴士底狱",让每一个没有这种公共慈善的人都感到害怕。马尔萨斯的智慧可以创造超过一百万人进入过剩人口的行列,使每一个伟大的城镇都有大批的劳动力。失业的人在"非正式"的行业里,贩卖各种小物品。恩格斯关于 19 世纪中期的英格兰的描述听起来很像《第三世界》(Third World)城市化进程的编年史作者,他们看到成千上万的人在装载着可回收和不可回收的物品。与此同时,许多人又像今天一样,恢复了对乞讨的态度:"当这些人找不到工作,也不会反抗社会的时候,除了乞讨,他们还剩下什么?"③

恩格斯坚持认为,当一个社会把成千上万的公民推向边缘时,系统地削弱他们的重要力量,让他们感染可避免的疾病或慢性残疾,让他们因过度工作或饥饿而过早死亡,那么将犯罪描述为"社会谋杀"是完全正确的。的确,"它和刀枪弹一样,是一种暴力的死亡"④。之所以说是谋杀,是因为犯罪者知道其行为的后果。然而,恩格斯知道工人并不是完全被动的。他们对工业时代不公正的第一反应就是对轻微犯罪的反抗,这是一种"最残酷、最没有成果的"反叛。他坚持说,"罪犯只能以个人的身份来抗议现存的社会秩序。社会的全部力量都被带

---

① 《马克思恩格斯文集》第 1 卷,人民出版社 2009 年版,第 385 页。
② Frederick Engels."The Housing Question."in *Marx and Engels Collected Works*,vol.23.London:Lawrence and Wishart,1988,p324.
③ 《马克思恩格斯文集》第 1 卷,人民出版社 2009 年版,第 390 页。
④ 《马克思恩格斯文集》第 1 卷,人民出版社 2009 年版,第 390 页。

到每一个罪犯身上,并以其巨大的优势摧毁他"①。当然,也有一些工人对新技术的替代表示不满。神秘的奈德·鲁德开始破坏敌人的机器。然后,逐渐地工人运动成为反对新贫穷法和为减少工作时间而斗争,最重要的是宪章运动。有了宪章运动,恩格斯觉得,工人阶级具有了反抗资产阶级的政治力量,有了"立法壁垒"。宪章运动从 18 世纪 90 年代的民主党中成长起来,在法国大革命期间获得了发展的动力。宪章运动在伯明翰和曼彻斯特发生,并在伦敦巩固了自己的地位。1835 年,由威廉·洛维特领导的运动建立了《人民宪章》,号召全民普选和议会改革。恩格斯相信,作为一个整体,劳动人民感到自己是一个阶级。尽管如此,恩格斯认为宪章运动仍然比真正的社会主义运动落后。因此,社会主义与宪章主义的结合——"以英国的方式再现法国共产主义,将在大城市开始"。在这种孤立、冷漠和野蛮的状态下,集体的热情变得难以为继。大城市变成测试劳工运动的场所,迅速新兴的集体矛盾因疏远了个性而遭到遗弃。恩格斯建议说:"伟大的城市已经将这个国家社会群体的慢性疾病转化为急性疾病,并使其真实的性质和治疗手段得以体现"②。由此产生了城市辩证法。恩格斯说:"如果没有大城市和他们对群众的影响,工人阶级的进步将远远落后于时代。"③阶级矛盾加剧,阶级越来越激烈地分裂,游击战全面爆发,凝结成清醒的有组织战斗,而且它不会停止。工人阶级有一个城市要占领,有一个世界要征服。

47 年过去之后,老人恩格斯保留了这一不祥的预感。尽管经历了一段痛苦的绝望时期,当那些激进的希望化为泡影时,社会主义在英国再次活跃起来。事实上,为了自身利益,也许有太多的社会主义。因为除了工人阶级的社会主义,还有中产阶级的社会主义,这是一种"体面的"类型。这类言论显示了可怕的暴君社会不可思议的变化。中产阶级的公众舆论,再一次证明了过去一代人的社会主义者对公众舆论的蔑视。然而,更重要的是,伦敦东区的社会主义复兴,不再是痛苦的巨大梦魇。现在它是一种进步的社会主义,在恩格斯称之为"新工会主义"中隐约可见,这在大量非熟练工人的组织中是显而易见的,并帮助照亮了前方的道路。但是,"新工会"却试图组织不同的、不熟练的劳工,甚至是服务

---

① 《马克思恩格斯文集》第 1 卷,人民出版社 2009 年版,第 392 页。
② 《马克思恩格斯文集》第 1 卷,人民出版社 2009 年版,第 395 页。
③ 《马克思恩格斯文集》第 1 卷,人民出版社 2009 年版,第 396 页。

业的国内工人,那些在工作安全信念破灭的时候聚集在一起的人。恩格斯认为老工会继承了资产阶级的体面,只迎合了"劳工贵族"的需要,更有内涵、更坚定、更务实。然而,新的、更有挑战的激进工会现在"在工人阶级运动中占据了主导地位,并且越来越多地把富人和骄傲的'老'工会联系到一起"①。英国工人阶级的状况在1845年到1892年之间变得恶化,对于大多数工薪阶层来说,住房短缺仍然是一个迫切需要解决的问题。许多社会主义者,比如皮埃尔·约瑟夫·普鲁德汉的追随者,法国辛迪加无政府主义思想家和活动家,都对解决住宅问题有自己的看法。1870年,恩格斯退休并定居在伦敦。正是在那里,恩格斯写下了另一部重要的著作,一本名为《论住宅问题》的小册子。

四、社会主义和住宅问题

面对两个重要的敌人,恩格斯现在发起了一场双管齐下的进攻。首先面对他所谓的"小资产阶级社会主义者"(即左翼阵营内的敌人);其次是权贵资产阶级。由于他的辩论能力完全成熟,恩格斯的"住宅问题"围绕着两个重要敌人而展开。他对小资产阶级阵营的批判是最有趣的。恩格斯说,"1872年的英国无产阶级工资比1772年的农村织布工要高得多"②。恩格斯现在对住房短缺的看法与他对"人口过剩"的分析非常相似。劳动力的过剩和体面住房的匮乏并不是绝对的缺乏,富裕和匮乏是资本主义生产方式的相对结果,这都是社会产生的现象。然而,现在成熟的恩格斯对他的批判分析略有改进。住房问题实际上是资本主义的"无数更小、次要的罪恶",而不是矛盾和邪恶的中心,不是资本家剥削工人的直接结果。这种邪恶会影响到很多人,甚至是那些境况较好的人。在自由市场的操纵下,他们生存的能力更弱,也更缺乏应变能力。因此,恩格斯认为现代大城市的扩张,给某些部分的土地,尤其是那些中央位置的土地增加了价值。如果穷人居住在位于城市中央的土地上,他们通常会被迫支付相对较高的租金——通常是在拥挤不堪的情况下居住在肮脏的房屋里,因为房东可以真正地支配土地。但是,资本家的目的是获取更多的利润,因此市中心的房子被拆

---

① 《马克思恩格斯文集》第1卷,人民出版社2009年版,第390页。
② 《马克思恩格斯文集》第3卷,人民出版社2009年版,第238页。

除,取而代之的是更高档的场所,如商店、豪华公寓、商业和公共建筑。到处都是同样的结果,工人被赶出城镇的中心,居住在郊区;在这种情况下,工人的住所,以及一般的小型住宅,变得稀少而昂贵,而且往往是完全无法获得的。因为在这种情况下,建筑行业为更昂贵的住宅提供了更好的投机场所,只能通过其他方式建造工人的住所。如何解决这个住房问题?小资产阶级的解决方案是由一个德国作家和一个忠诚的蒲鲁东追随者构思的。米伊尔伯格的做法,预示着英国首相玛格丽特·撒切尔(Margaret Thatcher)在20世纪80年代的计划,归结起来就是要彻底废除租房制度,把所有的无产阶级,变成家庭所有者,从而建立一个拥有财产的民主制度。在这个民主制度下,永远的正义得以统治。米伊尔伯格坚持认为,法律权力是对永恒正义的侵犯,是对工人永恒权利的侵犯。工人应该拥有自己的住所,就像他们应该拥有自己的劳动工具一样。从这个角度来看,工人们需要重新回归炉边和家庭,克服现代的大规模工业。不可避免的是,这意味着一种对手工业的回归。在一个小企业盛行的时代,个人旧的稳定手工艺是规则,在生产者和消费者之间有直接的交流。毫无疑问,这与恩格斯的社会主义观念背道而驰。恩格斯认为,"工人们应该购买住宅,这是建立在蒲鲁东的反动思想基础上的。根据这一观点,现代大型工业所创造的条件是病态的……"[1]一旦工人们被重新投入到这些稳定的环境中,"社会漩涡"已经被移除,工人们就可以自然地在"灶台"和"家"中使用财产了。当然,这个悲叹的故事强调的是蒲鲁东主义与马克思主义之间不可逾越的分裂,是对未来的一种反现代主义和后现代主义的憧憬,是对美好往昔的热情向往和对未来糟糕日子的坚定批判。这些糟糕的新日子,对于一些人来说,就像马尔克斯一样,象征着无产阶级的自由,一个人从所有传统桎梏中解放出来。另一方面,恩格斯说,"他的小房子、花园和田野,连同他的织布机,构成了一个安静、满足的生活环境,他是一个虔诚而可敬的人,尽管有各种各样的痛苦和政治压力。他给富人、牧师和国家的官员们戴上帽子,内心却完全是一个奴隶"[2]。在研究中,现代技术同样没有作用,没有蒸汽动力的作用,机械织布机也没有。只有体面的手工劳动才算真正的劳动。但恩格斯意识到机械化的潜在解放力量,它摆脱了资本主义的控制和所有权,新技术真

---

① 《马克思恩格斯文集》第3卷,人民出版社2009年版,第249页。
② 《马克思恩格斯文集》第3卷,人民出版社2009年版,第323页。

的可以减轻负荷,真的可以缩短工作时间,可以腾出时间进行智力的刺激和发展,可以使现代城市文化繁荣起来。

马克思和恩格斯对蒲鲁东的理论斗争和分歧标志着 19 世纪社会主义运动的重要分裂。早在 1842 年,马克思就曾赞扬过蒲鲁东的《什么是财产》,后者毫不含糊地说:"财产就是偷窃!"然而,不久,这些人就闹翻了。1846 年,马克思把《哲学的贫困》写成了蒲鲁东的《贫困哲学》的答案。这是从对蒲鲁东的回归到黑格尔的辩证法和他的小资产阶级政治经济的尖锐控诉,他试图为工人们保留一定数量的私有财产,以在自治的生产者之间进行公平的交换。同样,这两个人之间也存在着重大的政治分歧,社会主义者主张实行临时集权的"无产阶级专政",而另一个人则主张实行反中央集权、分权化、互利主义。多年来,每一个阵营的追随者之间都爆发过激烈的争论,每个阵营都把对方看作是独裁主义者或小资产阶级。1871 年巴黎公社的失败加剧了这场冲突。

对于恩格斯来说,住房问题的解决方案不是革命性的工人阶级思想,而是大资产阶级改革的计划。例如,在整个欧洲,越来越多的租户成为买家,投机金融机构向工人提供贷款,鼓励他们购买廉价住房,他们将以高昂的利息偿还分期付款计划。恩格斯认为,这种做法意味着,通常资产阶级会通过人为地提高住房的价值,并限制越来越多的租金供应而获利。与此同时,它在整个工人阶级中,在那些没有财产的人和有财产的人之间造成意识形态的分裂。正如恩格斯在 1887 年所写的脚注中所表明的那样,"解决住房问题的方法是,将工人送到他自己的'家',这自发地出现在美国快速崛起的城镇中。这样,工人们就必须背负沉重的抵押贷款债务,才能获得住房,而现在他们确实成了雇主的奴隶。他们被绑在自己的房子里不能离开,而且必须忍受他们提供的任何工作条件"①。现在"系统"的股份和抵押权,使一些工人成为公民的典范,扼杀了必要的革命精神。简而言之,这一计划非但没有给工人阶级带来任何的宽慰,反而直接与之背道而驰。恩格斯城市哲学的第一个主题,正如他所写的,"因为我们的任务不是为未来社会的组织建立乌托邦式的体系,在这里讨论这个问题将会是一件很无聊的事情"②。但有一件事是肯定的:在大城市里,已经有足够数量的房屋可以立即

---

① 《马克思恩格斯文集》第 3 卷,人民出版社 2009 年版,第 335 页。
② 《马克思恩格斯文集》第 3 卷,人民出版社 2009 年版,第 340 页。

解决所有真正的"住房短缺",只要它们被明智地使用。这自然只能通过对现有业主的征收,在他们的房子里安置无家可归的工人或在他们现在的房子里安排过度拥挤的工人。一旦无产阶级赢得了政治权力,这种对共同利益的关注,就像现在的国家一样,同样容易实施。

五、城市更新的批判

与此同时,资产阶级也打着自己的算盘。首先,补救"贫民窟"对富人和穷人来说都是生死攸关的问题。肮脏的社区是致命传染病的滋生地,比如霍乱、伤寒、天花和其他由污浊的空气和有毒水传播的细菌,这些疾病的跨阶层传播已经成为一个不争的科学事实。在无产阶级中孕育的流行病,对营养不良、工作过度的人来说更致命,但也威胁着富裕的资产阶级,甚至连最强壮、最正直的居民也难以幸免。"死亡天使"恩格斯警告他的读者说,"在资本家的队伍中,像在工人阶级中一样冷酷无情"①。所有这些都促使那些热衷于慈善的资产阶级迅速行动起来。很快社会保障机制被建立起来了,提案被起草,法律被颁布,为解决反复出现的流行病进行着努力。工人的住房条件差被认为是疾病传播的罪魁祸首,解决公共卫生问题受到了更多关注,越来越多的人认为这是资产阶级的恐惧。在这方面,恩格斯特别指出了埃米尔·萨克斯(Sax)的工作,他是善意的资产阶级思想的典型支持者。恩格斯对萨克斯治疗工人居住的弊病、改善瘟疫社区和糟糕住房的想法嗤之以鼻:使所有的工资工人都能变成资本家,而不会继续成为工资工人。简而言之,萨克斯相信,只要居住者能够达到"物质和精神幸福的纯净高度",只要工人们能以某种方式把自己提升到拥有房屋者的行列,就可以把猪舍变成美丽、健康的住所。正如萨克斯(Sax)所定义的那样,这一问题是道德上的失败,而不是经济上的不公正。恩格斯说:"正如蒲鲁东把我们从经济学的领域带到了法律领域一样,我们的资产阶级社会主义者把我们从经济领域带到道德领域"②。富人似乎能够清洗和净化自己,那么穷人为什么不能呢?萨克斯是我们熟悉的为穷人提供帮助的人。萨克斯鼓励有资质的工厂主帮助工人

---

① 《马克思恩格斯文集》第3卷,人民出版社2009年版,第337页。
② 《马克思恩格斯文集》第3卷,人民出版社2009年版,第338页。

们获得合适的住房,为他们提供廉价的土地,并推进建设资本,降低贷款利率,并以某种方式补贴工人。可以理解的是,恩格斯知道这些改革至少没有减少工资。资产阶级永远不会真正解决住房问题,因为资产阶级并不想解决住房问题。但他们也不能让这个问题变得过于失控。恩格斯坚持认为在现实中,资产阶级和资本主义国家解决住房问题的方法是,通过不断的融合而重新提出这个问题,并用自己的方式解决它。

　　不管原因可能是什么,是否出于对公共卫生或美化战略的考虑,结果和影响都是一样的,资产阶级更新城市中心、用资本征服它,把它变成一个奢侈和有利可图的空间,取代那些最可耻的大街小巷。然而,那些滋生疾病的地方,那些令人难以忍受的地窖和臭名昭著的小屋,并没有被废除,它们只是转移到其他地方。事实上,需要也产生了它们,只是在另外地方出现而已。所以,这种转移一直持续。为此,恩格斯承认,"只要资本主义生产模式继续存在,解决住房问题或解决任何其他影响到工人的社会问题都是愚蠢的"①。住房问题的真正解决办法是"只有当社会得到充分转变,才能开始废除城乡之间的对立"②。真正目的是利用工人阶级本身的一切生存手段和劳动工具,废除资本主义生产方式。对于大都市的具体矛盾,恩格斯只看到了单一的解决办法:完全废除生产方式本身。没有什么比这更重要的了,没有其他的事情是允许的,也没有商量的余地,没有别的选择。它是一种被剥夺或永久的炼狱,是霍布森激进分子的选择。因此,任何城市改革都不能拯救穷人,没有住房和社会政策可以解决贫困的问题,但不能把真正的罪魁祸首绳之以法。更确切地说,改革只是把问题转移到了另一个地方,一个在政治上、经济上和卫生上对统治阶级有利的地方。恩格斯拒绝接受任何城市更新计划,无论这意味着什么,都是城市的革命或死亡。因此,除了对市场机制进行彻底驱除,超越对土地和劳动力的竞争性投标之外,恩格斯也没有对城市有任何的批判。事实上,城市在过渡时期留下了政治和存在的真空,城市问题因革命的考验而被取代,前者将不得不等到后者解决。恩格斯本人曾说过,一旦无产阶级赢得了政治权力,"出于对共同利益的关注而进行的改革,就像现在的国家征收一样容易实施"③。

───────────

① 《马克思恩格斯文集》第 3 卷,人民出版社 2009 年版,第 340 页。
② 《马克思恩格斯文集》第 3 卷,人民出版社 2009 年版,第 338 页。
③ 《马克思恩格斯文集》第 3 卷,人民出版社 2009 年版,第 342 页。

恩格斯对马克思主义城市空间辩证法持轻视的态度,未能注意到特定的文化特征,潜在的政治可能性和日常城市生活的潜力。恩格斯和马克思作为现代思想家和现代城市居民,都看到和感到了这些城市文化的性格特性。两个人都对文化或现代都市的日常感兴趣。当然,恩格斯抓住了其中的一部分,意识到资本主义城市化的创造性破坏能力,认为这是一种动力,而不是逃避。他知道城市是阶级斗争的原始场景。但是,独特的城市文化和政治却从未触动恩格斯,他从来没有真正理解过城市更特殊的质感和更丰富的内涵。正是这种肌理和密度,使后来的城市哲学家陶醉其中,他们试图用更微妙、更辩证的方式来充实自己,尽管这与马克思和恩格斯自己的观点是矛盾的。这些都不影响弗里德里希·恩格斯的辉煌。他的错误与其说是智慧的错误,不如说是天生的痛苦。他是第一个城市哲学的倡导者,建立了城市研究的基础,指出了城市化在历史上的意义和对资本主义生产方式的转变。

第二章　想象之城

　　城市不只是简单的物质或生活空间,同时也是想象和表征的空间。城市的想象对城市的发展有着重要影响。城市设计师和规划师们对于城市的外观、功能和生活方式都有自己的想法,这些想法被翻译成城市规划和建筑环境。城市在文学、艺术和电影文本中都有所体现,这些都对城市的发展走向影响深远。公众对城市的想象,部分是由媒体表现和生活实践构成的。关于城市的观念不只是简单地在有意识的层面上形成,也是无意识的欲望和想象的产物。城市构造开始于对城市的想象,思想的力量,想象力、表征会影响城市形成和生活方式的愿景。本书中我们探讨了两个有关城市想象的主题,即城市与想象之间关系的思考和城市如何影响想象。这两者之间有明显的联系和区别,它们都是思考城市问题的有效方式。

第一节　城市的想象与自我实现

　　城市想象力的发挥隐含着城市发展条件与想象之间的紧张关系。一方面,城市是有创意,鼓励想象力的地方。不同想法的人聚集在城市里,他们构成相互联系、分享知识和想法的网络,能够产生具有创造性的想象。这些想法会对物质世界产生影响——以经济创新的形式和信息经济中销售理念的利润形式展现。城市作为思想和创新的熔炉有着悠久的历史。事实上,回到城市主义的起源,索亚认为,城市群的刺激效应导致了农业革命的创新。在这里,城市的互动条件鼓励克服固定的思维方式。

一、城市想象的思想传统

思维方式是想象力的有力表现。城市可能会采取行动限制想象力,或将其作为传统和权威在集体想象中加以巩固。城市,像国家一样,可以是想象中的生活所在地。这种集体的想象可能通过纪律和权威的行使而得以实现。肖特关于三个城市演讲的主题之一将城市视为权威、压抑和悔恨的源泉。这些影响作用于想象的链条。另一方面,专制的城市可以成为身份和安全的来源。权威和身份之间的紧张关系在帕特里克·吉尼斯的描述中表现得淋漓尽致。在故事中,苏丹的形象是一个强有力的代表,在日卡塔的"主题"上发挥着想象力。在许多非西方城市(以及越来越多的西方城市),宗教或精神的想象是身份的关键所在,也对城市建筑形式产生重大影响。宇宙之城可能与西方主要的城市想象冲突,即资本积累。这也挑战了传统的西方对现代性和城市的看法。如果西方的城市主义是由对世界的觉醒而产生的个人主义所推动,那么资本主义与其他集体想象和表现(如基于宗教信仰的)的相互作用就会产生一种更不可预测的对抗资本与文化的融合,反之亦然。

很明显,集体想象的形式可以是积极的,也可以是消极的。城市想象的偏见是种族主义的根源,而某些集体想象不受约束的支配作用也排除了其他因素——正如新兴的关于后殖民主义文献指出的那样。同样地,社区的概念假定了人口的同质性,并可能产生一种纯粹的观念,即那些被指定为外部的地点成为偏见和种族隔离的场所。后殖民主义和女权主义揭示了西方城市和其他城市的想象力在本质上是不同的。安东尼·维德勒展示了在西方的建筑和规划中,对城市的构思空间是真实的。

非西方城市的增长速度和千变万化的资本和文化,通过城市的联系和其他感官的重要性来挑战视觉想象。让城市与众不同的是,它们包含了感官被震撼的场所,这些地方可以被解读为快乐的源泉。城市的复杂性和丰富的感官性也可以被看作是一个空间,这有助于帮助我们避免使支离破碎的主观意识超负荷。在齐美尔对主体的精神生活与城市之间关系的探索中,他认为在现代都市中,个体被刺激充斥着:"没有一种精神现象是无条件地保留给城市的,因为它是一种消极的态度。"①然而,随着后现代主义思想的影响,分裂的自我、生命和复杂性的概念已经从消极转为积极的因素。因此,齐美尔认为城市是一个过度刺激和过度感觉的地方。它被城市的想象力所取代,充满了活力和令人兴奋的因素。在这个空间里,感官和肉体的乐趣可以被庆祝和探索。

现代城市是构建快乐的场所,这也许是本雅明的作品受到城市学者们如此关注的众多原因之一。对他来说,城市及其拥挤的人群令人陶醉、令人着迷、富有成果、富有创造力。而19世纪的商品文化则被认为是一个梦幻世界。本雅明的现代大都市是现代性的幻影和神话表现的主要场所。在他的作品中,巴黎的购物拱廊是由玻璃和复杂的铁制品构成的,闪闪发光。资产阶级的梦想世界代表着进步、富足、渴望、享乐和消费,这些都在城市的建筑、商品和时尚中得到了体现。但本雅明的城市也是一个模棱两可的地方——既诱人又充满威胁。他的作品并不是对记忆的探索,而且大都市不仅仅是本雅明所记得的空间。相反,记忆与特定的地点交织在一起,记忆在塑造城市的同时也被它塑造。

二、城市想象与自我实现

我们已经考虑了城市对集体想象的影响。但是,城市想象力也可以被解读为个人理想的实现。在城市的普通空间里,詹姆斯·乔伊斯笔下的人物实现了自我——这些顿悟的时刻,如此非同寻常地出现在城市的日常空间中。同样,这些都市作家和学者们也把与他人的相遇看作是一种精神发展和启蒙的形式。另一方面,城市和城市经验也可以将自我与想象和创造力分开。对于马克思而言,异化是疏远的,是一个物质过程,是资本主义生产关系的产物。在这个意义上,许多西方和非西方城市居民的经验,与想象和否定想象保持一种距离。然而,即使在异化的空间里,人被束缚在生产线上,想象的行为也像白日梦一样形成了抵抗的场所。

想象的距离是通过对恩格斯的城市研究来实现的。在他对1844年的曼彻斯特的研究中,不同质量的住房和不同地区工人的隔离导致了工人阶级想象的分裂,并压制了他们聚在一起形成革命意识的可能性。在当代城市,这样隔离在

---

① Benjamin, W. *One Way Street and Other Writings*. London: Verso, 1985, p25.

封闭社区的堡垒建筑中采取了新的形式,所有这些都是为了阻止富有想象力的认同。异化是一种现代主义的比喻,影响着对城市想象力的理解,是对自我碎片化的看法,并暗示没有真正的自我与之疏远。我们也可以说,自我的概念是西方的东西,或者至少是西方人的一种幻想。然而,自我对更深层次的冲动、欲望和恐惧仍然是理解城市状况的一个主题。在这里我们遭遇了想象与潜意识。欲望和恐惧在城市中会出现——因此,它成为文明的熔炉,也成为罪恶的场所,或者是需要管理的难以控制的空间。城市的结构可能会提供一些更深层的精神动力,但也可能会让城市受到控制。城市可能是梦想的空间,它能让欲望保持一段距离,或者它可能有助于加强我们与无意识之间的距离。城市是一个梦想,一个充满了幽灵、痕迹和可能性的恍惚状态。我们也可以把城市想象成一个焦虑和恐惧的空间,或者像韦德勒一样,把它当作一个神秘的地方。理查德·森内特认为现代城市反映了主观经验和世俗经验之间的差异,也反映了自我与城市之间的差异。因此,城市反映了对暴露的巨大恐惧,而构建城市的目的是保护内心的自我,不受社会接触和差异的威胁。郊区充满了与危险、拥挤和犯罪的市中心相似的意象,想象着社区、安全和家庭的空间。

　　早期的女权主义作家把城市看作是自我实现的源泉,远离家庭和父权制关系的束缚。女权主义者并没有遵循传统的城市观念,认为城市是不道德、充满威胁和危险的场所,而是把城市作为自由和可能性的空间,远离家庭生活、约束和窒息。因此,芭芭拉·布鲁克斯写道:"从乡下来到城市,是一种更自由、更多样、更宽容的生活方式……私人和公共景观相互作用、相互释放。搬到一个不同的地方可以让你有机会改变习惯,进入不同的角色。城市或半城市的环境提供了更多的多样性,更多的机会在不同的群体之间流动,并在其间迷失。"①其他女权主义作家和理想主义者认为新的城市设计和城市形式是一种潜在的解放力量,妇女可以从家务劳动中解放出来。他们幻想建立一种更集体和共享的生活方式。

　　显然,对于那些生活在传统规范之外的人,比如同性恋或单身女性,或者那些想要打破早期联系的人,城市可以代表解放的空间。对许多跨国移民或农村移民来说,不同的幻想开始发挥作用,他们离开了贫困的农村生活,那里的农业

---

① Wilson,E.*The Sphinx and the City*. London:Virago,1991,p125.

机会已经被剥夺,他们可能会把城市视为一个潜在的生计来源和更好的生活场所。许多这样的移民最终生活在美国、英国或欧洲城市的贫困地区,或者在约翰内斯堡的人行道上居住,这一事实并没有削弱城市对那些跟随它的人的想象。城市便成为幻想的场所。因此,空间也建构了主体性,某些类型的感觉或自我意识都是可能的,这些是在一个特定地点出现的。20世纪中叶,当罗斯站在泰晤士河畔:"她站在那里,低头看着水面时,一些隐隐的感觉开始把河流排列成一个图案。她记起那天晚上她是怎么站在那儿哭的,然后……她看见了城里的教堂、桅杆和屋顶。她自言自语道。的确,这是一个壮丽的景色……她看了看,然后又转过身来。那里有议会大厦。一种奇怪的表情,半皱眉半笑在她脸上形成,她微微向后仰,仿佛在领导一支军队。"①城市的建筑和空间是不断形成的,它们自己形成记忆,而记忆变得空间化。

借鉴记忆,从过去与城市的关系中学习是自我发展和自我实现。记忆在城市的想象中起着重要作用。在每天的日常生活中,街上的气味或从我们路过的房间传来的钢琴声都能唤起另一个地方和时间。城市的复杂结构是城市居民丰富的记忆来源,这可能代表着新移民的缺失,至少在一开始,他们从一种认同感和归属感中消失了。传统城市的记忆很容易被定义为城市的形象,这使得个体公民有可能认同过去和现在的文化、社会和政治实体:"它既不是城市的'现实',也不是一个纯粹'想象'的乌托邦,而是一种复杂的心理地图或意义,城市可能被认为是'家',而不是外来的东西,它构成了(或多或少)道德和保护的现实生活环境。"②在这一场景中,纪念碑成为有重要象征意义的东西——无论是凯旋门,还是政府建筑的辉煌。城市的这一面又被维里吉尼亚·伍尔夫所捕获:"安妮女王的雕像似乎是在指挥混乱的世界,为它提供一个中心,就像车轮的中心。似乎这位白衣女士用她的权杖来指挥交通,指挥着戴着圆顶礼帽和外套的小个子们的活动,附带妇女、货车、卡车和公共汽车。"③关于纪念碑重要性的观点被一些人质疑,当他们争论纪念碑的不显眼时,同时鼓励我们去寻找城市其他日常空间的与众不同。

---

① Wirth, L. "Urbanism as a way of life." *American Journal of Sociology*, 44(1), 1-24. Woolf, V. 1938: The Years. London: Penguin, 1998, p45.

② Vidler, A. *The Architectural Uncanny*. Cambridge, MA: MIT Press, 1992, p261.

③ Jacobs, J. *The Death and Life of Great American Cities*. London: Jonathan Cape, 1962, p78.

随着城市变得越来越复杂,越来越全球化,移民越来越多,很难建立文化标记,从而形成一个简单的城市形象。我们可能会问,雕像、海报、建筑,还有人行道马赛克,都是为了什么目的而建立? 我们在城市纪念碑的建造过程中,借鉴了什么思想和谁的过去? 正如维德勒指出的,对于现代主义者来说,这是一个关于过去的故事,忘记了旧城,忘记了它代表了什么,它的混乱和腐败,因为这是一个关于早期城市形态的故事。目前的城市复兴计划也借鉴了早期的文化想象,它援引了当地就业和工业的早期传统,就像在重建码头地区或文化生活中所看到的那样。

三、城市的意义

所有城市的想象都是富有张力的创新或约束,不仅出现在城市想象力的影响中,而且关系到城市想象的方式,反映在电影和文学,城市规划和政治中。城市叙事可以有多种形式。城市通过表征和构建它们的实践来呈现形态,而真实和想象中的城市之间的界限很难表达。不同的理论方法讲述了不同的故事,这些故事是关于城市的某种真理,但它们本身只是理解城市复杂性的一种方式。没有一种固定城市叙事,但许多叙事以不同的方式建构城市。城市社会学的想象力研究有很长历史,包括齐美尔、本雅明、沃思和列斐伏尔等人,以多种方式表达了对城市的理解。在早期的城市分析中,对城市的想象主要是运用芝加哥学派的生态学方法。在这一方法中,伯吉斯(1925)、帕克(1925)等人认为城市是一种植物性的有机体,按照一定的原则,将土地划分给特定的人口,从而达到某种平衡增长的目的。在这个模型中,将城市比作一个按照既定规律运作的有机体。这种方法包含了一种经济增长和变化的进化模型,芝加哥被认为是现代工业城市的缩影,它是漫长城市进化过程的高潮,可以追溯到更早的历史时期。城市新的空间划分被认为是现代工业社会中复杂劳动分工的产物。

芝加哥学派的叙事被两个主要的理论想象所取代:其中一个来自韦伯的作品,另一个来自马克思。韦伯强调了制度的重要性和城市管理者在决定城市的资源、服务的形态和分配方面的决定性作用。这是一个相对良性的想象,其中有改变和改革的可能性。哈维和卡斯特是两位马克思主义的城市分析家,他们在发展城市政治经济的道路上扮演了重要的角色。在著作中,哈维发展了马克思的资本积累理论,以揭示其对城市结构的影响。他早期着手探索了资本三级循环的重要性:一级循环是将资本投放于生产商品;二级循环的资本是投放到固定的建筑环境中;三级循环是将资本投入科学知识和劳动力的再生产中。其他马克思主义作家发展了不同的、但与之相关的理解城市的方法。但在每个主流的想象中,都展现的是一个为资本积累和剥削而工作的城市。20世纪70年代初到80年代中期,许多作家试图建构城市的真实再现,而不是认识城市的任何表象。

最近的文化转向意味着新的城市故事和想象的出现,这些城市是世界主义、多元文化主义的空间,以及精神、记忆和想象的空间。这些研究的大部分内容都回到了现代城市的分析视角,以开发新的范式和新的见解。其他的文本则利用后现代主义作家如福柯、利奥塔和鲍德里亚的观点将焦点从物质和经济领域转移到虚构的、文化的和超现实的领域。这些自我意识的范式破坏了真实与想象城市之间的界限。不同的概念、碎片化、复杂性、虚拟性、超现实、拟像和网络空间化都嵌入当代的故事中。城市一直是各种各样的神话和幻想的宝库,其中一些往往以乌托邦的城市为欲望的场所,另一些则以反乌托邦的城市为恐惧的场所。对于亲城市主义者和城市爱好者来说,城市被认为是机遇的空间,是陌生人之间相互交融的空间,是兴奋、差异、世界主义和相互联系的空间。作为文化的空间,充满了参与、魅力、流动性和活力。这些亲城市的想象本身已经转化为鼓励和提高城市生活的政策。

另一个积极的代表是城邦。城市的政治构想始于玛雅和阿兹特克描述的早期城市,从中美洲和南美洲的城市到希腊和罗马帝国的城市。雅典的城市原型矗立在那里,表达民主、公民文化、人类的实现和城市的概念。对马克思来说,城市代表了一种潜在的自由空间,让大众远离农村生活的保守主义和愚蠢。1990年,许多政治理论家严肃地分析了政治上的差异,提出了政治上的虚构城市,将其作为"陌生人共同存在"的空间。"不同的政治想象会进入城市设计。"例如,哈洛新城(Harlow new town)是在第二次世界大战后在伦敦附近修建的,它的社会主义理念是民主和包容,并对城市如何能拥有一种更加平等的生活方式进行了创新。同样,巴西利亚被认为是现代性的象征,在那里,特权被废除,而平等秩序是至高无上的。

城市设计和城市规划(如勒·柯布西耶、劳埃德·赖特和埃比尼泽·霍华德等)经常含蓄或明确地体现了反城市化的某些版本,使城市成为一个被驯服、有序和可预测的地方。有趣的是,对于城市的不同话语和解读,以及它们所服务的利益,有什么利害关系是很有趣的。或者换句话说,在这些陈述里,权力和知识关系是什么? 计划和设计从来都不是中立的空间排序工具。我们可以通过考虑 20 世纪 90 年代纽约共和党市长鲁道夫·朱利安尼的策略来说明这个问题。城市所代表的是危险的、肮脏的、被遗弃的地方,这些都是合法的、使用相当严厉的措施,清除街上那些不受欢迎的人,而不是通过住房政策来解决无家可归者的问题,无家可归的人只是被迫离开曼哈顿的街道,到城市的其他地方,这样曼哈顿居民就可以在街上行走,而不会遇到乞丐。在这种情况下,这种行为符合企业和城市居民的利益,无论是企业还是财产所有者,在生活质量方面都有所提高。结果,无家可归的人被进一步边缘化。在南非,黑人被认为具有威胁性和暴力倾向,黑人居住在城市边缘或城市外的边缘地区。如果我们认真考虑想象力的力量,那么就需要问一些问题,在哪些方面可以产生不同的想象,以及有哪些影响。

总之,城市的想象是强大的,有着重要的影响。在某些情况下,它们试图克服我们对城市的疏远感。在另一些人看来,这种结果存在于某种紧张关系之中。所以我们的想象力要么是逃避城市问题,要么是抵抗,或者两者兼而有之。任何表象和想象都必然处于一种不断变化的状态中,也会被那些感到被排斥或处于主导想象边缘的人所争论。越来越多地区的文化地理揭示了不同的群体,从青年到小型移民社区、妇女和同性恋者如何生活和想象空间的故事。城市不仅是想象和不同城市形式的表现,它们本身也是想象力和创造力的场所。本雅明和其他一些人所关注的城市大漩涡本身就是一种创造性的影响,而在其他情况下则可能受到限制。想象和城市是相辅相成的,以无数的方式交织在一起,正如我们所看到的,城市和记忆的特定地点之间的隔膜和想象是多维的。

第二节 灵魂与本土化:三种阐释

全球城市的历史深深根植于人类文明的发展历程之中,从现代民族国家出现之前古代城市的建立,一直延续到今天信息化时代全球城市的崛起。与古代大都市相比,今天的全球城市开创了全新的生活方式和创新的生态体系。当代的城市化浪潮让人们重新审视与思考城市曾在历史上的许多方面所发挥的重要作用。从进化的角度探讨历史上城市研究的关键要素,是对城市未来前景进行展望的有效途径。因此,在这一节中,我要探讨城市想象的三个基本论述:威权城市、宇宙城市和集体城市。这关乎城市的思想,城市的社会关系,知识的话语和政治力量。它们从许多可能的选择中对比思考,它们在 21 世纪有着特殊的共鸣。

一、独裁之城

城市是社会关系聚集的场所,包括强制、秩序、纪律、自由、无政府状态和自我实现几个方面。近年来,城市已经成为个人和集体解放的节点,传统马克思主义以及诺齐克和米尔顿·弗里德曼都探讨过相关问题,但同样要谨记,城市是实施和遵守秩序的场所。从拉美西斯二世到弗兰克·盖里,通过豪斯曼男爵和勒柯布西耶的管理,城市成为专制的象征,有时是极权主义的,偶尔也是法西斯主义的。然而,城市作为纪律的概念并没有与田园自由形成对比。我并不是想用一个理想化的农村来对抗残酷的城市。如果需要进行比较,我会借鉴布鲁斯·查特温的游牧选择。在一系列的随笔中,特别是在他的书中,他认为游牧是"自然"的人类状态。① 还有学者认为城市革命不是一次飞跃,而是人类"需要"行动的一种考验。查特温对社会关系的生物化需要的研究十分谨慎,以免我们陷入保守的、反现代的意识中。在另一些人的研究中,提出了一个带有理想化色彩的城市观点,即认为城市是一个该受到谴责的地方。

关于城市起源的争论一直让我着迷。传统观点认为,城市革命是以农业革命为基础的,农业剩余创建了城市。简·雅各布斯(1969)提出了一种替代方案,她提出了逆转这一进程的建议,认为城市贸易创造了农业。② 我们可以认为在一场农业革命中,贸易起了关键作用。然而,马歇尔·福蒂斯(1972)的研究已经证明了在这场革命之前的狩猎社会比农业社会花费的时间更少,他称这一

① Chatwin, B. *The Songlines.* New York: Viking, 1987, p35.
② Jacobs, J. *The Economy of Cities.* New York: Random, 1969, p156.

阶段为原始的富裕社会。[①] 换句话说,城市前的农业社会有更多的自由时间。城市农业革命标志着自由的丧失,更多的时间致力于工作和社会秩序的强制,城市成为尼采口中的意志力量。

在美国西南部的沙漠中,仍然存在着重要的城市文化。他们被称为阿那萨吉(Anasazi),这一独立的城市文明集中在新墨西哥的查科峡谷。传统的生活方式是这样的:在10—12世纪之间,他们建立了以高效农业为基础的阿纳萨吉文化,构建了拥有巨大悬崖的城市以及工程、建筑和艺术。灿烂的陶器、复杂的灌溉系统以及太阳和天文观测,勾勒出一幅城市文明的图景,它遵循古老的格言:城市是平等的文明。阿那萨吉还有另一种解释。人类学家克里斯蒂·特纳的作品展现了阿那萨吉文化的阴暗面。阿纳萨吉文化似乎是托尔特克帝国的前身,从9世纪一直延续到12世纪。这是一个以活人献祭和同类相食为中心的帝国。托尔克特帝国的暴徒们向北迁移到现在的新墨西哥州,发现了一群温顺的农民,这些人被阿那萨吉人恐吓,并建立了一个神权社会,通过自相残杀的恐怖行为来维持社会控制。阿那萨吉文化长期以来备受推崇,是一种查尔斯·曼森式的社会秩序,在这种社会秩序中,强者控制着弱者。艺术和天文学、道路建设和城市形成的伟大壮举,与其说是人类创造力的火花,不如说是有组织的社会恐怖主义的标志。阿那萨吉是一个极端的例子。但是,与其说它是一个固定的现实,不如说是反映当代问题的一面镜子。专制的城市并不总是成功的。城市是一个充满反抗和争论的地方。尽管近年来一些问题成为重要话题,但要记住有些事情正在遭到抵制和质疑。但我也不认为独裁的城市一无是处。我们可能会同意像洛克和霍布斯这样的古典自由主义理论家,我们需要构建某种形式的社会契约来拯救我们脱离强大的控制,城市就是社会契约的体现。

城市有其内在的权威。街道布局、交通指示灯、警察以及我们的生活、行为,我们穿越时空的轨迹都被强加于城市之上。不管这代表着什么问题,列宁指出,问题的答案永远是权力。城市既体现了权力,又体现了控制。城市社会包括时间和空间的秩序,是空间和时间的科学。城市建筑是一个边界和轨迹、中心和外围、监视和控制、注视和表演的统一系统。在基本层面上,建筑和城市规划本身就有一种内在的法西斯主义。专制的城市是对城市主义的一种有益的纠正,它

---

① Sahlins, M. *Stone Age Economics*. Chicago: Aldine-Atherton, 1972, p78.

是一种不受束缚的普罗米修斯,打破了传统的束缚并建立新秩序,这是彼得·霍尔研究中最典型的主题。在过去的 200 年里,这一直是城市的主要表现,包括社会主义解放运动,漫游者的凝视,现代主义的情感和后现代的讽刺。近年来,它已演变为一种由市场驱动的、新自由主义叙事,它要求放松计划控制和管制。自由的默示呼唤现在已经依附于市场的不受约束的运作。在此我要强调,这一论述需要受到批判。因为城市本质上是独裁的,所以要求更少的规划和放松管制的呼声应该受到挑战。放松管制是为了重新调整以反映经济和政治权力。真正的问题不是城市规划是否已经完成,而是谁在做规划。因为计划控制土地使用,更多的权力转移为私人利益。当我们把城市看作是权力运行的时候,辩论就从控制与自由的伪二分法中解放出来,转向更政治化的关于谁在控制的问题上。

权力是一种实践、一种仪式、一个过程,被一些人用于压迫另一些人。权力的分布并不平衡,米歇尔·福柯对专制城市研究的著作重新激起了人们对权力实践、规则的运作、排斥的空间以及控制场所的兴趣。例如,由尼古拉斯·法伊夫(Nicholas Fyfe)(1998)编辑的一本书,将监视和治安问题与空间联系,并在公共空间中将控制与身份之间的关系联系起来。[①] 权力的行使方式有多种,从直接强制到遵守社区标准都有权力的影子。一个极端是强制性国家和社团主义机构的人员和技术,另一个极端是界定什么是适当的社会规范。独裁城市的性质不同于中央集权的直接运作,包括监禁、惩罚和身体折磨,使个人将价值和标准结合成一种被视为理所当然的世界观。独裁城市的缩略历史将显示对两者的依赖,但在民主资本主义社会中,对后者的使用更多。

专制的城市有一定的厚度。当日常实践与权力实践相重叠,权力成为人们欲望的一部分时,权力就变得更大。想想奥尔德斯·赫胥黎(Aldous Huxley)和乔治·奥威尔(George Orwell)在小说《勇敢的新世界》(*Brave New World*)和《1984》中虚构的乌托邦与反乌托邦世界。这些书籍可以说是 20 世纪最具代表性的政治小说。赫胥黎描述了一个由性混乱和药物泛滥构成的地方。奥威尔的世界是清教徒式的、苛刻的、苦涩的存在。奥威尔描绘的是一个强大的权威城市,赫胥黎展现了一个单薄的权威城市。虽然权力直接使用是值得商榷的,特别是当引进和使用新的更微妙的监视形式时,认识到更强大的链条是我们强加的

---

① Preston,D.*Cannibals of the Canyon*.The New Yorker,1978,November 30,pp76—89.

想象,也是很重要的。当我们内化权力关系时,我们就变成了镇压我们自己国家的力量。

挖掘以前的知识辩论可能是有用的,但不是提供答案,而是提出问题。第一次世界大战爆发后,第一次革命浪潮席卷了西欧大部分地区,一些激进的思想家试图理解社会秩序是如何维持的。马克思主义对革命的坚定信念被资本主义制度的坚韧所粉碎。正是在这种背景下,葛兰西霸权的概念,发展了法兰克福学派的关键理论,特别是马尔库塞,在《单向度的人》(1964)中试图理解投入的过程。法国理论家被参与式民主的概念所诱惑,也提出了类似的想法。阿尔都塞书写了一种意识形态的国家机器,包括维持对资本主义秩序的忠诚。皮埃尔·布尔迪厄(Pierre Bourdieu)(1998)呼应了诺姆·乔姆斯基的主题,认为社会认同是制造的,代议制民主是一种幻觉。①

阶级斗争的概念已经被取消。尽管当地人在工作和生活条件方面的斗争总是会发生,但至少在目前,我们已经失去了为社会秩序形态改变而进行斗争的动力。资本主义的真正成功在于说服我们接受它的正确性,并在资本主义社会中接纳我们自己,现在我们都是资本家的一员。资本主义通过创造一种包罗万象的市场形态、商品的诱惑力量、满足欲望和消费欲望的包装,展现了它无限的适应性,甚至连反抗和争论也被商品化和出售。现在商品与身份、满意度和消费之间有着紧密的联系。

二、宇宙之城

宇宙之城是宗教的产物。对于现代主义者来说,这句话听起来很奇怪,甚至让人难以理解。宗教对于理性主义启蒙运动来说已经太久远了。宇宙之城一直与现代和当代西方的想象联系在一起,它被认为是不信宗教和世俗的地方。但城市总是反映和体现着宇宙论。最早的城市反映了世界,它们确实是世界。城市的大小、形状、方位、选址和命名都与对神圣与世俗之间联系的更深层次的认识有关。伯里克利的雅典,常被描绘成西方理性的诞生地,以女神雅典娜的名字命名。她被市民们赞颂和崇拜,这座城市的成功被看作是她善行的标志。帕台

---

① Bourdieu, P. *On Television*. New York: New Press, 1998, p261.

农神庙是献给她的,每年市民们在卫城上的帕台农神庙游行,并将一件神圣的服装赠送给由黄金和象牙制成的 40 英尺高的女神雕像。长安和北京这样的中国古代城市,在精确的矩形线条上,以指南针的四个点为方向,体现了世界的形状和中国宇宙学中秩序的象征。阿兹特克城的特诺奇蒂特兰也被分成四部分,四是阿兹特克宇宙学中一个不可思议的数字,表明了世界的完整性。这座城市的边界是在一个由大寺庙和皇宫所占据的中心地带。城市布局和建筑设计与更广阔的宇宙具有同源性。在印度的吴哥窟,庙宇的每一层都标志着太阳周期的一个阶段,每个台阶代表着世界的一层。最早的城市是集市和生活场所,但最重要的是,它们是宗教回忆和宇宙叙事的仪式场所,遗址和城市呼应了宗教宇宙论。即使是一个看似世俗的城市设计的网格,也包含了将混乱转化为秩序的幻想,将地形转换成几何学。建立城市和规划城市的行为与更广阔的世界是如何运作有关,人类对世界的参与和责任体现在城市的位置和城市形态上。城市就是宇宙,宇宙在城市中有所体现。这种宏观的微观世界也从城市延伸到身体。有围墙的中世纪城市是一个更大世界的缩影,也是一个有界的、分裂的自我隐喻。城市的宇宙论证明了社会等级制度。城市通过统治阶级给从神到人民都赋予了物质力量。通过城市和城市仪式的构建,社会等级被认可和合法化。节日、仪式将人民、统治者和众神紧密地联系在一起。

城市主义的悠久历史将揭示城市的稳定世俗化,和一个日益觉醒的地方存在。在西方,商业城市、人文主义城市和资本主义城市的出现,都破坏了城市作为宇宙叙事的场所。宗教仪式并没有消失,宗教狂热的爆发往往会增加,但城市本身却失去了宗教意义。那里有独立的教堂和宗教团体,但城市被简化为没有意义的人类行为背景,城市变得难以辨认。它不再是宗教的产物,不再是理解世界的文本。它越来越少地成为一个地方,它参与了将人与地、神圣和世俗联系在一起的宇宙仪式。过了一段时间,城里的人逐渐增多,城市成为现代世界的一部分。

市场城市,几乎没有提供什么宇宙意义。消费和财富的展示只提供了一层意义,而对人类生活和苦难偶然性的抵抗和精神抵抗却很少。市场给我们的是社会定位,而不是人类的理解,是社会等级,而不是公共意义。在它的存在主义中,城市变成了一个没有意义的个体,通过盲目的宇宙失去意义的环境。詹姆斯·凯尔曼(James Kelman)(1994)的小说中提供了一个更生动的画面,一个男人在监狱里醒来,眼睛瞎了。他在卡夫卡式的噩梦中蹒跚而行。① 被"击垮"的意志有一种英雄气概,但这是一种悲剧性的英雄行为,在冷漠无情的世界面前,这是一种盲目的个人行为。一个没有意义的生命,超越了求生的意志。

这种生存危机不是全球性的现象。在许多非西方城市,宗教得以幸存,甚至在西方,许多人也在关注宗教,这更多的是集体认同的行为和对全球化的抵制。这更准确地说,它是一种适应全球化的行为,因为世界各地的扩展社区通过宗教来塑造他们的感觉。后殖民时期的城市正变得更加宗教化。许多城市被新的宗教社区、宗教仪式的新地点所吸引,即使是俱乐部文化也可以被看作是一种酒神庆典,因为它是一种舞蹈,可以在夜晚尽情地跳舞。在城市里,有各种各样的尝试方法填补我们物质文化中心的神形。

三、集体之城

城市是集体供应、集体消费和公民社会运动的场所。它是共享的空间,一个平行的、有时交织在一起的生活、外部性和邻里效应的综合体。这个集体组织随着时间和空间的变化而变化。我将简要讨论两个问题:集体商品和服务,以及公民社会的概念。

城市是提供和消费集体商品和服务的场所。在集体商品和服务的组织中可以确定两个基本的部门:私人或公共供应部门,以及私人或公共消费部门。两者合成了城市的基本解剖结构。以运输业为例,它既可以由市场提供,也可以由国家提供。在大多数情况下,大型的资本投资项目,如公路建设或公共交通系统,往往由国家来管理。市场避开了大型的、长期的高风险项目。大卫·哈维的研究指出了资本主义空间经济的生产和配置中的公共与私人分裂的问题和紧张。② 在世界范围内,这种转变已经从公共消费转向了私人消费,它与个人主义的趋势和公民参与的减少有关。这些分歧不仅仅是提供或消费商品和服务的替代方式——它们已经成为社会契约的基本辩论中心。但可以肯定的是,这并没有阻止国家产生巨大的影响力和消费能力。政府不能被委托提供基本的人类服

---

① Kelman,J.*How Late It Was,How Late.*London:Secker and Warburg,1994,p75.

② Harvey,D.*The Limits to Capital.*Oxford:Blackwell,1982,p123.

务,但似乎可以让他们在军备上花费数十亿美元。集体商品在财政预算中被描述得更少,而更多的是社会和政治权力。对企业利益、企业福利的补贴,对低收入家庭收入支持的讨论较少。对房屋所有者的补贴被认为对社会秩序的破坏程度要低于对失业者的补贴。一个是合法的,另一个是非法的。关于市场政治控制的讨论在我们关于集体商品和服务的研究中最为生动。在 21 世纪,我们正处在城市集体组织发生根本性转变的过程中。公民社会已经从建立在城市共享空间的一系列规则和实践中脱颖而出。第一批城市是封闭的社区,公共物品或公民秩序的概念发展缓慢,似乎总是被家庭和团体的忠诚所破坏。

现在人们对公民社会、社会资本和正式政治领域和市场之间的所有这些领域都有极大的兴趣,公民社会在国家和市场之间运作。凯恩斯主义国家的衰落削弱了对国家的依赖,而市场的运作造成了社会和空间结果的不平等。对于许多评论人士来说,公民社会现在已经成为一个机会的领域,提供了实现解放的少数可能性之一。一些评论人士强调了公民社会的积极形式。例如,罗伯特·普特南(Robert Putnam)(1993)的社会资本概念,指的是公民社会超越家庭和群体关系的能力[1];约翰·弗里德曼(John Friedmann)研究了关于公民社会与城市规划之间的解放联系。

虽然公民社会很重要,但我们应该谨慎地将其视为万灵药。当代城市一直是民主运作场所,日益增长的异质性、郊区化和城市政府的分裂破坏了城市社区。希腊城邦是小而单一的。与此相反,当代城市是大都市的碎片化,将中心与边缘区分开。许多年前,肯尼斯·加尔布雷斯写道,私人富裕与公众肮脏之间的差距越来越大[2]。在许多城市,这种差距似乎正在扩大。随着城市变得巴尔干化,在建筑上成为封闭的社区,在政治上进入排外的郊区和被遗弃的市中心,仅仅呼吁市民参与,这是城市社会评论的一个主要的共鸣,而忽略了更广泛的结构背景。积极参与郊区社区可能有公众参与,但不是公民参与。

城市一直充满了矛盾:富裕与肮脏、公民义务与个人需求、公共责任与私人行动之间的关系始终不可调和。这种精确的组合在过去的几年里有所不同。大约 2000 年前,古希腊的城市,公共富裕和私人的肮脏,私人的行为受到了公民义

---

① Putnam, R. *Making Democracy Work : Civic Traditions in Modern Italy*. Princeton : Princeton University Press, 1993, p76.

② Galbraith, J.K. *The Affluent Society*. London : Hamish Hamilton, 1958, p96.

务的控制,而市场并没有支配圣殿或阿古拉。而当代城市的标志是市场对抗着城邦和寺庙的力量,私人富裕(少数人)与公众的肮脏,以及对公民义务和个人权利的赞美。值得注意的是,这一城市方程式在新千年发生了变化,代表了城市阶段的发展,创造了有争议的社会秩序。

第三节　传统与现代性:他山之石

在本节中,我的意图不仅仅是重新探究城市的古老起源,还鼓励人们对学者们关于城市的形成以及城市化在人类社会历史发展中的作用进行批判性反思。列斐伏尔(Henri Lefebvre)认为社会的发展只能根源于城市生活,在特定的城市社会创造和现实中实现。简·雅各布斯(Jane Jacobs)将当代城市主义与“城市经济生活的火花”(spark of city economic life)联系在一起,将其延伸至一个从未间断的城市社会链,并系统地分析了阿纳托利亚(Anatolia)中南部的卡塔瑜·育克。结论的前提更加大胆,更具挑战性。想象的城市扩大了城市研究的范围,超越了传统领域,认为调查城市导致了理解“世界之谜和我们的存在”的新方法,这是所有实践和理论知识的最终目的。

一、传统城市发展的思想理路

关于城市起源的传统观点认为城市大约始于 1.5 万年前的西南亚。在冰川消退之后,平等主义的狩猎和采集的生活方式开始转向对野生动植物的驯养,人们在更多的永久营地定居。在 9000 到 1 万年前,杰里科和卡塔瑜·育克(Catal Huyuk),植物种植和动物驯化已经逐步发展,形成了一个更加多层次和更大规模的社会秩序。农业村庄形成了一个 T 形区域,开始了人类社会发展农业或新石器革命的第一次重大突破。

在农业社会中,城市围绕着血缘关系和小的“乡村国家”组织起来,人类对环境的革新和适应能力有了明显提升。村庄变得越来越大,直到 6000 年前农业发展发生了变化,从美索不达米亚高原的高地,到底格里斯河和幼发拉底河流域肥沃的冲积山谷,形成了真正的城市。由城市、国家和阶级构成的城市社会是城邦的重要"结晶",形成了我们今天所称的"文明",西方学者认为城邦和文明在古代雅典和罗马的早期达到了最先进的形式。在这个过程及其历史的延伸和改造中,君主和宗法的国家和帝国,以及后来的民族国家,越来越多地把城市作为人类社会的发展力量。

许多考古学家和历史学家将第一个城市和城邦描述为村镇联合。文明的出现是一个文本,创造性地反映和扩大上述标准序列。除了与"集聚经济"概念有明显的关联之外,在当代城市研究中也涉及其他几个重要概念。作为一种塑造政治统治、经济发展、社会秩序和文化认同的力量,村镇联合有一种明确的地域性,即在一个多层次的节点区域(城市的居民点体系)中发生。这里也有一种亲缘关系,最初的希腊都市字面意思是"母城",它是一个殖民的城市、城镇、村庄和内陆地区城邦,它定义了一个区域或领土的家园,一个更大规模的城市。因此,即使是第一个城市也可以被视为固有的大都会,作为城市区域的定居网络的主要节点中心。村镇联合的概念也将注意力集中于城市主义的空间特性及其在创新、发展和变化的动态过程中所起的作用,这些变化与城市空间的社会生产有关。

城市学者对城市主义的空间特性进行了长期的争论,城市和城市空间是否可以成为理论调查的具体对象,或者仅仅是更广泛的社会进程的结果和反映是讨论的中心。当城市被看作是由外部力量(社会、生态、历史)产生的固定空间形态时,城市空间就变成了一个接受容器,没有内在的理论意义。因此,城市空间及其特定的地理位置是可以被解释的,而不是解释的来源。它被看作是一个充满活力和"制造地理区域"的过程,能够在其区域内产生创新、增长以及社会和个体发展,而城市空间融合社会生产和城市生活空间形态具有更强大的理论和解释性意义。在这些更有力的城市空间概念的基础上,我们可以从不同的视角来看待城市起源。

重新思考城市空间的地理历史,从封闭到城邦形成的那一刻,城市就释放出一股集居主义(synekism)的力量,把城市看作是整个人类社会历史上的一个基本的、持续的因素。当这一过程结束时,传统上定义的从狩猎和采集到驯化以及从农业村庄形成到全面的农业革命,直到后来的城市革命,才有了可供选择的解释。现在有足够的证据表明,至少在亚洲西南部,城市起源时间与农业革命相统一,并认识到集居主义是刺激城市群发展的动力,是对农业的发展和农业村庄必不可少的发展基础,是农村生活、田园主义、大规模的灌溉系统、阶级形成和国家形成的前提。对于这一认识转向,并不是说传统的序列必须被丢弃,而是另一个原始事件也可能参与。为了阐明和发展这一论点,让我们看一看卡塔瑜·育克引人注目的地方。

二、现代性的启蒙与卡塔瑜·育克的神话

从至少 9000 年前开始,安纳托利亚高原成为新石器时代最先进的地区,一个发展中的定居点分布在数千平方英里的范围。当地出现了真正意义上的城市社会,这是一个"绝对的都市环境"。贸易已经很发达了,主要以黑曜石为主,硬火山玻璃主要用于制造工具,但也涉及种植和饲养野生谷物、豆类和动物。最近的 DNA 证据证实,在 1 万到 9500 年前,有一股非常集中的植物和动物驯化的热潮,集中在东安纳托利亚,并延伸到前面提到的 T 形区域。在这一地区发现的第一批农民是种植的大麦、小麦、鹰嘴豆、各种各样的豌豆、扁豆、蚕豆、葡萄、橄榄和亚麻,以及第一批驯养绵羊、山羊、牛和猪的人。在这个新石器时代的核心区,已经有将近 100 个遗址被挖掘出来。阿提尔·休伊克是其中最古老的,也是迄今为止规模最大的一个。据估计,当时有 1 万名永久居民。

这是一个重要的点,因为杰里科和卡塔瑜·育克肯定不是起源于农业村庄,也没有在世界上任何一个早于它们的地方发现任何专门的农业村庄。换句话说,城市和城市生活似乎是第一次出现,是由经验丰富、相对平等的狩猎者、采集者和商人组成的。后来,全面的农业和农业社会出现,与其说是原因,不如说是结果。永久的营地村庄增长成为城镇和城市出现的标志,强调了社会的生产关系在城市产生进程中的重要作用。农业剩余对于城市的创造并不是必要的,但城市对于农业剩余生产是必要的。与许多当代的期望相反的是,重大的创新和社会发展是来自相对平等的、不分层次的、非家长式的共产主义文化。许多当代的考古学家认为这些可能性只是简单地拒绝了对耶利哥的定义,可能会让一些人避开这个挑战。但有更多的证据表明,在第一个城市中,一种非凡的系统主义正在运作。和杰里科不同的是,这种类似于普瓦布洛人的定居点,从来没有被大量的石头防御工事包围。城市空间由密集的房屋组成,没有任何街道或道路,至少在地面上没有。在定居点的屋顶上,人们可以进入和移动,以防御人类和动物

的入侵,这仅仅是由连续不断的木材加固和没有门的房屋墙所构成的。城市中会有一个公共广场,它可能是一个集市,许多小的露天庭院可能用作垃圾场。这里也有大量的神殿,大约每4所房子就有一处,但没有迹象表明有占主导地位的宗教中心或寺庙。神殿和许多房屋都装饰有壁画,石膏浮雕,小的宗教雕像,动物的头和牛角等。

女性神灵崇拜雕像在卡塔瑜·育克更加突出。随着时间的推移,壁画描绘狩猎场景和生育符号的数量显著下降,农业生产和城市生活逐渐兴盛。这些变化不仅表明了从狩猎和采集到农业社会的转变,还表明了一种新的基于性别的、可能是以女性为中心的劳动分工正在形成,这与城市化的早期阶段有关。长期稳定的城市定居使妇女的工作发生改变,尤其是宗教和世俗权力对城市空间的社会生产和再生产更为重要。这可以得出结论,宗教文化主要是由女性创造的。相对开放的城市规划,没有巨大的防御工事,如在耶利哥没有发现暴力死亡的迹象,卡塔瑜·育克的城市社会非常和平,妇女的社会力量继续增强,社会地位也不断提高,这一状况持续到至少在公元前4000年第一个更加正式的美索不达米亚城邦崛起之前。

建成环境是由高度熟练的艺术家、工艺人员、制造商和商人创造的,我们在其中发现了第一个已知的织布工,第一个原油陶瓷设计师和雕刻木制碗,第一个金属以及大量武器工业的开端,和一些最好的宗教雕像,我们还发现了第一个手工制作的镜子,抛光的黑曜石半球和石膏,以及所有主要的艺术史教科书内容,被认为是第一张人性化的风景画。后者对城市空间的地理历史具有特殊的意义。这一特别的、非常空间性的壁画是在一处最古老的神庙墙上发现的,它巧妙地表达了人们对城市主义空间特性的普遍认识。它描绘了一幅充满创意的城市空间,令人惊叹地详细而抽象地描述了城市空间构造,其中大约有75个独立的建筑脚印,背景是以一种温和喷发的红色火山为主导的背景:这是世界上第一个自觉的全景城市艺术形式。更值得注意的是,在未来的7000多年里,在全世界唯一能找到的一幅真正的人文景观画,就是那张致命的"海伊"全景城市景观。

在《城市经济》(1969)中,简·雅各布斯(Jane Jacobs)利用梅拉特(Mellaart)的著作,对城市革命和城市演变进行了富有想象力的描述。她描绘了新的黑曜石,这不仅是一个狩猎和采集的基地,而且是一个可以从自身内部资源中产生经济增长的城市集聚地①。城市空间的建设,刺激和反映经济创新,新形式的生产性工作和扩大的劳动分工对城市化进程的定义,和我所说的集居主义非常接近。她特别感兴趣地追踪了导致野生动物驯化的内生过程,以及后来发展的有意种植和全面的农业,以及作为卫星城市的第一个萌芽农业和放牧村庄。对于雅各布斯来说,集居主义社会和空间过程的产物是具体城市起源,农业、畜牧、贸易和服务移民的从属网络的发展,是我们今天所定义农村生活的开始。

雅各布斯的预言在最近的考古发现中越来越受欢迎,它不仅包含了关于经济扩张的启蒙解释,比如进口替代战略和出口基础模型,而且通过把城市放在首位,她构建了一个全面的、强有力而广泛的空间理论,这些将会对当代地缘政治经济学家和经济地理学家产生重大影响。对雅各布斯来说,新石器时代的主要发明不是农业,而是城市群,"持续、相互依赖、富有创意的城市经济使得许多新的工作、农业成为可能"②。城市区域的这种自我生成能力,城市经济生活的"火花",直接从城市空间的社会生产中产生,从明显的城市区域集聚的人的有目的聚集和集体同居中产生。在《区域世界》(1997)中,马克尔·斯托珀尔(Michael Storper)更新了我们对集居主义的理解,即在一种"公约"和"未交易的相互依存"理论中城市得到了发展。他以经济自反性概念为中心,通过反射性的人类行为和他所谓的"竞争性学习",定义了塑造经济发展过程的能力。③ 这种对人类状况进行创造性思考的能力,在城市区域的"邻近环境"中是最重要的。斯托珀尔集中关注当代城市区域的转化和全球化,他说10000年前的城市起源和都市生活是一种生活方式,并使用了著名的芝加哥学派的短语。我还记得刘易斯·芒福德(Lewis Mumford)在《历史之城》(1961)的第一句话,尽管简·雅各布斯(Jane Jacobs)试图修改其基本前提,但仍是该主题的标准工作。芒福德写道:"这本书以一个象征性的城市开篇,它与已经成为城市的世界紧密相连"④。

今天,在加泰罗尼亚语的研究项目中,一个关于卡塔瑜·育克有趣的故事正在展开。20多年来,霍德一直在以批判理论、结构主义、新马克思主义、诠释学、

---

① Jacobs,Jane .*The Economy of Cities*.New York:Random House,1969,p75.

② Jacobs,Jane.*The Economy of Cities*.New York:Random House,1969,p34.

③ *Storper,Michael .The Regional World:Territorial Development in a Global Economy.New York and London:The Guildford Press*,1997,p45.

④ Mumford,Lewis.*The City in History*.New York:Harcourt,Brace,1961,p12.

后现代主义、新民族主义、女权主义、后殖民批判、批判后现代主义等新理论视角构建他所谓的"后序"和"语境"考古学。通过对上下文相关性的解读,考古学家所研究的对象会在物质上和概念上同时构建,同时也既是真实的,又是想象的。"整个项目现在都在网上,利用多媒体技术使其工作向世界开放,并对多种形式的解释进行了再解读,这反映了后期视觉考古的原则之一。"①到目前为止,还没有发现新的和令人惊讶的东西。然而,最值得注意的不是初步的发现,而是考古学家和其他学者对这个遗址的挖掘和解释,这些学者在批判理论中有不同寻常的见解,敏锐地意识到过去与当代民主、公民、性别、种族和阶级问题的相关性。他们在观点和方法上有自创的空间,并具有鲜明的"后现代态度",霍德将其描述为对"边缘政治和文化选区的赋权"②,表达了差异、改变和实验的开放性。很少有遥远的过去与当代的辩论有如此密切的关系,不仅是在城市研究中,也在我们对"世界之谜和我们的存在"的更普遍理解上,这大大拓展了我们学习的视野。

第四节　瓦尔特·本雅明:梦幻之城的觉醒

如果弗里德里希·恩格斯发现城市是通过发现马克思主义来认识城市,那么本雅明发现马克思主义则是通过发现城市。他说,他对城市的理解是"原始的",早在童年时代就已形成。1932 年,本雅明在他最喜爱的一本散文集《柏林编年史》(A Berlin Chronicle)中写了一篇关于城市的文章,这本书讲述了他的失落时光和与空间的邂逅。这篇文章就像本雅明写的许多东西一样,超越了问答的范畴。这本书是在他 30 多岁时写的,并不是真正意义上的文学批评,也不是自传,一直都没有发表。他提出了支离破碎的图像和青春期的故事,以及柏林在细枝末节上的优美篇章。本雅明告诉我们这不是他想要的自传,他的思维方式总是不同。他说,自传与时间有关,与实际的事件顺序有关,与构成"生命的连

---

① Soja, Edward. Thirdspace: Journeys to Los Angeles and Other Real-and-Imagined Places. Oxford and Cambridge, US: Blackwell, 1996, p66.

② Hodder, Ian et al. (eds.). Intepreting Archeology: Finding Meaning in the Past. London and New York: Routledge, 1995, p35.

续流动"有关。相反,他关心的是空间,有间断的、短暂的或永恒的。他的想象力非常丰富,充满激情地拥抱着城市,他看到、听到和感觉到建筑、栅栏、门把手、风景、纪念碑、招牌和街道的名字,所有这些都是"短暂的、朦胧的存在"[1]。他认为资本主义城市和现代性有密切的联系,现代性在城市游荡。城市资本主义是现代性发展的一个窗口。

一、精神生活的城市传统

近代以来,西方不同国家、区域都有自己独特的都市文化与精神生活。这种文化首先是地域文化,区别于乡村文化。文化是一种符号化的表达,比如所谓的地标建筑、区域文化、地方文化等,其空间性比较突出。由文化所引领的城市生活由此获得了城市的底色,成为具有城市传统的上层建筑。

本雅明从齐美尔那里得到了很多启示,并将其改造为资本主义大都会理论,将金钱经济和个性联系在一起。在某种程度上,齐美尔(Simmel)的《历史哲学方法》用辩证的方法把本雅明的思想框定下来,为他在未来的岁月里探讨一些具体的马克思主义主题提供了空间和形式。齐美尔在《货币哲学》中说,要将"另一个故事置于历史唯物主义之下"[2]。他从未表达过任何明确的对马克思主义的忠诚,齐美尔认为他的社会学和印象派的社会理论是对马克思主义的补充,而不是对它的否定,更多的是对货币和人类互动心理的注解,把西格蒙德·弗洛伊德和弗里德里希·尼采带入了对话。他最著名的短篇小说集《大都市与精神生活》(1903),只有10页,精心雕琢而又充满了丰富的细节,齐美尔把他的分析归结为货币在大都市中的心理基础。因为本书体现了措辞的精确性和令人惊叹的思考,这让本雅明充满魅力。这篇文章遵循了一条与众不同的线索,即城市的二元性,某种程度上是矛盾统一性的存在。罗伯特·帕克和芝加哥学派的社会学家们很欣赏齐美尔的作品,当然也受到了《大都会和精神生活》的影响。本雅明在这两部分内容之间一直被撕扯着,尽管他尽了最大的努力去整合两者。齐

[1] Walter Benjamin. "A Berlin Chronicle". *Walter Benjamin Selected Writings*, Volume 2, 1927-1934, Cambridge, Mass.: Belknap Press, 1999, p612.

[2] Georg Simmel. "The Metropolis and Mental Life." reprinted in Wolff, ed., *The Sociology of Georg Simmel*, 1903, pp409-410.

美尔的问题集中在如何面对戏剧化的现代生活,在压倒性的社会力量面前维持个性。他说,这是"大都会"所面临的最严重焦虑之一,现代城市的居民每天都受到神经刺激的轰炸,"不断变化的画面"和"紧张的情绪生活"使人疯狂。齐美尔写道,"随着经济、职业和社会生活的节奏加快和多样性的增加,城市与小城镇以及乡村生活形成了强烈的对比,并成为精神生活的感官基础"①。

　　大都市的快速变化,无数的互动和接触,它的不和谐和意想不到的动荡,与小镇的流畅和缓慢的节奏形成了鲜明的对比。因此,为了适应快速和不和谐的都市节奏,都市男女发展了一种"理智的心态",变得超然、洒脱,避免与路人或同乘地铁乘客的目光接触。齐美尔将这种"客观倾向"表达为一种防御心态。齐美尔声称,这种态度源于货币经济和城市传统。在现代生活中,金钱成为真正的调解者,对所有关系进行定性的评判。马克思当然知道这一点,但他对金钱的都市影响更感兴趣,因为这是一种社会力量,在资本运作过程中也会发生变化。在宏观社会关系和微观心理层面上,齐美尔将金钱嵌入体验的领域——特别是在城市体验中。后来,这种思想在本雅明的马克思主义观中都有印迹。对于齐美尔来说,典型大都会关系和事务通常是如此的倾斜和复杂,城市结构会被分解成无法解决的混乱。"如果柏林所有的钟表都以不同的原因突然出现故障",齐美尔说,"即使只有一个小时,整个城市的经济生活和通讯也会中断"②。因此,金钱是一种阴暗的浮华交易,它必须以某种方式促进交流,使世界流动。但本质上是具有破坏性的,因为它"掏空了事物的核心",包括人们的个性,平衡了任何特定的价值和不可比拟的东西。齐美尔的大都市和精神生活,唤起金钱作为异化的来源和大都市邪恶的化身,每个人都在考虑和计算,包括彼此——这就是为什么那些最充满激情和浪漫个性的人,如卢梭的拥护者,约翰·拉斯金和尼采厌恶现代城市,讨厌"客观文化的存在",而崇尚"主观精神"③。

　　正是这种主体性的束缚——古老的"创世"(gemein schaft)世界——打破了芝加哥学派理论家们的社会学怀旧情绪。本雅明的批判想象力同样也承认了这

　　① Georg Simmel."The Metropolis and Mental Life".reprinted in Wolff,ed.,*The Sociology of Georg Simmel*,1903,p413.

　　② Georg Simmel."The Metropolis and Mental Life."reprinted in Wolff,ed.,*The Sociology of Georg Simmel*,1903,p413.

　　③ Georg Simmel."The Metropolis and Mental Life".reprinted in Wolff,ed.,*The Sociology of Georg Simmel*,1903,p421.

一点。但这是节奏和文化的转变,展示他故乡城市建筑环境的变化,生动地揭示了一些曲折。本雅明跟在他的老师齐美尔后面。事实上,随之而来的讽刺之一是,本雅明的一篇文章指出,同样具有破坏性和令人不安的经济和社会力量,是巨大发展的根源,为新的个人和集体自由提供了巨大的空间。现代性的概念融入现代都市生活的深处。齐美尔坚称,这实际上打开了人类的潜力,扩展年代的参照系,让人们失去了固定的身份,释放小镇的偏见和绑定。因此,大都会成为"自由的场所",都市成为了"世界主义的所在地"。

本雅明想让这个世界知道自己的自由,使人们摆脱异化与自由的矛盾心理。他的余生都在试图跨越城市概念,试图确定城市的辩证基础。他的研究在20世纪20年代初在柏林起步。他的"幻想动力"来自阿尔弗雷德·都柏林(Alfred Dublin)1929年出版的著作《柏林亚历山大》(*Berlin Alexanderplatz*),这部小说讲述的是虚构的人物弗朗茨·比伯科普夫(Franz Biberkopf)的故事。他的著作《柏林童年》是一个从本雅明自己的世界里搬出来的故事。柏林到处都是熙熙攘攘、令人头晕目眩和嘈杂的人群,人们不停地移动,有轨电车、公共汽车、火车、汽车随处可见。我们的马克思主义批评家本雅明,谴责资本主义的大都市。马克思主义认为城市是无情的经济产物,并因其粗陋的物质装饰而丑陋不堪。过度压迫和不平等腐化了贫穷的人们。然而,本雅明却陶醉在大都市的繁华之中。世界主义浸透了那令人陶醉的空气,随着它的光亮跳舞。很快,城市就会利用这种气氛来感染和麻木市民,控制社会的发展,这种剖析的高度和深度是弗里德里希·恩格斯从未达到过的。在柏林,齐美尔给了本雅明社会学的词汇。在巴黎,这种词汇成为了一种亲密的话语。他说,最初两周的法国之旅是"最美妙的经历"。当然,他当时并没有任何暗示,巴尔扎克和波德莱尔的故乡会在他未来的命运中占据重要的位置。本雅明在卢浮宫工作,在宽阔的林荫大道上散步,街道的景观和生动的画面使辛姆斯的分析生动起来。两周愉快的时光后,本雅明在明信片上对一个朋友说,他似乎度过了三个月,他立刻感到比在柏林更自在的生活方式。巴黎如果不是"世界之都",至少是"世界之镜"。它沉浸在历史与传统、浪漫与政治之中,而柏林则是单调而狭窄的。例如本雅明写道:"你一到这座城市,你就会感觉得到了回报。"①当你回忆前一天的城市生活时,就像孩子们

---

① [德]本雅明:《巴黎,十九世纪的首都》,刘北成译,上海人民出版社2006年版,第85页。

在圣诞节的时候收到了装满礼物的桌子一样欣喜。对于年轻和成熟的本雅明来说,巴黎不像柏林一样黯然失色。后者象征着阴谋、新奇和冒险,而前者则处处充满生机与活力。现代化的巴黎是一种具有多层次和多样性的构建。巴黎处处充满了辩证的想象,它的城市与生活方式的碎片化表达了被人们忽视和忘却的生活愿景和乌托邦理想。本雅明写作的最大特点是将哲学、历史和社会的一系列观点都以散文的形式表达出来,这种洒脱的文笔和特殊的写作方法体现了一个意图,即"每一个时代都孕育着一个新的可能,梦想会推动新的时代觉醒,同时新的可能在梦想中孕育"①。在本雅明的眼中,城市是一个独立的世界,历史的存在和表达被浓缩成一幅微缩景观。"他为城市生活赋予了革命的含义,把街角的议论和广场的集会变成了批判城市的武器,剖析了城市现象和城市生活的真意"②。与之形成对照的是,柏林则是可以被忽略的,这可能是与那里盛行的组织和技术精神影响有关。

二、现实主义与哲学批判

本雅明的城市思想并未是一朝一夕形成的,而是由于当时的社会环境和他个人的生活境遇共同造就的。他的思想与求学历程、婚姻状况和受到的思想熏陶有着直接联系,以博士毕业为分界点,可以分为两个阶段。

第一阶段:从浪漫主义转向现实主义。在那次短暂而重要的巴黎逗留之后,本雅明重新开始了他的大学生活。在大学中,他参与了自由学生协会,邀请马丁和学生交谈,并阅读了很多伟大的著作,特别是莫泊桑、海因里希·曼恩和赫尔曼·黑塞的作品。他走在附近的黑森林里,花时间在瑞士徒步旅行,还去了意大利。1913年,他结束了在弗莱堡的工作,回到柏林,他发现那里的咖啡馆和文学就像波希米亚爆发的战争一样。第一次世界大战对本雅明来说是人生的转折点,他痛苦地与以前的朋友和同事断绝联系。其他相识的人也加入了战争的行列。本雅明因为严重的近视而避免了两次服兵役。虽然他对战争的态度并不完

①　[德]本雅明:《发达资本主义时代的抒情诗人》,张旭东等译,生活·读书·新知三联书店1989年版,第195页。
②　[美]理查德·卡尼:《论瓦尔特·本雅明》,见《本雅明:思想肖像》,上海人民出版社1998年版,第302页。

全是和平主义的,但他拒绝将自己与反对派联系起来,同时也不支持侵略。和以往一样,本雅明在情感和身体上都向往更自由的生活。1915 年秋天,他决定在慕尼黑继续进行哲学研究。本雅明坚持每天喝大量的黑咖啡,通宵达旦地谈论着哲学命题,这加深了他同格什姆·斯克尔姆的友谊。本雅明正朝着马克思主义者的目标稳步前进,他后来定居在以色列,这使他的思想与犹太神秘主义进一步拉近。本雅明开始写一些精彩、内涵深刻的文章,就像弗里德里希·霍德林(Friedrich Holderlin)在《现代》中的一篇一样。他们逃离了遭受战争蹂躏的德国柏林,在中立国瑞士,本雅明完成了他的博士论文——德国浪漫主义批判。为了获得终身的大学职位,本雅明提交了第二篇论文,即所谓的最终"毕业论文"。他后来成为一名独立撰稿人,但仅仅是发表了一些零星的新闻和各种文学作品。

第二阶段:从文学批判转向哲学批判。1921 年的春天,本雅明买了一幅由保罗·克利(Paul Klee)设计的水彩画,画的是一个细长的抽象人物,他的翅膀和眼睛略过了自己的肩膀。这幅图后来激发了本雅明最后一部作品的第九篇论文,即《关于历史哲学的论文》。本雅明在对 J.W.冯·歌德(J.W. von Goethe)的中篇小说《亲缘关系》的分析中,论证了一种"内在批判"。在文学批评被广泛流传之前,这是本雅明对文学批评的杰作。这本书的书名是歌德从托伯恩·伯格曼(1775)的论文中借用的。但悲剧的情节有点过于接近家庭,痛苦地模仿了本雅明自己的婚姻破裂,以及对女雕刻家的爱恋。"只是为了那些没有希望的人",本雅明的最后一句台词,"我们被给予了希望"①。当时,文学批判是他收入的一大来源,为了补充微薄的收入,本雅明写了一些关于孩子们的故事,并开始翻译查尔斯·波德莱尔和马塞尔·普鲁斯特的文章。20 世纪 20 年代德国的通货膨胀十分厉害,德国民众对德国马克的信心空前低落,工业衰退和经济危机折磨着德国。对本雅明来说,气氛变得压抑,他选择在 1924 年独自逃离到卡普里岛(Capri),并在那里度过了半年时间。那时,贝尼托·墨索里尼(Benito Mussolini)的法西斯独裁统治刚刚开始,本雅明在咖啡馆工作、阅读和思考,对接下来会发生的事情几乎一无所知。与此同时,他又遇到了一个名叫恩斯特·布洛赫(Ernst Bloch)的人,他是一个马克思主义哲学家,帮助本雅明的马克思主义理论在意大利灿烂的阳光下成熟起来。

①　[德]本雅明:《发达资本主义时代的抒情诗人》,张旭东等译,生活·读书·新知三联书店 1989 年版,第 138 页。

三、精神生活的城市幻象与乌托邦向往

本雅明和布洛赫的友谊总是摇摆不定。但他信任布洛赫的思想,并重视他的批评和评论。(布洛赫与本雅明在 1923 年认识了法兰克福哲学家奥多诺(Theodor Adorno),布洛赫成为本雅明孜孜不倦的倡导者和对话者。)本雅明本人在 1920 年对布洛赫的乌托邦精神进行了积极的评论。布洛赫的宗教神秘主义和强硬的共产主义思想影响了本雅明,布洛赫用同样梦幻的语言写作了同样的隐喻性散文。他们之间的思想很可能是互相影响的。布洛赫在纳粹的袭击中幸存了下来,就像本雅明曾经做过的那样。在 20 世纪 40 年代早期,虽然战火席卷欧洲大陆,但是布洛赫从未失去希望。事实上,他进行了一项庞大的三卷本研究——《希望哲学》,他探索了哈佛大学威德纳图书馆乌托邦精神的历史和可能的现实。在布洛赫的眼中,马克思主义仅仅进行经济分析是远远不够的,伦理和精神世界同样应该是马克思主义重要的组成部分。由于研究的传统过分强调了经济概念,这使精神领域研究始终处于弱势地位,主体性的能动作用被忽视了,庸俗的经济决定论大行其道。因此,布洛赫将希望哲学研究的重点定位于伦理研究之上,强调主观精神在历史发展和人类意识变迁过程中的重要作用。在布洛赫看来,马克思主义与乌托邦有着密切联系,它是一种具体化的乌托邦形态。因此,他一再强调要将乌托邦的精神纳入马克思主义研究,使马克思主义与人道主义相统一,进而形成人道主义的马克思主义,即他所倡导的希望哲学。布洛赫认为希望不是自信,也不是天真的乐观,而是安全的对立面。然而,希望"仍像桅杆上钉着的一面旗帜,即使在衰落中,也指明了前进的方向"①。与此同时,布洛赫在他与本雅明的交往中,越来越靠近激进的共产主义。卢卡奇给了本雅明概念上的词汇,以履行他的政治义务,并发展了他对马克思主义的革命热情和承诺。同时,本雅明与卢卡奇的研究也存在一定的共性。卢卡奇最大的原创性在于更新了解读马克思主义哲学的模式和路径,进而将马克思主义哲学纳入了全新的历史辩证法框架。他这种研究的理论渊源来自黑格尔,将黑格尔的主客体相统一的观念运用于历史辩证法之中,使哲学研究发生了重要的进化。卢卡奇

---

① 金寿铁:《希望的视域与意义——恩斯特·布洛赫哲学导论》,商务印书馆 2016 年版,第54 页。

主要关注了资本主义制度下人与人之间的关系如何呈现出"虚幻的客观性",假设了"事物"之间存在的关系状态。卢卡奇在"商品结构"中定位了"物化",并认为马克思从商品分析入手并非偶然。但他也建议,不能孤立地考虑商品的属性,必须将商品视为"资本主义社会各方面的核心和结构性问题"①。卢卡奇承认,他在这里的意图是基于马克思的经济分析理论,"然后从那里开始讨论成长中的问题"②。商品的物性特征,既是一种客观形式,也是一种与之相对应的主观立场。他认为,这是对资本主义意识形态问题的清晰洞察。当然,在现实中"物化"的概念,使年轻的本雅明与传统马克思主义相结合,将异化与拜物教、不愉快的意识与剥削相结合,创造出一种变革性的黑格尔——马克思主义的实践。他认为,批判性的知识可以揭露工人的具体化意识,一旦他们认识到客观剥削和异化的条件,他们就可以用主观去超越它,并将理论付诸实践。对于卢卡奇来说,商品成了"征服男人意识的关键",他试图理解这一过程,或反抗其灾难性的影响,并将自己从"第二自然"的奴役中解放出来。

为了生产商品,劳动者自己也成为商品。两者都变成了抽象的,都变成了物品,其中一个蕴含着价值,另一个负责产生它。作为商品,劳动者与商品本身都具有非人类的客观性,都是由"自然"规律所决定的,在日常意识中归为统一。人作为劳动力,作为特殊的商品,从生产活动中将自己分离、破碎和原子化。物质的世界呈现出神圣的状态。工人们的劳动权力和自己的个性分裂,标志着他们蜕变成为一件东西,成为销售对象,是另一件待售物品的化身。物化渗透到所有的社会生活中,这不仅仅是工作场所的问题。物化在政治和文化中蓬勃发展,通过媒体和意识形态,通过微妙的信息和压制力量加强。如果这还不够,卢卡奇还认为现代哲学"源自意识的具体化结构"③。康德学派认为事物本身就是一个典型的例子,它代表了一种障碍。卢卡奇指出,人类的认知能力,将本体从现象中分离出来,人们从经验中思考。在这样做的过程中,"物质"问题和"知识实质"的问题变成了两种看似互不关联的现实,甚至是对立的困境。正如卢卡奇

---

① [匈牙利]卢卡奇:《历史与阶级意识》,燕宏远、任立、杜章智译,商务印书馆1999年版,第32页。

② [匈牙利]卢卡奇:《历史与阶级意识》,燕宏远、任立、杜章智译,商务印书馆1999年版,第56页。

③ [匈牙利]卢卡奇:《历史与阶级意识》,燕宏远、任立、杜章智译,商务印书馆1999年版,第58页。

所指出的,形式与内容关系的内在特性必然会打开整体的问题。商品确实是形式的东西,但它们的内容是可以确定的。卢卡奇的马克思主义思想作用于完整的知识体系中,表现出一种"统一的方式",用以理解"历史的整体"。当无产阶级意识到自身拥有了阶级身份,成为拥有相同属性的一类人,阶级意识就会逐渐觉醒,它假定的角色会成为一个整体,成为社会发展主题以及历史辩证法的对象。卢卡奇总结说,"具体化是每个生活在资本主义社会中的人所必须的,这是一种即时的现实。它只能通过不断的努力,不断克服干扰的具体化结构存在表现矛盾的发展,成为意识到矛盾总发展方向的内在含义。当无产阶级意识能够沿着历史的道路辩证地客观推动历史的发展,在无产阶级的意识觉醒的过程中,它就不再是孤立的旅行。也只有到那时,无产阶级对历史的主体-客体实践才会改变我们生活的世界"①。实践既改变了客观现实,又改变了主观世界,内在世界和外部世界同时发生了质变,把每个世界都推向了更高的层次。实践证明,在过去与未来之间,只有无产阶级产生实际的阶级意识,劳动者才能具有改变事物的能力,从而改变整个商品的世界。

在人们尝试将城市生活进行理论化的过程中,本雅明并不是一个被广泛认可的都市研究者,毕竟很多学者认为他是有史以来最不实用的马克思主义者。尽管如此,他从卢卡奇那里继承了一些可以称之为开创性的东西,因为本雅明能够准确地理解现代的经验——现代都市经验。就商品化而言,在一定的社会经验和关系中,城市展现了一种假定的"事物之间关系的奇妙形式"。现在,本雅明对世界上一些事物细节的好奇,延伸到了对商品世界的好奇。简而言之,本雅明的城市观表达了双重意味。一方面,规定了城市是如何通过感性方式建构我们生活方式的;另一方面又表明了感性方式是如何将城市作为研究客体的。在本雅明看来,城市研究是对城市社会的真实研究,而不是对城市幻化表象的认知。这种认识需要在空间生产的进程中不断加深,需要在城市形态的实现中进行归纳,这既是一种复杂的空间关系,又是一种对城市本质的升华和再现。在本雅明看来,资本主义不是一个无缝的实体,城市思想是开放的而非封闭的。但是,商品化是真实存在的,它并没有压倒一切成为社会关系的主宰。在日常生活

① [匈牙利]卢卡奇:《历史与阶级意识》,燕宏远、任立、杜章智译,商务印书馆1999年版,第197页。

中,在文化、城市和建筑中,存在着一种张力,这使得经济关系被颠覆,使城市处处充斥着"看不见的手"。在本雅明的眼中,城市的张力是那不勒斯人"即兴激情创作"的结果。这是一种属于南部地中海历史传统的东西,显然与北欧国家截然相反。公共和私人生活混杂,每一个私人的态度或行为"都被公共生活所渗透"。事实上,房屋并不是人们隐居的地方,私人生活与街头政治相通。

在《单行道》一书中,本雅明对那不勒斯的街头表演进行了描述,它是"在最不显眼的地方出现的节日主题"①。他写道,"一切快乐都是流动的:音乐、玩具、冰淇淋","微弱的阳光从玻璃窗投进室内"。② 男人吹着巨大的号角,"他们鼓吹这是城市生产的一部分",所有的"幸福都是混乱的"。与此同时,本雅明迷上了玻璃屋顶的建筑,这些建筑包括玩具店、香水店和烟酒商店。这是我们第一次提到拱廊计划,巴黎那些典型的购物中心很快迷住了本雅明。1927 年,他开始为自己的马克思主义宏篇巨著组织素材。可以肯定的是,这些"童话拱廊"是商品狂热的关键场所,是致力于为商品提供服务的新型城市生活,满足了人们的消费需求。与此同时,它们同样是公共空间的新形式,模糊而又辩证,就像现代生活本身一样,将外面的公共街道与内部的半私人商店融合在一起。

四、超现实主义城市空间的重构

本雅明为我们展示了他出众的才华,将文化身份的研究方法运用到空间的理论框架中,使得城市成为一个有血有肉的统一体。在他的努力下,人们转变了对城市的认知观念,城市不再是一个同质化的空间,而是由不同人共享、使用和体验构建起来的多维空间。除此之外,他还高度关注城市的社会和生活中的种种不平等,并将这些元素纳入研究的范畴,这是其他文化研究不常涉足的领域。由于研究的发展,城市体验成为学界关注的焦点,很多学者对其进行探讨。这种研究与城市社会运动和反抗城市压迫的研究遥相呼应,取得了突破性的进展。

本雅明是一个创新和实验型的思想家,是一个善于发现思维和理念模式之间连续性的人,擅长于综合他人的工作并将其转化为全新的和原创作品的人。

---

① [德]本雅明:《单行道》,王涌译,华东师范大学出版社 2016 年版,第 126 页。
② [德]本雅明:《单行道》,王涌译,华东师范大学出版社 2016 年版,第 128 页。

在 1928 年,他开始了自己另辟蹊径的研究。他开始探讨城市生活的精髓和现代性。这本身并不是史无前例的。其中一个超现实主义的集大成者——安德烈·布雷顿,也曾寻找过超现实主义的体验,通过"魔法"解开城市神秘的面纱,来实现这样的陶醉和狂喜。然而,本雅明却尝试了别的办法,他尝试用大麻来寻找灵感。多年来,他一直在服用这种药物,这是一位来自青年运动的老校友恩斯特·乔尔(Ernst Joel)博士,为了帮助他应对周期性的抑郁症而采用的方法。现在,本雅明增加了服用的剂量,并在作品中叙述了他在服用大麻后的感觉,所经历的低谷和高潮。他一直坐在床上,在马赛的一家小旅馆里抽烟,读着各种专著。不久,一个铜管乐队开始在他的脑子里演奏,他走到一个小港口酒吧,在那里毒品发挥了更大的作用。本雅明是一个超现实主义者,他在《超现实主义:欧洲知识分子的最后一幅图》中写道,"要相信,'超现实主义的经历',使我们只知道宗教或毒品的狂喜"①。世俗的启示是一种"物质的、人类学的灵感",而大麻、鸦片仅仅是"入门课",而且是"危险的一课"。因此,本雅明认为"我们只是在日常生活中,通过一种辩证的眼光,把每天都看作是不可穿透的、不可逾越的日常事物,使我们的意识渗透到这个谜题中"②。对本雅明来说,要思考一种"有效的麻醉剂",真正的解读只有通过清醒的心灵才能感应到。

因此,本雅明心目中真正的英雄,不是吃鸦片的人,不是宗教神秘主义者,也不是黑魔法的涉猎者,而是读者、思想家和漫游者。因此,他的自由概念重申了超现实主义的自由观念:在这个星球上,只有通过斗争,通过意志的行动,通过最艰难的牺牲才能实现自由。更重要的是,这种自由的概念重申了本雅明的另一个自我,他最著名的自由概念,生动地支持了一种超感官体验,但却谴责这种自由是"人造的天堂"。事实上,在 1860 年他对人造天堂的描述中,清晰地表达了波德莱尔对天堂"无限的渴望"。"你的感官变得异常敏锐和敏感","你是无限的。你的耳朵能辨别出哪怕是最细微的声音,哪怕是最尖锐的声音。最轻微的模棱两可,最令人费解的想法转换发生了,人类已经超越了神"③。因此,对于波

---

①　Walter Benjamin. "Announcement of the Journal Angelus Novus." in *Selected Writings*, vol. 1, pp292-296.

②　Walter Benjamin. "Announcement of the Journal Angelus Novus." in *Selected Writings*, vol. 1, p292-296.

③　Walter Benjamin. *Theodor Adorno and Walter Benjamin: The Complete Correspondence.* Harvard University Press, 1999, pp1928-1940.

德莱尔和本雅明来说,世俗的日常奋斗和辛劳的劳作,日常生活中的小行为,日常的街头体验等,也是城市的。

本雅明认为,最好的超现实主义著作是安德烈·布雷顿(Andr Breton)的 *Nadja* 和路易斯·阿拉贡(Louis Aragon)的《巴黎农民》,这两部作品最有力地表达了现实主义冲动。在这两部著作中,平凡的街头经历和遭遇都变成了崇高的、令人陶醉的、狂喜的、革命的事件。雨水模糊的窗户、安静的广场、破旧的旅馆、破败的拱廊,都呈现出梦幻般的质感,变成了"爆炸"和"灵魂"苏醒的地方。在书中,布雷顿描述了他对一个女人和街头生活的疯狂迷恋。我们不确定娜迪亚是一个真实的人,还是一个虚拟的故事人物,或者是一个城市的隐喻,或者仅仅是布雷顿丰富想象力的某种虚构,但它代表了作者与梦想的巴黎浪漫之间的关联。布雷顿写道:"她在枫丹白露森林里游荡了一整夜,是一个正在寻找遗迹的考古学家。当然,她白天有足够的时间去寻找,但夜晚游荡是她的兴趣所在。"① 阿拉贡(Aragons)的现代神话《巴黎农民》写于 1924 年。阿拉贡满怀深情地将 100 多页的文字写在一个"巨大的玻璃棺材"上,"这是一场关于爱与死亡的双重游戏"。1928 年,本雅明被阿拉贡的书所感动,并将其翻译成德语。这两部超现实主义的经典,都是对外部世界的掌控,因为本雅明说,它们取代了"历史的政治观点"。在这个意义上,他们更接近共产主义的答案,更接近马克思的《共产党宣言》的革命意图。卢卡奇教会了本雅明,商品是真正的社会关系。超现实主义者教导本雅明,事物中潜藏着革命可能,细枝末节的描述其实是一种无意识的革命。

---

① Andr Breton.*Nadja*.New York:Grove Press,1960,pp112-113.

第三章　经济之城

第一节　经济视域中城市空间的重要价值

在城市理论中,经济视角始终占据着特殊的地位。城市的经济基础是真实的、物质的,在早期的马克思主义著作中,经济基础决定了所有其他的上层建筑。可以说,经济分析是一种很难的选择,也是文化和社会研究的另一种形式,是一种柔软的、可塑性强的、易变的分析模式。经济分析的分歧现在已经开始转变,这是由于后结构主义和女权主义理论已经打破了由经济概念主宰的分析范式,而将社会和文化分析也加入了分析的范畴,使得城市研究成为一个整体。与此同时,文化和经济也被认为比以往任何时候都更加相互依存,对经济的文化解读符合马克思主义政治经济学的论点。有些人质疑资本主义本身的概念,难道它不再是我们可以在单一的概念话语中去理解的东西?正如吉布森·格雷厄姆(1996)所言,这可能不是资本的终结,而是资本主义的终结。这些辩论揭示了新古典主义、马克思主义和后结构主义对城市经济的不同理解,我们将在本章的第一部分中对一些概念进行区分和梳理,以期对城市理论中的经济视角进行总结和归纳。理论分歧映射出了城市经济问题发展的各种主要趋势。在本章中,我们将它们分为三个相关的主题,关于经济非物质化的争论。这与市场对社会和文化的理解形成了鲜明的对比。还有一些重要的问题,涉及经济活动在关系网络中如何定位或设置的问题。我们将考虑物质和领土对于城市化、城市增长和城市经济、城市经验的影响。

一、新古典主义、马克思主义和后结构主义对城市经济现象的理解

新古典主义者和马克思主义者对资本主义要素理解是不同的。对于新古典主义者来说,资本主义是一种消费者主权和市场价格操纵机制。马克思主义作家如大卫·弗拉维(David Flarvey)则认为,资本逻辑是不变的,比如积累反映的是一种不平等的社会关系。对于像特雷弗·巴恩斯这样的后结构主义者来说,资本主义是通过话语结构和特定的语境和地点来表达存在。在 20 世纪 70 年代的城市研究中,空间分析转向经济领域,大多数城市的经济分析都是以新古典主义为基调的。城市的空间形态是空间竞争需求的结果,土地利用从商业转向工业,再到住宅,在不同用户的能力范围内对土地进行"投标"。租金是一种平衡机制,可以解决土地使用的竞争性投标问题。同样,不同商品消费市场的空间范围决定了相对于彼此的地理位置。新古典主义的分析是城市分析的重要组成部分,尽管新古典主义和马克思主义、后马克思主义阵营之间存在着理论和政治上的分歧,但也有例外。例如赛耶(Sayer)就呼吁在马克思主义政治经济和自由主义以及都市马克思主义分析之间建立更多的联系。比尔·克拉克(Bill Clark)给新古典主义方法提供了一个很好的借鉴,他分析了如何改变消费者的品位、可达性和地点,以及消费对城市形态的影响。他认为,需求和可达性的问题在解释分散的城市形式方面同样重要,就像 20 世纪 60 年代的时候,聚集和中心性是关键一样。消费者需求适应当代城市更为分散的空间形态。

同时,马克思主义政治经济学对新古典主义的假设进行了持续的批判。马克思主义者没有把消费需求作为城市形态和位置的主要解释变量,而是关注商品生产的要素和生产过程中涉及的社会关系。大卫·哈维的著作对资本主义的解释和分析城市在资本主义积累中的作用产生了深远的影响。哈维和其他一些人认为,城市在资本的流通中扮演着独特的角色。城市是集中的开发中心和基于阶级关系从工人劳动中提取剩余价值的工具。它们还作为协调中心,以控制在商品生产、建筑、服务、金融和信贷之间的各种资金回笼的关系。事实上,城市本身的许多建筑形式被看作是对资本第二循环进行投资的结果,以克服商品生产一次循环导致的过度积累危机。地租不被看作是对土地需求的市场清算机制,相反它是一种社会关系,是土地所有者和土地使用者之间不平等斗争的结果,他们能够在土地的垄断控制下实现盈余。在这一精神指导下,有学者攻击了

新古典主义市场经济的自然观,以论证他们的历史和物质建设的重要性。在这种情况下,近代城市被视为景观(世界博览会、奥运会)和其他文化积累的场所,这些战略本身就是快速获利的来源。

近年来,马克思主义政治经济学因过多的宏大叙事而受到批评,因为其试图将对马克思主义的解释和社会因素进行关联,尤其是和阶级关系相联系。有人认为,马克思主义关于资本主义的论述集中于资本主义过程的单一性,它妨碍了激进的政治抵抗。马克思主义的隐喻和分析是关注父权制和男权主义的(统治、渗透、入侵),而长篇大论的女性主义批判则试图重新定位辩论的方位,以找到对消解资本主义的抵抗空间。巴恩斯认为,完全统一的知识是不可能存在的,我们的理解充其量是片面的。在文化语境中,这使我们将资本主义视为一个潜在的碎片化和特殊过程,而不是单一的和普遍的存在。后科伦坡(Rostow)的研究也质疑西方对市场和资本主义的理解,西方的假设在"现代化理论"的变体中是很明显的,它被应用于"发展"的世界。从发展经济学的子学科,到依赖理论和马克思主义对"经济不发达"的解释——这些不同的理论方法都从西方经验中推断出非西方经济体的经验。以过度城市化为例,如果一个国家的城市化水平远高于国内生产总值,类似西方的"发展"阶段最后透露出更多的是关于西方本质的假设,这要远多于非西方国家的城市化经验。在西方国家,"经济"被认为与非西方国家不同。这忽略了一个事实,在某种程度上,即非西方国家经济的一个部分是家庭和家庭生产的。西方对"非正规经济"边缘化的假设忽略了一个事实,即越来越多的经济活动以非正式的形式呈现。

文化差异对于资本主义,甚至西方资本主义本身是个例外的可能性,这一现象已经被经济学家和社会学家以及一些经济社会学家们所考虑。新的社会经济学和早期的制度经济学认为,经济行为是由文化变量和社会激情共同构成的。也许我们应该把韦伯和马克思的理论看作是对资本主义内部运作的理解。在《新教伦理》和《资本主义的精神》中,韦伯认为,清教与新教之间存在"选择性的亲和力",他们强调个人主义和极简主义,将财富视为约束经济的标志和资本主义所要求的投资行为。当资本主义在合理化和觉醒的过程中腾飞时,这些人性的思想被世俗化了。当代的经济体系是全球性的,其中隐含着对人的某些理念、理性行为、经济行为的理解。这些文化假设满足了用其他的方式来看待个人的需要,以及用其他方式理解商品的重要性,协调经济活动的方式。在中国,儒家的价值观强调了角色的重要性,而不是个人主义,并强调了人对世界的调整和适应,而不是对它的掌控。

从理论上讲,关键的不同可能是从经济和文化差异的特殊性中定位资本主义的发展方式,或者这些过程之间的关系是否足够紧密,我们可以如何讨论跨文化的经济过程。如果文化是资本主义的一个重要组成部分,那么城市空间区位理论就需要重新思考,以应对这些新的经济形式。

二、经济的非物质性与城市归属

从物质性和嵌入性、区位性和关系空间两方面考虑经济与城市概念之间的关系是一个全新的领域。经济是物质的领域,它在多大程度上由物质、物体和可触摸的东西组成?这个问题是当代经济和城市经济争论的基础。

尽管经济过程的物质结果是赤裸裸的现实,但经济变革的关键驱动力似乎更加难以捉摸。对经济的非物质性转变可以用多种角度来解释。首先,生产过程的变化导致了商品化过程的分解。制造业生产和消费职能的分离、分包导致了后福特主义的灵活专业化。福特在墨西哥的工厂制造马自达汽车就是一个很好的例子。准时制的生产制度确保了在日本关西地区的成千上万的工厂中成年累月地生产着汽车部件。这些部件的出口以相同的速度进行监测和执行,以避免墨西哥汽车组装发生中断。现在分装业务已经扩展到服务领域。正如哈里斯所说的那样,"华特迪士尼卡通的设计始于好莱坞,但部分画作是在马尼拉完成的"①。

制造业和服务业供应的分散化具有深远的领土影响。大部分的贡献区域在整个生产过程中都没有决定权,所以对生产的控制来自遥远的地方。对一些人来说,这意味着完全的去领土化、民族国家的消亡和少数全球城市经济决策的集中。哈里斯认为,"拆散的总体结果是全球范围内制造能力的扩散——将全球化与城市的单一制造系统捆绑在一起"②。其他人认为民族国家确实是影响外部经济的力量,它协助国家或跨国公司进行海外投资。但是,另一些人重申了领

---

① Castells,M.*The Information Age:Economy,Society and Culture vol.Ⅲ:End of Millennium*.Oxford:Blackwell,1998,p11.

② Harris,N.*Technologistics*.Urban Age,6,1998,pp9-11.

土的重要性,因为在后期的生产中,复杂的供应创造了全新的工业区域,并产生一种新的城市主义形式。斯科特(Scott)认为,即时生产和它所要求的分包供应的工业网络导致了在分散的区域系统中形成新的城市中心。在这种系统中,企业寻求交易成本最小化。斯科特认为这是一种新的城市形式,在该形式下,分包商与供应商之间的交易成本在整个区域内最小化。我们是否认为这是一种新形式的城市集中,它是与快速运输路线联系在一起的,或者是新边缘城市中分散的城市化进程。有些人甚至把它看作是后大都会时代的到来,在那里城市化和权力下放使得世界在某种意义上已经成为一个城市。

第二种非物质性经济来自新商品交易的增长,其中最重要的是知识。贝尔从知识密集型生产角度定义了后工业主义。在过去的 20 年里,知识和信息的生产、消费和交流迅速扩大。在这种信息经济社会中,知识本身已经成为生产力的主要来源,这是基于自反性的经济过程产生的。在这种新的发展模式中,重要的信息城市充当了知识密集型活动的中心和支持知识经济发展的基础。一个城市的经济资产与它的地理位置、可达性、历史以及它在国际资本流动中日益增长的不相关性之间存在着一种紧张关系,这是阿明在研究中所指出的两难困境。这种困境可以使城市从一种经济秩序(国家社会主义)转变为另一种经济秩序(资本主义),而这些变化有不同的边界。在古巴的哈瓦那,存在着由政府赞助的活动和平行经济的双重空间,社会资本的空间是不稳定的。波罗的海国家的首都正被用作文化和历史的地方资产,以吸引外来投资和"调整"市场。有学者注意到中国国际移民的重要性,移民在中国境外城市进行投资,并将利润汇回国内。最富有的移民跨国投资策略揭示了家庭网络和资本主义发展过程中文化的重要性。信息经济是一种网络经济,它的地理位置并不重要,网络的隐喻在许多方面都具有重要意义。后福特主义的灵活专业化生产依赖于一个生产单位和分包商的网络。信息经济强调网络效应的重要性,城市本身置身于在一个(日益全球化的)城市网络中。经济竞争力提升依赖于网络化的创新和创新集群。网络被认为是城市中最富有活力和最有创新性的组成。在我们的城市中,财富和贫困的空间并存,有利或不利的网络也同时存在。网络和链接,而不是地位位置,成为这个时代的经济隐喻。

许多基于知识工作的新产品丰富了个人的形象,如流行视频、电脑游戏、有线电视和互联网等。在一个符号经济时代,图像的扩散要么增加了自我反意识,要么增加了他们在超现实体验中的不真实感。媒体经济越来越多地以自我为参照,广告通过对其他广告、电视节目或视频的暗示,以一种互动经济的形式出现。知识使图像都成为交易,城市变成图像制作和景观培育的场所。在对内投资的竞争中,他们必须把自己推销为商业和旅游发展的理想场所。他们还通过销售中产阶级消费景观来实现利润的最大化。城市被当作一种消费资产等待出售。城市之间的激烈竞争,如世界博览会或奥运会,证明了景观、城市知名度和全球观众的重要联系。哈维认为,在全球竞争中,标志和景观对于减少投资与减少回报的周转时间具有重要意义。

第三种经济非物质性的表现是货币的变化。金钱越来越与物质无关。浮动汇率制的出现,信贷的扩张,以及期货和衍生品市场的出现,意味着货币作为一种价值形式,越来越远离商品生产,越来越多地与投机形式联系在一起。① 金钱代表着更多的神话。然而,随着证券的发行和金融市场的放松管制,货币在全球范围内迅速地流动。资本投资的自由和快速流动降低了土地在"流动空间"中的重要性,正如卡斯特所称的那样。与此同时,快速和激增的金钱流动必须得到协调。近年来,城市辩论在全球城市和全球化进程中不断扩散。全球化被认为是一种不可避免的同质化力量,一种势不可挡的话语权,类似于早期的国际化概念,通常是有益的,或者具有巨大的空间差异效应。在西方城市,一些城市作为金融资本流动的指挥控制中心已经被广泛地运用,而在非西方的语境中,也越来越多地出现区域中心城市。这些城市完全沉浸在全球股市的日常波动中,而且在生产性服务业的场所,这一事实将它们与其他国家的城市隔离开来。因此,在流动空间中出现了新的城市发展形式。纽约、伦敦和东京在某些方面比各自的内陆城市或国家的其他地区有更多共同之处。他们更像是城市国家,在许多方面与内陆地区有显著差异,对他们的国家经济有着巨大的意义。在全球城市化进程中,我们看到城市成为独立经济主体的最明显迹象。但全球化也有一些负面效应,这个全球舞台上的城市依靠当地居民,一些清洁工、维修人员和其他低等级的服务来支持专业员工。这些工人也是全球化进程的一部分,移民和难民是全球叙事的中心,就像城市里的人一样。这些对比和关系形成了"分析边

---

① [美]大卫·哈维:《后现代的状况——对文化变迁之缘起的探究》,周宪、许钧译,商务印书馆 2003 年版,第 47 页。

界"，它破坏了全球化的主导话语，在这个过程中，经济是城市的中心，而文化则是边缘化的。

跨国城市是全球城市的重要组成部分。尽管在过去的 20 多年里，更严格的移民控制意味着许多西方国家的移民数量减少，但国际移民数量却在增加。1992 年估计有 1 亿人居住在他们的原籍国之外，其中 2000 万是难民和寻求庇护者。这些人中的许多人集中在低工资的经济领域，或者在非正规经济领域中。从公民政治的角度探讨移民和跨国城市的政治行动十分有必要。全球城市的特别之处在于它影响了全球经济变化，在工业、劳动力和房地产市场等方面不同于其他城市。苏珊·米尔斯坦和迈克尔·哈洛对二元劳动力市场的简单概念发出了挑战。二元劳动力市场由高收入的专业人员和低薪的服务人员组成。他们指出了郊区中产阶级的缺失，他们既是城市经济中的工人也是消费者，但在分析中却常常被遗忘。有著作描述了伦敦就业和沉浮动荡过程，在那里，有技能的人被挤出工作岗位，因为他们的工作资历过高。这一过程迫使不合格的人从事低于他们技能水平的工作，这揭示了后工业劳动力市场的不稳定性。

跨国城市内部的劳动力市场划分反映了更广泛的国际分工。西方制造业工作岗位的减少和非西方国家的增长，特别是东亚地区和非西方国家的常规服务职业的增长，支持西方高阶非惯例化的服务。非正式的工作岗位惊人地增长，正规经济中的就业机会就会减少，这促进了非法经济的发展。通过对工作岗位的讨论，或者更确切地说，是对工作性质转变的讨论，卡斯特总结了当前的工作形式是由"网络工作者、失业者和弹性工作者"组成的。总的来说，这代表了人们与工作之间的松散关系，因为他们无法获得稳定的就业机会，他们在工作和职业生涯中有更灵活的经验。工作变成了一种生活元素，身份是在非雇佣关系和经济领域中形成的。身份认同和政治的重要性下降，可以被视为另一种形式的非物质性。工作性质的转变在全球也是不平衡的。萨森（Sassen）提出了城市不同地区更剧烈的价格调整和去价化。在另一种意义上，非物质性代表了某种空间贬值。

在更大范围内缺乏投资是那些曾经的工业城市的通病，这些城市已经失去了制造业的就业机会，并且没有补偿服务部门来承担失业。美国东北部的铁锈城市，英格兰北部或澳大利亚的伍伦贡和纽卡斯尔，经历了长期的经济衰退。从更大规模的角度看，全球很多地区都可以被视为被排除在资本超流动之外。在许多国家,这种新自由主义的霸权已经打破了劳动力市场的监管,削弱了劳动代表性,减少了所谓的竞争障碍。这些假设还包括国际货币基金组织(IMF)和世界银行(World Bank)的活动,因为它们贷款给国家和城市,并在非西方国家实施竞争,以换取贷款和债务延期。从非西方国家到西方国家以偿还债形式的资金净流入可以被看作是新殖民主义的一种形式,加剧了这些非西方经济体的弱势地位。

从对经济的非物质性讨论中,我们可以很容易地得到这样一种印象,即在某种意义上,世界就像金融资本,但事实远非如此。正如前面的例子所示,现代国际经济的地形是不平坦的,物化和商品化继续快速发展。在东亚,快速工业化、城市化主导着某些地区,造就了4000万到5000万人口的新兴大都市。这个城市区域包括工业、后工业和后现代景观,包括街道贸易、制造业、轻工业和商业企业,以及IT业和其他消费服务。以前的定居点通过改进的快速运输基础设施和信息技术连接起来,以产生一个有限的城市区域。世界上大部分地区正在经历前所未有的物质变革。

同样,城市在物质性方面的重要性,它们对环境的影响可能是对经济的限制。正如哈维(Harvey)所言,环境运动认为城市是反生态的,但考虑到世界上大多数人口将生活在其中,城市的密度和紧凑性也必须被视为解决环境问题的方法。自然不是与城市相分离的。快速城市化地区的情况表明,世界不同地区的环境有不同的含义。环保运动一直关注着诸如雨林消失等重大问题,这是以环境问题为代价的发展。对世界上大部分城市人口来说,家庭环境问题往往是最紧迫的,但其重要性不及公众对环境的关注。这种话语体系建构的经济和环境是公共的,而不是私有的,并将不同的价值观与二元对立的每一方面联系在一起。它还揭示了西方对城市和环境概念的偏见,因为全球环境议程的重点是探讨非西方国家。然而,许多快速发展的城市贫困意味着物质的有效回收已经成为日常生活的现实和重要的生存手段。可持续性意味着生存,是日常生活或死亡的问题。相比之下,在大多数西方城市,资源的过度消耗意味着可持续性消费的不断减少。

对于市场的社会和文化根源性的论点也反驳了非物质性观点和没有意义的、虚无的经济。制度经济学和新社会经济学相结合论证了社会和文化因素对市场运作的重要性。因此,阿明根据制度发展的程度,看到了市场过程的差异。

在分包商和他们的供应商之间的合同史上,关系网络被认为是重要的。面对面的接触和信任网络在交换非惯例的信息和专业知识方面尤其重要。创意网络在城市中具有生产力性质,这些都是正式经济的影响。但网络和嵌入在非正式经济中也被认为是重要的。社会资本理论认为,社会关系可以成为生产活动的来源,这已经成为西方城市的共同点。从这个意义上说,它们是遵循自给自足的网络,而这正是非西方城市中居民定居点的特点。

经济活动的文化和社会整体性与"全球"经济的泡沫有关。在全球信息经济的"流动空间"中,物质性的重要性表明,人们对所谓的物质经济产生了新的兴趣。恩格斯生动地描绘了曼彻斯特经济活动的痕迹,他能够从身体的残缺中辨认出工人的职业,而对于当代的争论进行分析。在许多城市中,身体是经济交流的场所,从性交易到人体器官的国际贸易都可窥见一斑。广告为全世界的观众提供了完美的身体形象,越来越多的钱用于保持身体的体面和青春。当代的城市化过程制造了无形的经济和固定资产之间的紧张关系。经济话语已经超越了物质的范畴去拥抱文化。城市的文化、物质和主观色彩日益多样化,这是创造性紧张产生的中心,也描绘了政治经济和文化研究之间未来讨论的轮廓。

第二节　曼纽尔·卡斯特:资本主义城市发展的动因与特征

在曼纽尔·卡斯特(Manuel Castells)的著作《城市问题》(*La Question Urbaine*)出版之时,法国的城市发展遇到了前所未有的阻力。因此,1972 年标志着城市空间理论和马克思主义的时代倒退。卡斯特的处女作应该放在这代人认知的裂缝中来理解:一方面,这本著作与 20 世纪 60 年代后期的社会动荡直接关联;另一方面,它也是 1968 年"五月风暴"之后的城市宣言,就像街头政治所主张的那样。因此,《城市问题》将激进的学术和政治带入了 20 世纪 70 年代,将城市研究和马克思主义带入了一个崭新的时代,重新塑造了城市发展的蓝图。他把空间作为一种既定社会形态的物质产品来分析,通过"有机进化论"发现了芝加哥学派的理论缺陷。他强调空间是由"生产力和生产关系"所决定的,因此我们研究空间要发展唯物主义的观点,抨击了芝加哥学派庸俗马克思主义唯物主义观点。

卡斯特的思想独具特色,有着激情和冷静的双重属性。他既有属于顽固的学生激进分子的执着,又有属于以经验主义为导向的社会学家的沉思,部分属于精力充沛的加泰罗尼亚激进分子,部分属于崭露头角的法国理论家。他的风格和学识与亨利·列斐伏尔的形而上的倾向和居伊·德波自命不凡的诗性有很大不同。卡斯特曾经回忆道,"列斐伏尔的想法如此强大,尽管他没有丝毫了解真正的世界。他不知道任何关于经济是如何进行运转的,但是他具有天才的直觉,就像一个艺术家……他可能是我们所了解的城市研究者中最伟大的哲学家"①。他认为列斐伏尔的城市理论缺乏严谨,没有任何研究基础,也不认为形而上学对研究城市问题有太多的帮助。因此,卡斯特在研究中更重视应用研究,并用马克思主义方法对城市进行解读,用一些可测量和可评估的方式更加积极地对城市进行定性和定量的分析。这种对知识的渴望促使他接受了与列斐伏尔人文主义精神背道而驰的阿尔都塞主义。他在20世纪70年代初在巴黎阅读了很多新潮的马克思主义著作,这些著作都试图建构一种严格"科学"的马克思主义理论,这一理论并非"意识形态",而是根植于马克思成熟的概念中。更普遍的结构主义——不仅是阿尔塞塞的马克思主义,也包括克洛德·列维斯特劳斯的人类学在当时也十分兴盛,并开创了语言学的研究方法,对政治和文化问题提出了迫切的要求。一些知名期刊也成为结构主义的代言人,结构主义思潮愈演愈烈。许多年轻的思想家,包括卡斯特在内都想成为马克思主义者,但却希望可以将马克思主义正式化,这与当时的政治和社会环境变化有关。因此,阿尔都塞的声音得到了认可,因为他提供了思考马克思主义的连贯性形式,提供了可以参考的一个框架和分析工具。在理论层面上,马克思主义可以以某种方式被利用,卡斯特"提出了将马克思主义的概念应用到城市领域,特别是结合法国哲学家路易斯·阿尔都塞(Louis Althusser)的想法"②。他认为,任何新的马克思主义理论立场都是多余的。

一、阿尔都塞与卡斯特:意识形态理论的继承与发展

实际上,《城市问题》的两个中心问题都来自阿尔都塞,即意识形态和城市

---

① Manuel Castells. *The Urban Question: A Marxist Approach.* London: Edward Arnold, 1977, pviii–ix.

② Manuel Castells. *The Urban Question: A Marxist Approach.* London: Edward Arnold, 1977, pviii–ix.

进化的过程。对于意识形态问题,卡斯特认为是一种社会学思想,经常被认为是一种保守主义,在"城市主义意识形态"中,一直以来都被认为是"城市问题",这是关于城市主义和城市文化的问题,而不是新出现的"资本主义社会的矛盾"。卡斯特同样注意到左翼思潮指向具体化的城市问题,或者否认任何新的社会矛盾,减少"日益多样性的阶级问题,以反抗资本和劳动力之间的尖锐矛盾"①。马克思主义教条地认为"任何空间特异性"都是正常的。无论是传统的社会学还是正统的马克思主义,城市都是一种意识形态的存在。而对于阿尔都塞的意识形态来说,它是一种虚无的、虚幻的境界,一种想象中的个体与真实存在的表象之间的关系。

阿尔都塞认为意识形态是一种思想和表象的系统,他指出,马克思在《1844年经济学和哲学手稿》中塑造了意识形态的构架,而德国的意识形态并非是马克思主义的。事物本身都被意识形态所玷污,因为它们都假定是意识形态的"对象"。马克思认为人文主义根植于黑格尔的思辨哲学。阿尔都塞认为这在政治上是缺乏理论根据的,他否定人本主义的观点,拥护马克思与费尔巴哈对人类学所做的批判。所以人文主义是意识形态的,它与弗洛伊德梦的理论地位相似。阿尔都塞说,在这里梦是纯粹想象出来的,是人类意识形态对客观世界的反映,以一种随意、无序的方式呈现。阿尔都塞写道:"这正是《德意志意识形态》中哲学和意识形态的地位。"②阿尔都塞用弗洛伊德关于无意识的观点巧妙地调整了马克思的意识形态概念:意识形态也是某种无意识,因为它是永恒的,没有历史的。尽管它与现实不符,但意识形态(如无意识)却暗示了现实。我们需要的是发现真实世界的背面和世界背后的现实世界。特别是人必须发现意识形态是如何通过各种各样的"国家机器"来"整合"或构成"阶级主体"的。

卡斯特吸收了阿尔都塞影响深远的研究模式。事实上,他开始将结构主义运用于城市思考,其创建的城市研究和城市社会学正是这一思想内容的体现。他指出,城市意识形态是一种特定的意识形态,是社会的模式和形态的基本反映。作为社会进化阶段的特征,与人类存在的自然技术条件密切相关,并最终与

---

① Manuel Castells.*The Urban Question：A Marxist Approach*.London：Edward Arnold,1977,p46.

② Louis Althusser."Ideology and Ideological State Apparatuses." in *Essays on Ideology* , London：Verso,1971,p36.

环境相联系。它在很大程度上使"城市的科学"成为可能,被理解为由其对象的特殊性所定义的理论空间。① 换句话说,卡斯特对城市的研究一直是意识形态的,在狭隘的社会学和人类学术语中,将城市社会和城市文化作为一种特定的价值观、规范和社会关系体系来认识,形成了一种真实因果关系的想象。

卡斯特坚持认为,这种意识形态实际上来源于"进化——功能主义的思考",特别是来自德国的社会学传统,从费迪南德·托纳斯到奥斯瓦尔德·斯宾格勒,从马克斯·韦伯到乔治·齐美尔一直沿用至今。通过帕克的宣传和影响,英美的城市研究和社会学获得了"科学"的可信性,这正是它在意识形态上发挥的作用。卡斯特对城市也有自己独到的看法,在他的研究中毫不留情地批判了前人的研究,因为路易斯·维尔斯、朴克、齐美尔等人都强调了"城市的维度"。他们声称,规模和环境显然是症结所在。城市越大社会分化就会越明显,这决定了社区关系。取而代之的是正式的控制机制和社会竞争....这样一种行为体系的显著特征是:匿名、反常、缺乏参与"②。城市环境导致人格分裂,犯罪增长,腐败和疯狂,甚至自杀。城市文化变成了一种堕落的生活方式。然而卡斯特知道这是一种混乱的概念,这是人们对真实的城市生活条件想象的表现。他认为,城市文化是"一个神话,因为它在意识形态方面叙述了人类的历史"③。因此,"城市社会"的起点是神话,提供了现代性意识形态的关键字,以一种以种族为中心的方式同化为自由资本主义的社会形态"④。卡斯特认为"城市文化"这个术语,是与资本主义社会联系在一起的行为体系。因此,我们发现了城市世界背后真实世界的存在。这意味着要解决关于权力、阶级和金钱的问题,要在资本主义社会结构中发现空间形态的"衔接和转换规律",这确实是城市问题的症结所在。

首先,列斐伏尔拥护一种马克思主义版本的城市社会意识形态,它造成了对原有理论基础最大的破坏,因为它放弃了芝加哥学派的整合、公共和统一的基调,使城市成为了矛盾的话语体系。因此,在将新兴社会定义为城市社会之后,

---

① Manuel Castells. *The Urban Question: A Marxist Approach*. London: Edward Arnold, 1977, pp73-74.

② *New York Daily News*, October 30, 1975, p1.

③ Manuel Castells. *The Urban Question: A Marxist Approach*. London: Edward Arnold, 1977, pp73-74.

④ Manuel Castells. *The Urban Question: A Marxist Approach*. London: Edward Arnold, 1977, p83.

列斐伏尔提到了卡斯特,宣称革命在逻辑上也是城市的。这对城市理论研究和马克思主义本身具有相当大的意义。列斐伏尔认为城市社会正在迅速取代工业社会。他将社会历史的辩证序列定义在三个时代:农业、工业和城市。恩格斯的生活让他在工厂之外寻找到了舞台,使城市进入了日常生活的范畴。在列斐伏尔的图式中,工业化从属于城市化、生产方式和城市社会,阶级客观主义从属于阶级主观主义。卡斯特表达了他与恩格斯的思想关联,他指责列斐伏尔偏离了经典的马克思主义,取而代之的是沃思的城市主义,将城市看作一种生活方式的延续。

城市斗争不是传统意义上的阶级斗争,是历史——城市实践的动力,而不是工业实践,是反抗的新轨迹。卡斯特警告说,"城市斗争是一种谈论无产阶级终结的很好方式,并试图实际地建立一种新的政治战略。它不是基于统治结构,而是基于日常生活的异化"①。事实上列斐伏尔的城市吞噬了所有的社会关系,所有的政治、意识形态和经济。难道城市关系不是社会关系的表现吗? 这些社会关系不是像阿尔都塞和恩格斯所坚持的那样,是一个复杂的阶级结构的一部分,是由经济关系决定的吗? 如果事实并非如此,那么列斐伏尔没有推翻马克思的唯物主义吗? 难道他是从人们的头脑中,而不是生活的实际情况出发吗? 通过与他以前的老师和同事进行批判地重新接触,卡斯特为他自己的研究开辟了一条宽广的道路。在 20 世纪 70 年代他声名鹊起,并与阿尔都塞一同逐渐成为科研明星。他的城市理论不是一种意识形态的"马克思主义问题的城市化理论",而是一种科学的马克思主义对城市现象的分析。这种分析方法以城市为依托,而不是独立于阶级关系之外的。

城市问题根源于工业问题,以及社会问题中的空间问题。这种方法既不是右翼的空间描述,也不是左翼空间或社会理论的具体化。卡斯特发现了空间形态生产和运作的结构性规律,认为并不存在特定的空间理论。至少在这一点上,他和列斐伏尔的观点是一致的。仍然必须有"社会结构理论的部署和规范,以解释特定的空间形式和它与其他历史上给定的形式和过程的联系"②。空间作为社会结构的一种表达方式,通过对经济体制、政治制度和意识形态体系的研究,以及它们的结合和社会实践来探讨城市的形成与发展。

---

① Manuel Castells.*The Urban Question:A Marxist Approach*.London:Edward Arnold,1977,p85.

② Manuel Castells.*The Urban Question:A Marxist Approach*.London:Edward Arnold,1977,p125.

二、城市结构和集体消费

1965年,阿尔都塞主义思想十分盛行,这一思想标志着人们从马克思主义的教条主义中解脱出来。阿尔都塞主义认为,决定论完全被束缚在经济的"基础上"。当然,在任何社会形态中,经济基础都是至关重要的。但它只是与其他"上层建筑"元素、政治和意识形态元素结合在一起,并无必然的优先性。因此,经济是一种"支配性结构",是一种占主导地位的"共同存在",它只相对于预先给定的社会结构中的其他元素才有意义。矛盾的统一性存在于矛盾的差异中。"如果每一个矛盾都是复杂整体结构中的矛盾,"阿尔都塞写道,"那么这个复杂的整体是无法想象的。"[①]换句话说,每一个矛盾,每一种基本结构的表达,以及具有支配地位的结构中表达的一般关系,都构成了复杂整体本身存在的条件。"这个命题暗示了'次要'的政治、意识形态和文化的矛盾不是'主要'经济矛盾的纯粹现象"[②]。这意味着即使有主要矛盾的存在,次要矛盾也是必要的,因为它们共同构成了存在的条件,正如主要矛盾构成了次要矛盾存在的条件一样。

卡斯特对矛盾的认识纯粹是一种原始的感觉,并将其合理的结论运用在了逻辑分析上。城市社会结构的现实在其相互关联的复杂性中,只有通过详细的实证调查才可知。阿尔都塞给了卡斯特一个假设前提,现在它需要具体的测试。在1970年到1979年期间,作为一名社会学副教授,卡斯特在巴黎的《科学》杂志上发表论文,他和他的团队在法国巴黎、西班牙以及加拿大和智利等地方,直接面对着学界的挑战。他提出了研究的新议程,即在城市研究和马克思主义中寻求新的结合点,构建城市化的阿尔都塞主义和阿尔都塞化的城市理论。现在城市问题围绕着生产方式在经济、政治和意识形态领域的具体表达,围绕着劳动力的集体再生产的社会方式而展开。

阿尔都塞在《意识形态的国家机器》一文的开头写道,"一个没有在生产过

[①]　Louis Althusser. "On the Materialist Dialectic." in *For Marx*, p205.

[②]　Louis Althusser. "Ideology and Ideological State Apparatuses." in *Essays on Ideology*, London: Verso, 1971, p36.

程中复制生产条件的社会形态不可持续"①,这个宣言具有马克思主义意味。马克思知道再生产是生产的必要前提,如果没有再生产,就没有生产,就像没有生产,没有任何东西可以更新一样。马克思的观点一如既往是辩证的,在《资本论》第二卷中,恩格斯通过"复制图式"的方法试探性地探索了资本的总体循环过程,阿尔都塞跟随马克思的研究思路,呈现了他自己对于社会物质生产的认识。生产的最终条件是生产条件的再现。一方面,这就需要对物质资料进行生产,这是劳动过程的生产,马克思称之为"部类Ⅰ"。另一方面,它还要求再生产现有的生产关系,即再生产资本与劳动的阶级关系,再生产所有者和工人的再生产——马克思称之为"部类Ⅱ"。后者的一个重要组成部分是劳动能力的再生产,即劳动者根据社会技术分工所必需的技能和要求,以用于维持自己的劳动能力。根据阿尔都塞的说法,"劳动力再生产不仅要求劳动力技能的再生产,同时,还要求对现存秩序的规则附以人身屈从的再生产,即工人们对统治意识形态归顺心理的再生产,以及剥削和压迫的代理人恰如其分地操纵统治意识形态能力的再生产"②。通过劳动力再生产这一特殊视角观察意识形态的具体功能,将再生产问题与主体的自我构建相联系,将生产与国家和社会的教化功能相联系,这正是阿尔都塞研究的核心问题,即意识形态与国家机器的关系。阿尔都塞和卡斯特都认为资本主义国家在再生产过程中是至关重要的,每个人都知道国家通过镇压和同意,通过武力和意识形态来实现统治。然而,卡斯特却发现另一个国家介入再生产的方式。对于城市领域而言,城市本身现在必须被理解为劳动力再生产的促进者,因此也就成为了重建阶级关系的促进者。在列斐伏尔的辩证法中,城市在资本主义制度下,实际上也是威胁资本主义发展的力量。现在,在卡斯特的辩证法中,当城市威胁到资本主义时,它在某种程度上已经变成更适合资本主义发展的介质。卡斯特认为,事实上城市已经成为"劳动力再生产过程和生产资料加工过程的空间特性"③。

卡斯特指出,至少从区域层面上看,虽然生产规模在不断扩大,但是城市在生产方面并没有真正发挥作用。但它在居住方面,在日常生活方面,在社会再生

①　Louis Althusser."Ideology and Ideological State Apparatuses." in *Essays on Ideology* ,London:Verso,1971,p45.

②　https://baike.so.com/doc/6280892-6494350.html.

③　Manuel Castells.*The Urban Question:A Marxist Approach*.London:Edward Arnold,1977,p234.

产方面已经成为人们生活的基本前提。事实上,城市主要是一个集体消费的场所以及结构化的城市空间。城市可以被定义为"在劳动力和城市的集体再生产过程中,以单位进行复制的过程"①。的确,每个城市都有工厂和办公室,还有大量的文化和社会活动。与此同时,在资本积累、商品生产和社会治理等方面,城市也发挥着决定性的作用。尽管如此,集体消费设定了资本主义城市的认识论基调。集体消费是先进资本主义国家发展和城市化的新趋势和矛盾,卡斯特认为它可以作为一种分析工具,帮助马克思主义者对事物进行更牢固的控制,从经验和理论的角度出发,为政治行动提供空间。通过理解集体消费,马克思主义者可以更好地理解城市的最新动态,更好地理解社会变化,更好地理解资本主义仍然存在的原因,以及更好地理解"垄断阶段"盛行的原因。

集体消费包含的服务和物品基本是很少或没有市场价格的"集体商品"。政府有必要提振利润率,但他们自己却丧失了盈利能力。从一个角度看,在城市空间中,资本家要通过资本积累获得利润,因此他们希望国家加大对基础设施的投资,这有助于他们进行扩大再生产,同时可以缓解与工人阶级之间的尖锐矛盾。从另一个角度看,普通民众也希望国家能够改善他们的工作和生活条件,使他们过上更加舒适的生活,通过对集体消费项目的国家投资,实现社会化大生产发展对劳动力生产的再生产和需求。在这种双重的需求中,国家不但需要代表国家管理者的利益,同时也得迎合劳动者和资本家阶级对集体消费项目改造和完善的需要,以此来缓解阶级矛盾。换句话说,集体消费是商品的消费,而这些商品的生产并不是由资本来担保的。经济适用房、公共交通系统、公立学校、污水和垃圾处理设施、医院、游乐场和公园,甚至是空气都属于集体消费的范畴。在某种程度上,这是弗里德里希·恩格斯关于住房问题探讨中曾经表述的核心问题,也是工人阶级得以生存和发展的重要条件。但是卡斯特的分析更加复杂,同时也提高了社会发展的筹码。他认为,集体产品的生产已经帮助资本避免了利润率下滑的趋势。资本主义国家承担了大部分的发展风险,它成为集体消费的主要提供者,发起和协调公共住房、学校、地铁、公共汽车和火车等设施。国家变成了一个危机管理者,改善了系统内部的矛盾,但却释放了其他更深层次的矛盾,同时也引起了新的政治冲突。

---

① Manuel Castells.*The Urban Question:A Marxist Approach*.London:Edward Arnold,1977,p234.

卡斯特指出,国家越来越多地按照统治阶级的逻辑来规范城市体系,为城市规划的实践和意识形态的发展铺平道路。他写道:"国家机器对消费过程永久和持续的干预,使它成为日常生活中真正的秩序来源。"①这种国家机构的干预,我们称之为广义的城市规划,涉及整个城到市问题的政治化,因为社会权利和需求的管理者和对话者往往是统治阶级的政治机构。20世纪50年代集体消费开始兴起,在20世纪60年代有所加剧,而现在集体消费的比例已经达到了魔鬼般的地步,一些马克思主义者开始称之为"垄断资本"。一段时间以来,资本主义一直在以各种不间断的方式飞速发展。剩余价值仍继续堆积,但相对利润率下降了。因此,资本为了逃避风险,开始开拓海外新市场,在国内进行重组,集中进行生产活动。

因此,垄断资本意味着巨大的生产和金融财富集中到极少数的大资本家手中,昔日的工业巨头通过整合变成垄断某一行业的巨大联合体,而中央政府也在迎合大资本。在法国,从1963年到1973年,中央政府的政策帮助催生了新的城市增长极,为垄断企业带来了更大的利润。因此,垄断资本和垄断政府产生了新的产物——"垄断城市"。敦克尔克便是其中典型的代表。国家援助和管理政策被证明对大型冶金和石油企业是有帮助的。在20世纪70年代,诺曼底海岸线变成了一个巨大的工业园区,拥有全国最大的钢铁厂、巨大的炼油厂和造船厂。但是1/4的劳动力生活在拥挤不堪的住房里,48%的房屋缺乏热水,其中一半房屋没有室内管道。为了适应这种快速的城市工业增长,每年政府需要额外增加4000套住房,但平均建设数量很少超过1500套。国家无法应对自己的新创造。不出所料,敦刻尔克发生了剧烈的阶级冲突。55%的员工成为工会会员,共产党执政的工人联盟势力特别强大,持续的罢工影响了工业生产和城市生活。卡斯特指出垄断国家资本主义的结构性倾向,即资本的集中导致了消费的集中,对于公共设施的生产和分配的国家干预是必要的。从某种意义上说,在城市发展中,这是资本主义经济增长中一种常见的凯恩斯——福利干涉主义国家模式,为欧洲和美国的战后黄金时代的"福特"制经济提供了发展基础。在另一方面,这是一个新的转折点,资本主义发展的最高阶段,新城市斗争的断层线已经显现,城市社会和阶级冲突的新形式正在酝酿。

---

① Manuel Castells.*The Urban Question：A Marxist Approach*.London：Edward Arnold,1977,p236.

三、城市作为资本主义竞争的"集合单位"

抵抗城市更新和其他社会运动的行动野火一样迅速蔓延,卡斯特在《城市的问题》一书中表达了自己的观点。一些突发事件是对城市不公正的愤怒反应,另一些则是在社区层面上自发地组织起来,对流离失所的人和住房条件改善进行呼吁,希望政府提供更好的服务,提高人们的生活质量。这些运动往往围绕着改良主义和革命,并呼吁政府在城市进程中更多参与和承担更大的责任。整个 20 世纪 70 年代,城市运动的数量和力量都在增长。1973 年之后,当石油危机造成石油价格大幅上涨的时候,城市社会运动随处可见。不断上涨的燃料成本推高了公用事业和服务的成本。企业遭受了损失并削减了工资。失业率和通货膨胀一样,随着实际工资的下降而上升,"滞胀"盛行,经济危机全球化,资产阶级经济学家哑然失语。卡斯特总结说,"国家的财政危机"可以被解释为"国家对城市危机的干预危机"[1]。在卡斯特后来的著作《城市、阶级和权力》中,城市社会运动意味着"某种类型的社会实践组织,其发展的逻辑与制度主导的社会逻辑相矛盾"[2]。社会运动并不完全符合生产关系的巨变,但它们曲折地表达了生产关系的变化。在 20 世纪 70 年代,住房危机不仅波及工薪阶层,还波及交通系统,缺乏托儿所也影响了许多中下层妇女。因此,城市社会运动吸收了"受欢迎的阶层",即新的小资产阶级、技术人员和职员,以及不工作的妇女,而这些人在传统上是远离工人阶级运动的。这些团体联合在一起,形成了一种"城市工会主义"。我注意到,激进主义是一种通向社会主义民主道路的新激进主义和向往。在这种意义上,城市、阶级和权力重新定义了早期的城市问题:反抗和革命,也显著地重新定义了它的理论基础。

卡斯特还将马克思主义理论应用于实践,"将马克思主义的一般概念与观察的过程相联系,而不去识别城市问题带来的新问题,这些问题需要新的概念和根据历史背景给予新的解释"[3]。他指出,一般来说,研究人员应用既定的理论,而不将其转变为现实。在某些情况下,这是一种阿尔都塞理论,在其他国家,它是国家垄断资本主义理论。不管怎样,"理论发展过于迅速,实际分析比使用的

---

① Manuel Castells.*The Urban Question:A Marxist Approach*.London:Edward Arnold,1977,p255.

② Manuel Castells.*City,Class and Power*.London:MacMillan,1978,p93.

③ Manuel Castells.*The Urban Question:A Marxist Approach*.London:Edward Arnold,1977,p270.

模型更复杂,这意味着研究的结果要比它们所给出的理论更重要"①。卡斯特以"严谨"的社会科学名义,在某些方面承认了实证主义。此后,他呼吁重新定义城市问题、实证研究、理论更新和发明新方法——所有这些都是同时进行的。卡斯特几乎推翻了他对列斐伏尔的旧指控,指出重点应该是关注城市的历史转型,而不是马克思主义理论的概念化过程。重新定义城市、阶级和权力是研究的重要工作,这标志着"新的历史视角"的出现,而不是重构"形式主义的理论"。与此同时,这也意味着植根于阶级斗争的马克思主义理论的出现,它不是资本逻辑的延续。简而言之,这意味着"主观主义"的城市社会运动,而不是一个"客观主义"的城市运动。结构主义的城市问题可能有点笨拙,新焦点是"城市与权力的关系作为社会阶级的双重辩证法的表现,一方面考察了国家对城市矛盾的干预,另一方面反映了城市矛盾产生的社会运动"②。

在资本方面,马克思从未真正谈论过任何白领阶层、中产阶级等非主流阶层。这里的观点完全符合他的普遍信念,即社会主义将日益分化为"两大阶级"。然而,在其他地方,马克思是自相矛盾的,似乎是在不断地改变着他的思想,在阶级理论上提出了不同的见解。在《剩余价值理论》中,他对英国政治经济学家大卫·李嘉图(David Ricardo)的回应是:"他忘记强调的是中产阶级不断增长的数量,那些站在工人和资本家和地主之间的人。"③中产阶级的收入在不断增加,他们的负担沉重地压在工作上。马克思说,中产阶级数量的增加很可能与工人无产阶级的相对减少有关。由于对积累的刺激,新资本开辟了新的就业领域,满足了新的需求,更多的领域可供非生产性劳动者使用。但马克思坚持认为,没有任何地方的工资劳动会被废除,相反,它在不断增长的规模上被复制,甚至是在穿着西装的工人,而不是穿着靴子的工人中成长。马克思主义者长期以来一直在对白领无产阶级化问题争论不休。

普兰查斯认为工人阶级和联盟在向社会主义过渡的过程中所起的作用十分最重要。到目前为止,它在马克思主义传统中被淡化了。这是一个代价高昂的疏忽。事实上,精神劳动和体力劳动之间的划分对于国家来说具有决定性,因为

---

①　Manuel Castells.*The Urban Question:A Marxist Approach*.London:Edward Arnold,1977,p285.

②　Manuel Castells.*City,Class and Power*.London:MacMillan,1978,p49.

③　Karl Marx.*Theories of Surplus Value*,book 2.Amherst,N.Y.:Prometheus Books,1999,p573.

国家体现了脑力劳动与体力劳动的分离。在国家内部,"智力劳动与政治统治、知识与权力之间的有机关系,以最完美的方式展现"①。从这个更具想象力的马克思主义立场来看,结果是把国家看作是一种力量的关系,或者更确切地说是阶级和阶级之间关系的物质凝结。因此,普兰查斯在马克思主义中,将自己和更多的"形式主义经济学家"的立场拉开了距离,认为经济是静态的,就像"政治"的同义词一样。他直截了当地说,国家和经济是一体的,国家没有自己的政治空间,没有相对的自治权。它仅仅是经济的附属物,一个反映和复制主导经济关系的实体。经济关系反过来仅仅保证了国家的继续繁衍。在这个过程中,国家以一种自我实现的、可预见的功能主义的方式前进。但普兰查斯坚持认为,这掩盖了生产和开发关系的核心,包括国家在内部斗争中所扮演的角色。作为马克思主义者,普兰查斯并不否认资本主义制度下的"政治领域"与生产关系相结合,指出革命的马克思主义在列宁主义的"双重力量"理论中,已经存在了太长时间。这一观点认为,在一个精确的时刻——或者在大多数日子里——资本主义国家将被革命的正面攻击所摧毁。之后,它的权力将移交给另一个权力,"无产阶级专政",一个次要的民主权利。根据这一观点,普兰查斯写道,"国家不是被内部矛盾所困扰,而是一个没有任何裂痕的整体集团"②。这也意味着,阶级矛盾永远位于国家和国家之外的大众群体之间。普兰查斯问道,"双重状态"的道路迟早会导致集权专制,民主社会主义者因此出现不同的困境,必须探索另一个问题,即怎么可能从根本上改变国家发展和改革的方式,用政治自由和代议制民主相结合的形式促进直接民主和自我管理机构的迅速增长。因此,"双重权力"的命题可以无可争议地被抛弃,取而代之的是一种新的战略,即"既尊重大众群众及其组织的国家权力,又以民主作为社会主义转变的必然方式"。普兰查斯坚持认为,现代国家不是象牙塔,大众的斗争始终贯穿于它,以某种方式塑造了它,并且一直存在于它的意识形态中。"双重权力"的原则错过了很多,错过了可能的社会主义道路,轻视了它的长途跋涉,忽视了民众斗争寻求的方式,创造了一种有效的对偶权力,并与国家权力相辅相成。通往社会主义的民主道路更有可能像葛兰西的"立场之战",即长期的权力斗争——而不是列宁主义倡导的

---

① Nicos Poulantzas. *State*, *Power*, *Socialism*. London: Verso, 1980, p33.

② Nicos Poulantzas. *State*, *Power*, *Socialism*. London: Verso, 1980, p38.

正面攻击。社会运动将发展和巩固它的地位,抵抗可能会从温床中心向外扩散,在投票政治和直接行动交战双方之间摇摆。这并不是旧的自由主义改良主义的借口,尽管普兰查斯不断警告马克思主义者,改良主义将是一个永远潜伏的危险。

卡斯特城市社会运动的研究和空间理论的探讨是紧密联系在一起的,他塑造了一种阶级斗争的社会空间语境,一种生产模式,一种国家形式等等。他认为"城市问题空间分析的核心是一种城市政治研究,也就是说,意味着城市阶级斗争过程的一种特殊的关联,其结果是,作为政治干预的一种实例成为政治斗争的对象和中心"①。卡斯特展示了城市运动的力量,它起到了跨阶级的黏合剂作用,它对"好人"有强大的、积极的、意识形态的影响,改变了普通人对改变的期望,提升了他们在改变世界的过程中的批判意识。事实上,城市社会运动是结构性改革的重要推动者,对左派来说更为重要,它必须扩大群众支持,超越传统的工人阶级运动。卡斯特总结说,劳动的社会化和先进资本主义社会生产的价值,不仅扩大和多样化了剥削的来源,而且也扩大了反抗的来源。城市、阶级和权力结束于一个相当乐观的预期,支持普兰查斯欧洲共产主义倾向的马克思主义以及有进步潜力的精神劳动。在这个新的视角中,城市运动是不同阶级和阶层利益对占主导地位的结构逻辑的挑战,这些斗争能够使占主导地位的结构逻辑发生变化,它可以在同一时间对某些部门产生影响,使国家机构运作起来,并在更复杂和相互矛盾的过程中触发它的转变。从这一观点来看,无论人们是否愿意承认,法国的城市社会运动正在成为这一新斗争的本质来源。

第三节　大卫·哈维:资本的变迁与城市化

在列斐伏尔之后,大卫·哈维成为城市空间研究方面的领军人物,从地理学角度开辟了研究马克思主义的新路径。哈维最早接触地理学是在20世纪60年代,他出版了一本奠定个人学术地位的专著《地理学的解释》,这使他在学界享

---

①　[美]马克·戈特迪纳:《城市空间的社会生产》,任晖译,江苏凤凰教育出版社2016年版,第152页。

誉盛名,并逐渐成为空间研究的主要力量。这部厚重的地理学方法论研究的大部头书籍倡导建立一种全新的地理学理论,运用科学的方法论展开对地理学的再认识。哈维最大的研究特点是运用交叉学科的方法,从不同的学科中吸取研究的养分,通过构建模型、方法、概念等方式完善了地理学的分析框架。这部著作对当时实证主义的研究方法起到了积极的推动作用,被誉为"新(理论)地理学的圣经"①。哈维早期的研究立足于人文地理学,但是由于对很多社会学科拥有融会贯通的能力,所以他的思想涉及很多不同的理论视野。哈维的研究之所以受到极大地重视,也正是因为他以空间观察思维见长,但却可以通过地理思维进行社会批判。所以,哈维也不仅仅是一名地理学家,更是一名哲学家和社会学家。他在很多领域都声望很高,跨界研究的成果也十分丰富,这在二战后的理论界并不多见。

当时间转入20世纪70年代,哈维的研究对象发生了根本性变革,他成为马克思主义地理研究的重要旗手,对资本主义的经济社会危机进行了批判性研究。1971年之后的半个世纪时间里,哈维始终与《资本论》如影随形,他每年都开设"解读资本论"的相关课程。② 这使他对马克思的资本理论有了更加深刻地认识,并将资本研究作为城市空间研究的重要切入点。他的研究兴趣之所以会发生逆转,也与那个时代的学术环境和政治态势密切相关。1960年以后,西方地理学开始重视区域研究,但是对空间中立性的传统认识却屡遭诟病,很多学者认为空间本身具有意识形态色彩,并非是中立和客观的科学存在,并倡导对空间进行社会性方面的研究,以丰富空间的研究视域。这种思潮到了20世纪70年代更加盛行,列斐伏尔等学者首先对空间的社会性进行了探讨,并用空间的社会属性来衡量地理学家对经济、社会、环境和社会问题研究的程度。这种研究方法也得到了期刊界的认可,美国克拉克大学创办了《对踮地:激进地理学杂志》(*Anti-pode:A Radical Journal of Geography*),这是一本倡导激进人文地理学研究的杂志。同时,马克思主义在全球范围内蓬勃发展,被引入了英语国家的地理研究领域,马克思主义与地理学相互嫁接的形势愈加明显,并融合为一种批判人文地理学,回应了主流地理学分析中越来越明显的假定性的、理论上还原主义的实证主

---

① [美]大卫·哈维:《地理学中的解释》,高泳源校,商务印书馆1996年版,译者前言第Ⅴ、Ⅵ页。

② [美]大卫·哈维:《希望的空间》,胡大平译,南京大学出版社2006年版,第35页。

义倾向。① 哈维在地理学研究的转向轨迹与激进地理学的马克思主义转变过程完全吻合,并成为这一转变的积极促成者。哈维这一时期出版了《社会正义与城市》一书,把社会正义纳入地理学的研究视域,通过规范正义的内涵与外延,从道德立场出发阐释了地理学的正义观念,并将研究成果与城市实践相结合,探讨了地理学的正义问题。哈维始终认为传统马克思主义忽视了空间的存在,并认为这是一个重大疏忽。资本主义发展是一个在全球地理层面都在发生的事件,资本主义国家通过"时空修复"的方式不断获取发展的动力,并将资本主义的社会矛盾和危机倾向转嫁到更外围的地区。

对于哈维而言,空间转向既是学术的转折点,也是他人生进入巅峰的标志。20 世纪 70 年代初,哈维在欧洲游学期间,对法国马克思主义思潮产生了巨大兴趣,此后通过研究马恩原著,最终以马克思主义者的身份介入了地理学研究。他1982 年出版的《资本的局限》就是解读《资本论》的一项重要成果。书籍的出版开马克思主义城市研究之先河,体现了哈维对马克思主义的自觉维护和高度重视。但是,几本书的出版在学界引起的反响也有很大差异。一部分人高度赞赏了他全新的理论视野和对城市研究做出的卓越贡献。但是,另外一部分人则认为他的研究破坏了传统的社会学研究传统,在诸多方面存在争议。其中,持反对态度的还包括一些享誉盛名的理论家,如吉登斯和桑德斯等,他们都撰文对哈维的理论进行了批判。他们认为城市空间已经成为城市分析的重要视域,但是并不能通过空间透视城市化问题的全部内容。吉登斯认为,随着资本主义不断发展,城市将不再是占统治地位的权力容器,空间问题与社会过程并不存在内在统一性,需要分开进行探讨,空间分析不需要摆在过高的位置。空间只是经验主义分析中的一个因素而已,而且仅仅是偶然因素,而不具有研究的普遍性,无空间性的城市社会学才是社会学发展的主要方向。"尽管这种社会学承认空间安排的经验性意义,可并不竭力去将空间安排提升到一种特殊的理论研究对象的高度"②。哈维则认为,城市并非静止的物的存在,而是一个流动的过程,并非独立于资本主义生产体系之外,因此研究城市首要的是要探讨资本的积累进程,还有劳动力流动,商品生产过程等问题。

① [美]爱德华·苏贾:《后现代地理学》,王文斌译,商务印书馆 2004 年版,第 68 页。
② [美]爱德华·苏贾:《后现代地理学》,王文斌译,商务印书馆 2004 年版,第 106 页。

在 20 世纪 80 年代末,哈维将城市研究和文化研究进行了统一性的研究,出版了《后现代的状况:对文化变迁之缘起的探究》。书中哈维想要表达的根本宗旨是时空体验虽然发生了重大变革,但是资本主义社会的本质依旧。在全球化时代,政治、经济和文化实践剧烈变化,资本主义塑造了全新的时空体验模式,这种变化与时空压缩具有内在统一性,但这种体验更像是某种转换,而不是全新的社会形态或城市社会的前兆。哈维将资本研究和时空问题嫁接形成了全新的概念"时空压缩"。时空压缩出现在后福特主义时代,由于信息技术和网络技术的高速发展而导致了新的时空体验和时空定位方式。全世界已经成为了地球村,不同国家和区域的人都在经历着相同的信息冲击。生产周期的缩短,信息在全球快速传递,一切东西瞬息万变。信息同步导致了全球时间的同步化,人们经历着去距离化的过程。其实,这一思想也不是哈维的首创,早在大半个世纪之前,海德格尔就曾经探讨过时间与空间的缩减问题。"时空压缩"所导致的结果也是双重性的,一方面是时间重要性不断下降,空间的重要性正在上升;另一方面,特定地点仍然是分析的重要维度,而且人们对特定地点的差异性认识更加敏感。地方性概念被提及,人们更重视多样性和差异性特质。"当时间与空间的界限变得不那么重要时,流动资本、移民、旅游者和寻求庇护者对场所的变化会更加敏感,而不同场所更新的动力也更加强烈"①。

一、城市主义与社会正义的秘密

哈维是一位从城市空间方面对城市经济问题进行诊断的学者,他认为资本主义危机是资本不能赢利的危机,是资本的正常流动受到影响或者停止的危机;资本企图通过扩张包括地理扩张在内的方式来解决危机,进行所谓的空间修复。他出版的专著《社会正义与城市》实际上是将两本书合成了一篇,更确切地说,是以一篇论文和一篇文章为基础的,它是一种煽动性的综合,本身就是一个崭新的、激进的研究开端。在全书的第一部分,哈维对城市问题和社会正义问题提出了"自由的公式";第二部分,他使用了反论的形式,提出了"社会主义的马克思

---

① [英]厄里:《关于时间与空间的社会学》,布赖恩、特纳主编:《Blackwell 社会理论指南》,李康译,上海人民出版社 2003 年版,第 525 页。

主义公式"。哈维指出,马克思认为意识形态是一种"无意识地表达与特定社会情境相联系的基本思想和信念,而不是在西方社会中经常被称为意识形态和批判性的思想阐述"①。这两个部分交织在一起,构成了四个截然不同但又相互作用的线索,它们将理论的本质、空间的本质、社会正义的本质以及城市主义的本质几个有争议的问题联系在了一起。在哈维的观点中,现实是独立于人知觉和行动的事实,在马克思主义的意义上是愚蠢的,也是意识形态的表现。"我现在拒绝这些区分,即使是在它们看似无害的分离形式中,也会被认为是有害的"②。哈维选择了马克思的方法论,使用它的关系模式和"总体性"的概念,拒绝使用困扰西方哲学多年的顽固二元论。马克思承认,物质世界和人类世界是相互关联的,而哈维则试图将这种信念建立在奥尔曼(Oilman)对马克思主义的解读上,引用后者的异化概念作为澄清的论据。马克思的本体论或存在理论有两大支柱,他将现实的概念作为一个各部分相关的整体来理解,各个组成部分是可扩展的关系,每一部分都能代表整体的属性。哈维同样求助于法国儿童心理学家让·皮亚杰的"结构主义"观念,哈维指出:"这是一种方法论的概念,与马克思的实践论非常接近"③。在结构主义中,皮亚杰指出了"图腾"的概念,在这个概念中,无论是元素还是整体,都处于关联之中,事物本身的属性在研究中并不重要,事物如何结合在一起是关键。图腾是在不断变换的结构整体。事实上,皮亚杰写道,"如果不考虑关联的概念,结构将会失去所有的解释性意义,它们会分裂为静态形式"④。任何跨国公司都是通过解决矛盾和冲突,在重组和全面更新的过程中产生的。哈维建议,现在的研究需要发现这样的"转变规则",指出社会,尤其是城市社会是如何被改造的。城市主义者必须放弃在孤立、原子化的意义上寻找"原因"的初衷。当理论通过使用而成为实践时,实践才真正得到验证。

　　这一理论对空间、正义和城市主义的本质有重大的影响。首先,空间不能被看作是失去了内容和质感的东西,而是一个相对的概念,空间不是一个容器,而是一个总体的结构化对象。其中包含着对象,对象的存在是因为它包含和代表

---

① David Harvey.*Social Justice and the City*.London:Edward Arnold,1973,p18.

② David Harvey.*Social Justice and the City*.London:Edward Arnold,1973,p12.

③ David Harvey.*Social Justice and the City*.London:Edward Arnold,1973,p287.

④ Jean Piaget.*Structuralism*.New York:Basic Books,1970,p12.

自身与其他对象之间的关系。"什么是空间"从此成为一个多余的问题。取而代之的问题是不同的人类行为如何创造和利用不同的空间概念？"创造空间"，而不是使用空间，现在成了地理研究的首要原则。产权制度创造了"绝对"的空间，在这种空间中，垄断者可以主张控制。但这种专制主义是建立在相对论前提下的。城市系统是由相对的和垄断的地租和财产价值所制约的，而剩余价值的流通和流向是通过建筑环境来确定的。从理性角度去理解城市主义，运用社会进程和空间形式理解人类活动如何创造空间需求，以及日常的社会实践如何解决与完善关于空间本质的深层哲学之谜以及社会过程和空间形态之间的关系成为研究的主流。

同样的逻辑也适用于社会公正。哈维指出，永恒的伦理原则不能以绝对法律形式来确定。社会和道德哲学也不能作为一个截然不同的研究领域，从特定的社会和社会实践中分离出来。马克思本人对将正义作为一种"普遍"的真理持怀疑态度。他认为普遍真理只在意识形态领域运作，伪装和扭曲的意志为统治阶级提供权力，将自己的理想"合法化"，使其成为每个人的理想。这就是他在《共产党宣言》中所说的，共产主义将"废除"所有的正义和道德，所以马克思没有放弃伦理和正义。相反，哈维认为，马克思的意思是，伦理和正义与人类的实践有关，而不是关于概念永恒真理性的争论。在正义研究领域，最具影响力的、最具有普遍主义的解释来自约翰·罗尔斯，他是一位政治哲学家，他的正义理论仍然是社会正义的权威"自由公法"。正义论虽然存在缺点，但哈维并未全盘否定罗尔斯。他认为罗尔斯的新康德主义观点保留了二元论的假设，并假定了对分配正义的片面和抽象的分析。罗尔斯没有提到生产。他提倡预防性治疗而不是根治性手术，修复机构而不是修复市场体系。他这样做只能短时间内解决非正义问题，但是没有历史延续性。哈维认为如果生产是一种分配，而历史的生产法则产生了分配规律，这是不可能理解的。把生产和分配一分为二的分析是十分糟糕的。哈维写道，"我的行动遵循一种倾向，即将社会正义视为一种永恒的正义和道德，把它看作是一种取决于整个社会进程的东西"[①]。

《社会正义与城市》一书的最大亮点在于揭示出社会正义的演变过程，同时

---

① David Harvey."The Urban Process under Capitalism：A Framework for Analysis." in *The Urban Experience*.Oxford：Basil Blackwell，1989，p59.

对资本主义社会中城市化的本质进行了阐述。哈维运用了地理学问题的分析方式,将马克思主义的力量应用到犹太区的形成问题上。他假设在广义上看,贫民区是不好的东西,需要消灭它们。然而,贫民区也有存在的意义,需要通过"革命性的地理理论来解决它"。哈维认为博格斯没有注意到通过经济体制的运作所产生的社会团结,也没有关注从经济视角以外产生的社会和经济关系。在对比中,哈维认为恩格斯不仅对城市土地使用作出更现实的解释,而且提供了一种革命性的理论。多年来,社会团结仍然与英国的经济和社会现实有着千丝万缕的联系。"恩格斯所指的社会团结,不是由任何道德秩序产生的"①。相反,城市危机是资本主义制度的负面结果。社会团结是通过市场交易系统运作来执行的。芝加哥学派的理论解决了所有的问题。这就是为什么不可能通过对世界的解释来改变世界。与此同时,边际主义的土地利用理论不加批判地接受了"竞争性投标"的概念,富人和穷人争抢着同一份工作,希望改变城市的空间。在美国的城市里,将住房成本与工作成本联系在一起是必然的趋势。经济学家威廉·阿隆索(William Alonso)设计了"地租"曲线来衡量最优结果,评估不可避免的取舍,这是所有可能的世界中最好的。他声称,穷人在交通方面的资源有限,被迫住在市中心附近,在那里他们通常能找到工作。但是那里的房租过高,他们生存的唯一方式就是租住较小的房子,住在拥挤的,通常是劣质的生活条件下。自然而然的结果是,最贫困的人群往往在市中心最昂贵土地上住最便宜的房子。市中心穷人的困境可能会通过对公共交通系统的补贴来得到临时改善,使贫困人口能够更便宜地生活在城市周边,或者可以采用某种形式的租金减免得以缓解,如新建住房补贴。所有这些缓和措施肯定会有所帮助,但哈维抱怨说,这些措施都不是解决土地租金过高的根本性手段。在城市土地使用中存在不平衡的默认假设,政策应该让城市土地的使用恢复平衡。哈维指出,最简单的方法就是消除那些产生贫困的机制。但是,哈维并不是说经济是导致贫困区的唯一原因,种族主义和仇视情绪也扮演着明显的角色。他只是说市场稀缺的基础实际上是一箭双雕的策略,它使种族主义繁荣,并助长种族主义。稀缺是社会性的,不是自然诱导的,没有它,市场体系就无法运转。因此,如果资源稀缺,资本主义制度下的生产性财富的来源,也将会消失。那时就没有竞争性招标,没有竞争对手的

---

① David Harvey.*The Limits to Capital*.Oxford:Basil Blackwell,1982,p369.

土地和住房市场,没有任何激励机制来掠夺或"自然地"隔离穷人。

二、资本循环与时空修复的辩证理解

哈维承认,《社会正义与城市》包含很多论证的严重弱点。地租问题是其中之一,不久他就开始从马克思主义的角度更系统地解决这一缺陷。"垄断地租"和"金融资本"的概念加入分析,而在卡斯特的《城市问题》中,解决城市化的问题基本上被忽视了。哈维将城市的"阶级垄断地租"等同于马克思在《资本论》第3卷中构想的农村"绝对地租",这里的关键概念是阶级权力。地主们从垄断空间中获得了阶级权力,以及他们的合法性。但是,最强大的地主可以创造出特殊的稀缺性,将他们的土地从市场上拿走。他们可以很好地生活,只有征收高于城市其他地方的"级差"地租才会释放这些特定的地块价值。额外的溢价代表了从他们已经贪婪的阶级利益中分化出来的高额利润。因此,从某种意义上讲,垄断地租实际上阻碍了任何"自由"土地市场的运作,并且在资产阶级内部造成分裂。在另一种意义上,他们确保了一个充满活力和健康的土地市场,协调"合理"的空间利用,同时对没有财产的人造成压迫。

哈维对垄断地租、金融资本和城市革命的结论与列斐伏尔十分相似。前者认为在城市化的影响下,"土地"与"资本"、"地租"与"利润"之间的差别已变得模糊。根据哈维的说法,这是一种可以从普遍接受的"正常的"地租中收取过高地租的能力,这提高了"模糊的比率",因为它吸引并加速了金融资源向土地和房地产投机的转移。由于私有财产制,地租是资本主义制度下的阶级特权。然而,垄断地租甚至进一步剥夺了统治阶级的特权。最重要的是,它不仅是来自地主阶级的权力,而且是来自那些最具个人权力的地主们,凌驾于一般利益之上的权力。哈维指出,发达资本主义国家的滞胀问题与20世纪60年代中期以来的土地问题和房地产繁荣有关。从那时起,城市化发生了变化,从工业生产者对需求的表达,到金融资本对整个生产过程影响的表达。简而言之,"金融资本"作为"城市革命"的调解者和促进者,通过生产商品的资本积累,通过投资于土地和财产二级循环实现资本积累。

哈维的马克思主义理论,就像列斐伏尔的理论一样,使城市和资本主义的空间更加具有激进色彩。空间和城市主义不只是帮助聚集劳动力,正如卡斯特认为的,它以一种相对防御的方式构建城市土地和房地产市场的空间动态,对基础设施进行投资,实际上促进了资本的积累。资本主义制度下的城市空间是一个"活跃的时刻",积极地进行生产,而不是被动地繁衍。哈维认为,这是资本积累的一种方式,也是阶级斗争的最新形式。城市发展进程以这种对立为中心。在哈维的眼中,都市辩证法具有"双重性"。在资本的支配下,阶级斗争在资本与劳动之间展开,在资产阶级的不同派别之间,在工业、商人、金融资本家和地产商之间展开了一场内战。大都市是竞争激烈的区域,资本积累和阶级斗争的问题在此地展开冲突并得到最终的解决。

资本积累与阶级斗争互为前提与结果,是同一枚资本主义硬币的两面。工人阶级的反抗必须在资本积累的法则中加以考虑,积累法则必须包含阶级斗争。积累是资本的永久增殖,投入生产的钱在生产活动中不断增殖,从活的劳动中吸取养料,产生剩余价值,成为利润的来源(以及租金和利息)。利润被用于个人消费,其他人必须重新投入日常工作中,成为扩大生产的基础,并增加剩余价值。金钱能带来更多的金钱,资本能够产生更多的资本,这是马克思所说的"资本积累"过程,资本积累是资本主义存活的必要条件。哈维是个典型的马克思主义者,他的城市分析始终围绕着积累。正如马克思所言,他知道资本主义是如何通过生产中的劳动而扩张。时间不仅在商品生产的流通和周转中是至关重要的,而且生产和运输的时间不断缩短,营业额越多,资本积累就越多。因此,减少必要劳动时间迫使资本家在技术上进行创新,部署新机器、新设备,开发节省时间的技术,减少工作时间以及加快社会和城市生活的节奏,帮助为了生产而生产,为了积累而积累的过程。随着积累的增加,竞争变成了一种外部的强制力,它同时约束着所有人,不论是资本家还是工人。

哈维遵循着马克思的观点,认为资本积累的过程在本质上具有危机倾向,生产过多的商品会导致市场商品的过剩,从而引起周期性的市场失灵。过度生产和过度积累是资本主义系统性危机的表现,但实际上也是一种正常的资本主义现象。过剩的资本被闲置,劳动力获得了"释放",而利润率在下降,这种下降具有周期性,由资本主义内生性因素,而不是外在因素决定。哈维指出,在经济萧条时期,过度积累的资本可以被重新吸收到资本的二次循环中,进入城市空间,进入一个不可移动的建筑环境中,在那里,它的价值无法被移动但不会被摧毁。因此,二次循环是资本投资和剩余价值生产的重要方式,可以通过制造空间来使资本流动,进而支持资本积累。二次循环的参与者包括房地产行业(如建筑商、房地产公司、房地产经纪人、金融家、房东等)。但是,一般来说,二次循环改变了资本主义经济的整个轨迹和功能,也周期性地改变了资本平衡,资本主义通过工业生产和空间生产来追逐利润。

哈维注意到,当工业部门处于低迷状态时,二次循环就会获得显著的发展,它可以帮助保持资本积累的数量。二次循环可以投资包括生产、流通、交换和消费的整个自然景观的创造过程,并成为一种可行的避免经济危机的方法。然而,这种时空修复的方式并不能根治资本主义的矛盾和危机倾向,它往往预期着更疯狂的渴望,更大的矛盾即将到来。二次循环为资本主义的整体利益创造了一种新的自然景观,然而它也禁锢了未来的修正之路,危机总会在未来的某个时刻,在某个地方再次发生。资本主义作为一种经济和政治体系,在某种程度上要协商"保持过去投资的交换价值不发生变质,以开辟新的积累空间"。在资本主义制度下,统治阶级在特定的时间内构建适合自身发展的自然景观,并在危机的过程中摧毁旧的景观,在此基础上构建新的建成环境。

如果我们不理解哈维"三位一体"的认识论,我们就不可能理解哈维这个人,也就不可能了解哈维的马克思主义思想。他利用马克思的历史唯物主义编织时空关系,同时给它以城市的定义,增强马克思主义政治经济学分析政治和城市地理的能力。与以往一样,他认为马克思主义城市理论的研究工作正在取得进展,但从理论上讲是初步的,需要在实际的历史经验和政治抽象命题中进行验证。在1976—1977年,哈维想通过马克思主义的立场解决城市问题,他去巴黎学习法国马克思主义。因此,在他一年的休假期间,投身于路易斯·阿尔都塞(Louis Althusser)和普兰查斯(Nicos Poulantzas)的世界,他立刻意识到,自己永远无法融入这些人的纯净环境。这个世界上永远不会接受盎格鲁-撒克逊的地理学家,主角们傲慢而冷漠。但无论如何,巴黎成为哈维研究的重点,他越来越被巴黎所吸引,特别是乔治·奥斯曼男爵和路易拿破仑的城市改造。他的这一兴趣为马克思主义城市研究开辟了新的研究视野,使哈维逐渐成为一名权威的马克思主义理论家。

三、资本主义生产的经济"危机"

在资本主义经济发展中,经济的扩张是一种常见的地理现象。在资本全球化的进程中,经济和社会发展的速度十分惊人,但也导致了地理学不平衡的灾难性后果,由此造成了资本主义生产的重重经济危机。哈维的《资本的界限》(1982)一书花了十年的时间才完成。哈维后来说:"这几乎把我逼疯了。"①这本书为我以后所做的一切打下了基础,但它可能是最不值得阅读的。经济学家们忽略了这一点,地理学家们也不理解,马克思主义者也不能屈就于任何地理学家。哈维写作这本书最初的目标是"达到理论上可以帮助理解城市问题的程度——我试图解决固定资本的问题,这是当时没有人写过的"②。他研究了固定资本形成的时间性,以及它与资金流动和金融资本的关系,以及这些因素的空间维度,使得这本书更加与众不同。这本书试图在马克思主义理论中填补一些"空白",并在城市化和空间研究领域,为一种更全面、更厚重的马克思主义理论打下基础。起初,哈维认为他可以将他在巴尔的摩房地产市场上所作的详细历史研究和 19 世纪中期巴黎的"创造性破坏"结合起来。但是这种分析将会变得过于笨重,而且可能永远无法完成。因此,本书成为一个纯理论的文本,而不涉及历史。最具创新性的是书中 2/3 的内容是关于资本主义空间经济的危机,并探讨通过不平衡的地理发展使危机更加恶化。迄今为止,哈维已经研究了经济危机理论,指出初级危机是一种典型的危机,是由过度生产和资本贬值所引起的。这场危机的临时解决方案是通过信贷资金的提前发放,以帮助生产商和消费者购买更多的商品。但这只会引发第二次"危机",即货币和时间危机,以及金融危机。哈维现在深化了他对金融资本的分析,空间配置是生产循环内的"虚拟资本",是发展分析城市空间的一个强大工具,即纯粹的金融资产。

地理因素会进一步放大和深化资本主义的危机,这就是哈维指出的第三次危机理论,它也是在资本主义内部矛盾中出现的。在城市背景下,没有哪个地方像法兰西第二帝国那样可以成为剖析资本主义经济危机的完美蓝本。对马克思主义的城市主义者来说,这是一种矛盾的对抗,这就是为什么哈维走在已经被沃尔特·本雅明和亨利·列斐伏尔等人所征服的道路上。但他会用不同的方式来表达他对城市空间的认识。他动员更多的马克思主义政治经济学理念,而不是通过历史的步伐限制资本,追踪巴黎建筑环境的投机性改造,这

---

① [美]哈维:《希望的空间》,胡大平译,南京大学出版社 2008 年版,第 78 页。
② David Harvey.*The limits to Capital*.London:Verso,1999,pxxiv.

是一个由金融和地租资本与奥斯曼男爵和拿破仑三世共同谋划的史诗过程。这是对巴黎空间关系的一次真正的重组,在一段时间内重新点燃了资本积累的希望。

哈维的研究推动了他对资本主义制度下经济危机的理论见解。但一部分人认为,马克思主义者可以从过去的危机中吸取教训。他开始详细研究城市的税收和信用体系、劳动力市场、再生产过程和意识形态关系以及阶级斗争。他所写和思考的都被浓缩成一篇文章。对那些曾经指责哈维的经济简化论和"资本逻辑"的批评人士来说,这是一个令人震惊的反驳,哈维巧妙地将经济、社会、政治和意识形态现象交织在一起。显然,马克思主义政治经济学不仅仅是研究政治经济。哈维写道,"第二帝国证明了一个世纪以来的黄金时代,它以相对安全、高回报率和对巴黎财产的欣赏而闻名"①。但同时也证明了一个新时代的到来,在这个时代中,城市的财产所有权的社会意义和方向发生了根本性的变化。巴黎的房地产作为一种纯粹的金融资本受到人们的青睐,成为虚拟资本,它的交换价值融入了资本的一般流通,完全支配了它的使用价值。城市转型的地缘政治从昔日的"内向、私人和个性化的都市主义"转变为"第二帝国时期的外向、公共和集体化的城市主义"。公共投资是围绕着私人收益进行的,公共空间被用于私人用途。"灯光照亮的林荫大道、耀眼的商店橱窗和向街道开放的咖啡馆,成为向金钱和商品的力量表示尊敬的走廊,为资产阶级提供了发展的空间"②。奇怪的是,哈维在巴黎公社问题上保持沉默,不像本雅明、列斐伏尔和情景论者一样大声疾呼。他声称,发生的事情超出了我们分析的范围,所以他跳到了后公社时期,专注于研究圣心大教堂的建造,他个人痛恨并想要从意识形态上去揭开教堂的神秘。

哈维通过对巴黎分析认为,建成环境的投资遵循着一定的逻辑,具有独特的模式和可知的一致性。在城市中,"创造性破坏"的周期性在空间上被束缚,破坏了原有的使用价值,为新的使用价值和新的、增加的交换价值创造了条件。城市空间被拆除和重建,因此发生地理发展不均衡,有其自身的节奏,而不是完全

---

① David Harvey. "Paris, 1850 - 1870." in *Consciousness and the Urban Experience*. Oxford: Basil Blackwell, 1985, p82.

② David Harvey. "Paris, 1850 - 1870." in *Consciousness and the Urban Experience*. Oxford: Basil Blackwell, 1985, p85.

随意的。事实上,大都市的节奏是由资本积累的节奏和商业周期的变动所制约的。奇怪的是,哈维认为有足够的历史证据支持"建筑周期"的概念,所有这些都将城市化的历史地理学周期化了。关于这些想法的一个有趣的事情是,他们让批判的城市分析家更牢固地把握当代的城市。事实上,1973 年的石油危机动摇了先进资本主义的政治经济环境,各种各样的新建筑繁荣一时,崭新的城市重建项目蓬勃发展,在空间中变得更加显眼。到了 20 世纪 80 年代中期,哈维本人开始提出城市化也改变了美国自 1972 年至 1973 年以来的发展轨迹。一方面,当时的全球滞胀(失业率上升和通货膨胀)使城市就业分崩离析。作为回应,城市地区的统治阶级联盟变得强硬,并且采取了更多的竞争姿态。社会民主管理主义,是 20 世纪 60 年代和 70 年代早期城市治理的特征,正如卡斯特在著作中强调的那样,被一种新的企业家精神所取代,即精简政府从集体消费义务中剥离出来并进入"公私伙伴关系",以获取新的投资和增长。哈维很快意识到这意味着"城市间竞争"的加剧。现在,各个城市都在竭尽全力,尝试各种方法,改善他们的形象和商业友好度,任何能让他们成为热门竞争者的东西都不能错过。

　　城市、经济、政治和思想都发生了质的变化,所有这些都相互交织在一起。资本主义和往常一样,但又加上了新的曲折。对竞争加剧的担忧正在改变劳动力市场、劳动过程、产品和消费模式,使它们变得更加"灵活"。新的办公大楼开始出现,豪华的酒店、滨水码头、体育场馆、购物中心和文化中心也都是如此,它们的建筑风格往往令人震惊、引人注目,取代了陈旧的码头工厂、磨坊、码头和仓库。政府不再为公共服务供应和集体消费预算而发愁,如今它资助了企业和开发商的投资,将私人资本注入资本的二次循环中,试图将商业和资本重新注入城市,进入它们曾经会避开的空间和地方。到 1987 年,哈维已经将这些社会和文化环境的变化称为"后现代"。它们与"灵活"的积累趋势有关。他的直觉也发现了马克思主义的退步,城市被认为是过时的存在,垂死的、现代主义的都市,将被一种被称为"后现代主义"的更松散的东西取代。哈维后来回忆说:"突然间,所有关于后现代主义的言论都是为了理解世界。"①所以哈维写道:"我做了所有

---

① David Harvey.*The Condition of Postmodernity：An Enquiry into the Origins of Cultural Change*.Oxford：Basil Blackwell,1989,p286.

关于第二帝国时期巴黎的研究,对现代主义的起源和城市化有一定的了解。在这个新的时代里,城市化有着突出的特征"①。

四、后现代主义与大都市的当代发展态势

哈维一直想要写一本关于后现代主义城市的书。他在一篇题为《城市化的灵活积累:对美国城市的后现代主义反思》的文章中,对后现代进行了初步的观察。他指出,从 1972—1973 年,灵活积累的城市生活引发了积累不断飞速增长的壮观场面。不过,哈维在后现代中也嗅到了腐坏的味道。他的观点大体上符合列斐伏尔和情境论者的观点。他指出,现代主义并不是本身的规划原则存在问题,而是现代主义规划者和建筑师根据市场需求的约束来进行建筑,商品和利润决定了建筑的形式。后现代主义只是提供了更多的审美解放,而不是真正的社会解放,是形式和内容的改变,而不是本质的改变。后现代主义宣扬建筑幻想,但实际上它是浅薄的复制,并不对抗资本逻辑对城市的侵蚀。哈维指出,它的"壮观"设计变得无处不在,以至于它已经有了可以预测的城市构造。他们"被认为是资产阶级控制下社会统一的象征和工具,在这种情况下,失业率和贫困率不断上升,阶级分化的客观条件不断改变"②。"后现代风格探索了节日和景观的建筑,它的意义是短暂的、开放的,拥有参与性的快乐。商品的陈列成为这一奇观的中心部分,因为人们成群结队地注视着它们。城市间的竞争使得这一壮观的景象变得更加疯狂,哈维认为,它同样产生了对社会投资的浪费,不能改善过度积累的问题,而是将这些问题转变成灵活的积累。他写道:"从购物中心到文化设施的过度投资,在城市空间中嵌入的价值观极易受到货币贬值的影响。"③

后现代主义在社会、文化、政治和城市生活中如此普遍、如此具有说服力,以至于它的"条件"需要更彻底的描述和深入的审视。与其他一些马克思主义者

---

① David Harvey.*The Condition of Postmodernity:An Enquiry into the Origins of Cultural Change*.Oxford:Basil Blackwell,1989,p289.

② David Harvey.*Flexible Accumulation Through Urbanization:Reflections on Postmodernism in the American City*.in The Urban Experience.Oxford:Basil Blackwell,1973,p270.

③ David Harvey.*Flexible Accumulation Through Urbanization:Reflections on Postmodernism in the American City*.in The Urban Experience.Oxford:Basil Blackwell,1973,p275.

不同,哈维承认后现代主义是本体论范畴的存在。一个迫在眉睫的问题是分析左派在多大程度上吞下了后现代的迷魂药。事实上,到目前为止,在哲学上对后现代主义的认可,来自一个前"社会主义或野蛮"的激进分子。如同现代主义的理性认为无产阶级的进行曲是普遍真理一样,所有后现代主义者都厌恶宏大叙事。一种更为多元,表面上更为谦卑的后现代真相和政治,涉及"地方叙事",所有这些都放弃了大规模社会和政治变革的巨大希望。哈维坚持认为,我们在时间和空间方面经历了翻天覆地的变化,在建筑、文化和思想上,也在灵活积累的经济现象中。各种新保守主义为政府机构提供了制度上的黏合剂,这并非巧合。曾经占主导地位的大规模生产和消费的福特制度,在严格的规模经济和工会化的基础上,在很大程度上被灵活的生产和消费模式所取代,这些改变是由各种各样的经济模式来实现的。与此同时,金融资本空前的自主性和波动性,现已解除管制和自由浮动,与实际物质生产脱钩。哈维说,"金融资本的过度膨胀"是"时空压缩"背后的推手,在时间关系中加速了积累的速度,是当今全球股票市场的一个缩影,同时也是空间关系萎缩的表征。在某种意义上,这正是马克思在他的《手稿》中所记载的必要资本主义相对论,称之为"时间对空间的湮灭",我们迫切需要强调"时尚、产品、生产技术、劳动过程、思想和意识形态、价值观和既定惯例的波动和短暂性"①。

　　然而,尽管这些环境貌似充满新奇,但它们并不是新的。根据哈维的说法,他们仍然可以从马克思主义的角度来理解,"甚至可以通过马克思提出的资本主义发展的元叙事理论来构建分析框架"②。因此,哈维提出了一种辩证的马克思主义,同时可以把握后现代资本主义与马克思时代的异同。资本主义制度下的工作过程可以产生一种看似无穷无尽的结果,而这些结果的变化微乎其微。无论资本主义走到哪里,它都是虚幻的机器,它的迷信和烟雾始终紧随其后。有时,资本主义制度会引领我们前进,有时会将我们推向深渊。哈维的马克思主义紧紧抓住了现代主义的线索,试图与后现代思潮保持一定距离,既保留了后现代主义的理性,又拒绝了后现代的虚幻。他仍然相信现实存在于一些可知的整体

---

① [美]哈维:《后现代的状况——对文化变迁之缘起的探究》,周宪、许钧译,商务印书馆2003年版,第45页。

② [美]哈维:《后现代的状况——对文化变迁之缘起的探究》,周宪、许钧译,商务印书馆2003年版,第56页。

中,仍然相信辩证的整体可以解释世界,可以改变世界。简而言之,哈维的马克思主义认为,马克思主义政治必须与以往一样遵循理性传统,但与过去又有所不同。在为《后现代的状况》而举行的发布会上,哈维列举了马克思主义在当前的四种新的、不可缺少的特点。

第一,哈维将种族、性别和社会"差异"纳入更基本的马克思主义范畴,但其重要性不能被高估。他说,这些特征并不是简单的补充,而是从一开始就无所不在,是抓住了社会变革本质的辩证法。第二,"图像"和"话语"的产生现在必须得到马克思主义的承认,成为任何象征秩序复制和转化的一部分。美学和文化实践是重要的,它们的产生条件应该得到最密切的关注。第三,历史唯物主义必须在分析和政治中给予应有的承认,"社会行动的真实地理位置,真实的以及隐喻性的领土和权力空间,在资本主义的地缘政治中变得至关重要"①。第四,历史—地理唯物主义被视为一个开放式的和辩证的研究方式,而不是一个封闭的和固定的元理论。在此基础上,就有可能在后现代的边缘创造出一些"融合"。换句话说,后现代有可能成为促进启蒙运动的新版本,因为它对未来是开放的态度,它会永远持续下去。

五、差异地理学与解放政治学的思想谱系

哈维在 20 世纪 80 年代末为了重新适应英国文化,应对后现代主义的挑战占据了他的心头,他决定迁往牛津大学。在牛津大学,他很快就参与了当地的一项活动,为附近的罗孚汽车厂(Rover auto plant)进行辩护。当时,由于工厂的土地价格疯涨,因此工厂面临着关闭和出售的风险。在工厂周边的高科技企业或新建写字间,造成了成千上万的制造业工人失业和当地社区就业的缺口。这一运动在哈维的《论正义、自然和差异的地理学》(1997)中得到了真实的解释,其中雷蒙德·威廉姆斯的政治和生态思想填补了以往哈维研究的空白。哈维开始重新阅读威尔士戏剧批评家和马克思主义者的著作,用他们的思想来恢复马克思主义的权威性,使其与众不同,并把对地方政治和生态意识"全球野心"的敏

---

① [美]哈维:《后现代的状况——对文化变迁之缘起的探究》,周宪、许钧译,商务印书馆2003 年版,第 78 页。

感和激进的观点放在研究的中心。这一理论和实际问题也在《希望的空间》中得到了明确的表达。社会主义也必须发展一种"空间政治",一种人们和地方"联系"的政治,在一个更大的范围内,在一个公平的竞争环境中与移动公司和全球金融流动进行斗争。哈维认为,如果没有更好的社会希望,持续的政治斗争现在是不可能实现的。他想要超越当前的左派悲观主义和自由市场的必胜主义,对空间政治作出全新的解读。

在哈维的研究中,没有什么比"具体的乌托邦"更重要的了,这实际上是一种对恩斯特·布洛赫(Ernst Bloch)对马克思主义复兴的支持。他使用了现实主义逻辑意味着放弃过于谨慎的实用主义"抽象的乌托邦",他认为这个世界太小了,无法兑现任何巨大的承诺,也不能实现政治抱负。这一切背后的逻辑并不是崇高的革命理想,而是切近的现实——我们永远不可能事先知道这一点。当年,年轻的马克思没有意识到,欲望是我们"物种"的特征,他也不知道,一些重要的政治力量是如何在现实中建立起我们想象中的生活的。那么,为什么左派不能想象一个可行的替代方案呢? 难道我们不能将"智慧的乐观"与"意志的乐观"结合起来,成为"反叛的建筑师",策划并创造我们自己的未来吗? 哈维认为,创造一个全新的世界是可能的。

哈维从事马克思主义研究已有 30 多年了。他对马克思主义激进社会变革的信念始终坚如磐石。对这一信念的构想从未停止,总是在不断变化的客观环境下,进行修改和完善,始终保持着开放的态度。在这一马克思主义进程中,空间一直处于永恒的中心位置。地缘政治现象已经嫁接到资本主义发展的一般理论中。马克思给了我们资本城市化的动力和空间,哈维指出,积累的动力学和故意破坏和贬值的城市建筑环境是一个戏剧,推拉着不同派系的资本释放着与劳动力之间的阶级矛盾。在城市里,阶级斗争往往是关于"流离失所"的斗争,受生产关系的制约。哈维的都市辩证法强调积累和阶级斗争的对抗不仅仅是一种存在。事实上,空间是阶级关系的核心,是定义城市本身的"活跃时刻"。因此,马克思主义在政治上必须对其进行分析。很久以前,他的空间化马克思主义理论主张社会正义。在 20 世纪末,它谈到了希望。希望不是天真的乐观主义,而是一种具体的渴望,一种对"愿望社会"的憧憬,一切都更加稳固,更不可能被自我毁灭和资本积累的原始力量所冲垮。在思想和行动上,马克思辩证法是分析的核心,也代表着一个未来。因此,必须在一个没有现实基础的世界里找到一些基础,找到一个在不断撕裂的过程中粘合差异的基础。

哈维从来没有像马歇尔·伯曼走得那么远,他认为马克思主义恰恰是一种充满悖论与矛盾、危险和刺激的生活,这是一场在市场虚无主义内部的永恒冒险。根据伯曼的观点,马克思主义帮助现代人找到了一种生存和发展的基础,然而却转瞬即逝,它帮助人们发展相互联系,发现狂热的自由,特别是当周围的世界逐渐消失的时候。欧洲资本主义长期的"创造性破坏"永远不会像在纽约那样具有创造性和破坏性。考虑到纽约的"资本主义发展的迅速和残酷",伯曼写道,"真正令人惊讶的并不是我们的建筑和建筑遗产被摧毁,而是还有什么东西需要保留"①。伯曼指出,弗里德里希·恩格斯"震惊地发现,工人们的住房,是由投机商为快速获利而建造的"②。恩格斯认为这将成为资本主义社会一切建设的典型模式。即使是最富有的资本家和最辉煌的大厦也会在不到 40 年的时间里消失,哈维和伯曼都知道,美国的 20 世纪和它的城市化体现了马克思的分析中所提到的所有恶魔的力量,惊奇和敬畏的感觉,以及恐惧和威胁的感觉。

第四节　安迪·梅里菲尔德:重塑都市二重性

安迪·梅里菲尔德是一位独立学者、城市学者和作家。1993 年,他在牛津大学获得地理博士学位,其论文是由著名的地理学家大卫·哈维指导的。梅里菲尔德出版了大量的书籍,其主要代表作包括《相遇的政治》(*The Politics of Encounter*)(2013)、《神奇的马克思主义》(*Magical Marxism*)(2011)、《辩证的城市主义》(*Dialectical Urbanism*)(2002)和《都市马克思主义》(*Metromarxism*)(2002)等。此外,他还写了几本关于重要思想家的传记,如亨利·列斐伏尔、盖伊·德波和约翰·伯杰等。还有许多关于城市主义、艺术、文学和政治的文章和散文。梅里菲尔德称自己是神奇的马克思主义者,虽然他的学识明显带有马克思主义的印记,但他的广泛兴趣和大量的参考文献使他在城市研究学科中具有独特的

---

① Marshall Berman.*All That Is Solid Melts into Air*:*The Experience of Modernity*.New York:Simon and Schuster,1982,p100.

② Marshall Berman.*All That Is Solid Melts into Air*:*The Experience of Modernity*.New York:Simon and Schuster,1982,p101.

声音。他最近的著作《新城市问题》(*The New Urban Question*)(2014)探讨了在当前全球城市化条件下,城市研究和政治建立的新坐标。他还有刚刚出版的书《业余爱好者》(*The Amateur*)(2018),这本书探索了专业化时代的业余精神。随着名气的增长,越来越多的中国学者开始关注梅里菲尔德的思想,并对其进行深入研究。

一、想象的马克思主义与城市空间的联姻

在城市研究中如何恢复和重建马克思主义学者的观点呢?梅里菲尔德给出了自己的认识。他试着回答为什么在过去10年里,马克思主义从激进的政治和学术议程中消失了呢?为了描述马克思主义者所经历的恐慌,我们可能会想起尼尔·史密斯在《扭曲的观察》中的一些观点,作者认为启蒙运动已经死亡,马克思主义已经消亡,工人阶级已经不存在。在许多西方国家近20年的新保守主义统治之后,"自由市场"的新自由主义被广泛认可,迫使社会主义组织和工会采取果断的防御姿态。在知识分子环境中,新的文化实践和思维方式——就像后现代主义一样——匆忙地在激进的阶层中占据主导地位,并在阶级和政治经济问题上取代了文化和身份认同。与此同时,前社会主义国家近乎末日般的分崩离析,意味着史密斯以这种直接的方式表达出来的恐慌,实际上已经达到了崩溃的程度。尽管在旧的东欧集团中广泛的活动通常是由社会主义者来主导的,但对于那些从广泛的反资本主义立场出发的人来说,他们仍然提出了一些非常棘手的问题。

城市研究本身——包括城市区域规划、城市社会学和人类学、文化研究和城市地理在内的跨学科领域——并没有受马克思知识怀疑和厌倦的影响,这让人觉得相当具有讽刺性和悲剧性。具有讽刺性是因为在一段时间里,一些最原始的城市研究来自马克思主义传统;具有悲剧性是因为,毫无疑问一些最好的马克思主义研究都是由具有马克思主义背景的城市学者来完成的。牵头的人如亨利·列斐伏尔、大卫·哈维等。正如马歇尔·伯曼(Marshall Berman)所提醒我们的那样,许多这类工作"让我们更接近历史长视野,它会驱动和破坏我们的生活,迫使我们看到自己和他人,看到我们的整个社会和我们内心深处的矛盾。如果马克思主义思想能够做到这一点,我认为它还有很多值得骄傲的地方。但我

知道有很多人做的是不够的,因为他们认为马克思主义必须提供一种卓越的革命方式"①。这种对卓越革命的渴望现在看起来有点遥远,而马克思主义的"大爆炸"理论给激进的城市主义者带来了棘手的问题。一个明显的两难境地是,除了对市场的驱动以外,马克思主义对城市的评论几乎毫无建设性。显然,它没有任何能力让资本主义城市变得更加完整。我个人也认同这个观点,因为马克思主义对城市研究的视野狭隘,分析问题的方法相对单一,在未来的行动和政治可能性方面,在短期内还没有真正具有建设性的建议。在我们的社会中,市场关系的深化和日常生活的完全商品化当然需要马克思主义者关注,要重视对城市的谴责和对资本力量的批判。另一方面,重新思考马克思主义向何处去也可能是有益的思路。事实上,我们需要将城市视为更辩证的空间存在,而不是将马克思主义城市研究局限于一个众所周知的韦伯式牢笼中。而马克思主义城市未来的消亡,以及目前对其表达的倦怠,与观念上的僵化和政治上的束缚有直接关系。

二、街头哲学与都市二重性

街头哲学是马克思主义哲学的分支之一,是一种理解、谈判和对实际不公正和各种形式的统治和排斥进行反抗的途径。"街头哲学"几乎等同于一种"混乱"的马克思主义哲学,并试图理解和正视当今城市人们生活的原始边缘和尴尬现状。最重要的是,它将梳理和插入马克思主义的分析方法,将其改造为建设城市的实际推动力。在这里,马克思主义煞费苦心地强调,追求正义并不是投机或规范理论需要解决的问题,并声称这是一个"纯粹的学术问题"。但事实上,它就像人类世界的所有其他神秘事物一样,是一个实践的问题和对实践的理解。这一实践将对实际的人类活动——组织、行动、抗议、示威,以及可能的暴力斗争——作出反应,对目前的历史和地理条件作出反应,而结果是无法预测的。阿尔都塞认为,"我们必须承认,没有一般意义上的实践,只有差异的实践"②。这就是为什么马克思认为这是一种反乌托邦的观点,社会主义并不会明确地导致对

---

① Marshall Berman."Views from the Burning Bridge." *Dissent*,Summer,1999,pp77-87.

② Fyodor Dostoevsky.*Notes from Underground*.New York:Signet,1974,pp39-40.

一切不公正的否定。更重要的是,我们必须着手解决当前的不公正现象。因此,想象的马克思主义不会包含任何系统的计划或预示性的蓝图,但正如科恩所指出的那样,"社会分化和国际一体化的现代条件导致的所有变化都是渐进式的,在这里是 2%,在那里是 5%,之后是 15%,然后是一场革命"①。与此同时,在实际存在的晚期资本主义和未来的社会主义之间存在着许多有争议的地带,这些争议在此时此地还在持续,并与最新的马克思主义范畴进行着抗争。

在实践中,想象的城市马克思主义将坚持历史唯物主义和辩证法的基本原则。辩证法是对世界的批判观点,也是研究城市问题的可行方法。更具体地说,辩证思想是把变化的重点放在思考方法的合理性上,承认一切都是在时间和空间上不断变化中进行的,因此需要从不同层面上假定世界是相互联系的。此外,城市现实的各个部分之间的关系总是表现出矛盾、对立和模糊,需要进行全面的理解。辩证分析方法是马克思主义者从直接的经验世界中抽象出来的,并在社会的各个方面强调相互联系。一些概念看起来是孤立的、毫无关联的事件,但事实上却包含着内在关系。这表明在日常生活中确实有更多的事情发生,这种不可观察的存在也是积极和具有破坏性的,必须被更充分地理解,以便采取行动或反对它们。辩证主义者认为,我们的世界是以一种掩盖了其他真理的形式出现。

辩证法可以帮助我们窥见另一个现实,从当代英国城市的例子中就可以看到。保守党和工党的政客们都主张对乞丐、清洁工人和无家可归的人进行严惩。这种论调在英国左派中引起了相当大的轰动,工党内政大臣杰克·斯特劳(Jack Straw)已经表达了担忧。列斐伏尔在一本为《城市的权利》的书中呈现出一种奇怪的复仇主义扭曲。毫无疑问,围绕这一"强硬"政策对街头民众和城市公共空间的"清理"运动产生了争议。日常的街头生活——直接的、可感知的、可观察的——给每个人的生活赋予意义和物质的尺度。因此,在街上和城市的公共空间里感到安全和快乐是本体论的优先事项。然而,街道内化了其他力量和其他现实——抽象的力量和过程,正如马克思在《资本论》中警告我们的那样,有时资本会麻痹一切。因此,它需要一种特殊的思维去观察和感受具体的经验和抽象的过程。诚然,无家可归者、街头乞讨和酗酒者都受到一系列复杂的心理、个人和家庭因素的制约。当这些因素在日常生活中具体表现出来的时候,在街上,

---

① John Cassidy."The Return of Karl Marx." *The New Yorker*, October 20-27, 1997, p248.

他们常常被看作是病态的,就像那些被"普通"的路人所忍受和经历的麻烦一样。然而,另一方面,如果个人关系嵌入一个更广泛的社会经济和政治环境中,这两者都包含并限制了个体机构,那么就会产生不同的真相。对于任何有抱负的城市哲学家来说,这都是最重要的,但前提是它可以嵌入一种社会模式中。而马克思主义的辩证框架对于更广泛的政治经济模式的相互联系和矛盾,还有很多要说的。

大卫·哈维在《资本的限度》中的论点对于理解在办公室和商业地产之中挤成一团的无家可归者是十分可贵的。哈维是20世纪90年代英国城市主义研究的标志性人物,他提出了一个强有力的论点,即土地是虚拟资本的一种形式,是一种纯粹的金融资产,与生息资本的流通密切相关。因此,城市空间越来越多地围绕着哈维所说的"资本的二次循环"展开。"对于试图理解资本主义城市化进程的马克思主义者来说,对资本的考察仍然是一个重要的参考点"①。在亨利·列斐伏尔对早期(和不发达)城市革命提出深刻见解之后,哈维提出,工业资本在制造业中进行"一次循环",经济缓慢的增长和过剩的劳动力,或者说"过度积累"是"转变"为短期投机追求的主要推动力。通过投资所谓的"次级"或建成环境来追逐租金收入,是缓解经济危机的重要方法。现在,房地产已经为其他投资组合提供了特别有利可图的回报,从而产生了一种空间解决方案,或者说是"空间修复",可以暂时遏制潜在的经济衰退和危机。

因此,在利率和预期的土地和地租价值之间,密切的联系变得明显起来。利率的变动给资本主义城市的地理结构带来了强烈的时间节奏。货币资本的需求和土地的供给变得联系紧密。低利率和货币资本盈余通常意味着土地价值的提升,对未来更多的土地地租追求不仅控制了土地价格,而且同样促进了符合最高和最佳商业用途的土地活动。哈维总结说,土地作为一种纯粹的金融资产,管理着生产、交换、分配和消费的"理性"景观。土地价格决定了房地产开发商的行动,以及房地产行业的寄生代理行为,他们具体行动的时机取决于整体利率的变化。土地和房地产的投机性很强,对于精明的投资者来说,资本可以在特定的时间内投资到利润率最高的土地上,以产生新的利润,用于支付更高的级差地租。然而,这一过程也实现了空间重塑。因此,空间自身的物质生存能力极易受到利

---

① David Harvey.*The limits to Capital*.London:Verso,1999,p68.

率波动和全球经济波动的影响。当然,随着金融体系日益一体化和管制放松,无论是在国内还是国外,利率不可避免的变化都将极大地影响到各地的投资命运。高利率意味着借贷成本高,商业空间需求低迷,地租普遍较低。在这种环境下,"对房地产行业的过度投资和对未来地租的堆积,使真实资本和虚拟资本的流通发生关联,与供过于求、萧条和贬值的方式一样,受到了严格的约束"①。货币贬值和供过于求可能意味着许多土地所有者和自由人坐拥房产,为他们的资产提供保护,并等待金融和房地产变得更加繁荣。位于伦敦市中心的国王大道是伦敦最主要的南北大道,毗邻一个正在扩张的科文特花园,这里是这种现象的突出例子。在未来的一些日子里,它的大部分建筑环境都会被拆迁或者被遗弃,进而重建成一个花园式的新园区。在这段时间里,许多无家可归的人在这些空置的办公空间里蜷缩着。马克思说,"救济主义"是工人阶级的"医院",它的病房现在是我们城市的街道、门楼和废弃的公园。难以察觉的结构过程与可感知的日常经验相结合,两个现实揭示了一个真理,一个矛盾的辩证真理。很多人现在发现自己是"自由的",也许有些人从来没想过自己是马克思口中的现代工人阶级,总有一天他们会加入失业队伍甚至无家可归,尤其是一些并非是蓝领工人,而是穿西装,在办公室或实验室工作或学校中工作的人。然而,现在他们也必须把自己作为一种商品推销,只因他们的劳动能够为别人积累资本。如今,很少有工人是安全的,许多人受市场需求和劳动力竞争的影响。这就是马克思所说的"工人阶级",以及他为什么看到自己的队伍不断壮大。

　　城市化的产物不可避免地会体现在城市街道上,让每个人每天都能看到、听到和遭遇到。英国的城市街道,就像在美国一样,忍受着一个社会可怕的伤疤,这个社会对公共政策有一种意识形态和物质上的厌恶,它更倾向于企业的贪婪而不是公民的美德。在大街上,城市和个人的状况都在不断改变,并被宏观和结构性的力量所缠绕,并加剧了一种无情的、恶性的辩证法,使得许多人在深渊的边缘徘徊。然而,辩证法在揭示这些关系,在指出一些微妙的联系以及残酷的相互联系时,有着独特的作用。简而言之,辩证主义者有责任促进对世界的批判性理解。为什么葛兰西在《监狱笔记》中还会提到马克思主义辩证分析不应该是

---

　　① Karl Marx. *The Economic and Philosophical Manuscripts*. Harmondsworth：Penguin, 1974, pp323-324.

抽象的"高级"思维模式,而是必须进入人们的常识本身呢? 因为,马克思主义作为一种辩证的实践哲学,可以使人们对自己的世界持一种批判态度,并能在更大的范围内对他们的现实生活状况进行思考。

马克思主义者和城市主义者可以揭露不合理的思想、反动的意识形态和对现实的盲目理解,并在个人和政治之间显示出个人与过程、具体事件和抽象力量之间的联系。然而,要做到这一点,我们同样需要接受城市街道本身的景象、声音、恐怖和经验。街道是反映城市生活、政治和文化的晴雨表。街道和城市公共空间长期以来都是遭遇、抗议和苦难的温床。社会的变化总是在大街上得到认可,公共场合总是被前保守党政府承认。他们对任何公众集会或直接行动——如罢工、反公路运动和汽车抗议、狂欢——永远感到恐惧和偏执,试图对他们曾经脆弱而难以令人信服的英国社会进行斗争。尽管如此,马克思主义的城市主义者可以从城市街道的层面上抽象和解决社会问题,并发展出更多的一般性概念和实践,以及试图解释和改变当前具体现实的行动。在这样做的过程中,马克思主义者可以尝试在城市文化生活中保持所有鼓舞人心、英雄主义和美丽的东西,同时试图消灭其可怕的经济不公正和政治压迫。这是一种阴险的抽象和全球性的苦难,是一种在本质上赤裸裸的和具体的不平等。这也许是城市和辩证的马克思主义能够重新发挥作用和激发新希望的一种方式。

三、城市辩证法

对于城市主义者来说,辩证的世界观呈现出另一种挑战和可能性。因为,如果辩证是强调歧义和矛盾,那么现在的挑战是如何使马克思主义找到某种方法来摆脱歧义和矛盾。当然,马克思主义者应该力争解决歧义和矛盾,同时也要对其进行识别和批判。有很多方法可以做到这一点。在过去,马克思主义者一直正确地展示着市场是如何运作来创造和延续不平等和不公正的。在整个 20 世纪 70 年代,城市马克思主义倾向于对市场和商品文化持绝对怀疑态度。但问题是,至少在可预见的未来,市场仍将继续存在。马克思本人运用辩证方法批判市场。他认识到生产力和市场关系的急剧扩张既是自由的,又是压抑的。新的社区当然是开放的,视野开阔的,新的想法也出现了。但这些最终成为了新的社区和理念,由真正的货币和市场共同体主导。所有的想法,无论是激进的或其他的都变成了商品化的产物,可以用来扩大资本和创造新的市场。马克思意识到资本主义是如何产生市场的,即使这是一种激进的想法。它必须遵循激进的思想,并利用市场来宣传和滋养激进政治。城市马克思主义者不得不放弃把市场视为"原罪"的想法,或者是"不真实"的来源。"毕竟,我们对商品、市场和资本的了解已经够多了,而不是把他们的担忧只留给资产阶级的辩护者和自由市场人士。"①马克思给我们留下了一笔巨大的智力遗产,在三卷本的《资本论》和《政治经济学批判》中,其中大部分已经正式经受住了时间的考验。例如,《政治经济学批判》中庞大的货币章节,为马克思所说的资本主义社会的"超然权力"提供了一个绝妙的概念。他的分析认为金钱在物质、象征和代表的形式上是有价值的,而马克思关于金钱的一些讨论则是"自我的象征",在一百多年的时间里确实预示了鲍德里亚的存在。

众所周知马克思主义者将商品生产、交换和货币流通都变成资本,无情的积累和循环形式。如果不加以控制,货币和市场就是创造和延续不平等和阶级差异的主导力量。马克思主义在不同学科领域的研究让我们认识到,挑衅市场必然意味着玩火。尽管如此,马克思主义者现在几乎别无选择,只能用他们的知识,设计出尽可能少引火上身的方法,以及展示火焰如何温暖和创造光明。最近的一些研究开始提出这类问题,即试图"超越马克思主义"——尤其是抵制市场。这就是说,与塞耶不同,这些人不相信哈耶克的自由主义有助于超越左派政治经济思想中普遍存在的僵局。发展马克思主义思想和政治的斗争必须是一场激烈的辩证斗争,既要在市场中斗争,又要反对国家的官僚主义,还要知道什么时候拥护,什么时候反对某些市场和投资行为。在城市里,我们知道市场支配和资本投资的趋势可以产生净化的、平淡的"主题公园式"的城市空间,而剥离则使其他地区成为整个城市的荒地。然而,在废墟中,外围和空隙是代表被剥夺者斗争和抵抗的空间,可以导致激情的创造性活动和集体活力:音乐、艺术、涂鸦、诗歌和各种亚文化倾向。当然,其中的一些变成了商品,有些则没有。尽管如此,这些被剥夺的人可以利用市场来解放自己,提升自己的地位,甚至搬到城市的另一个地方,但不管怎么说,他们仍然是激进的、颠覆性的。然而不可避免的是,在城市中,自由、赋权和存在的探索、暴政、压迫和不公正之间的界限将变得

---

① Joel Garreau.*Edge City:Life on the New Frontier*.New York:Anchor Books,1991,p175.

模糊,当市场开始冲击和入侵时,这些界限变得更加模糊。有时,利用经济实力和操纵市场的手段,可以维护政治权力和公正。在城市生活中某些自由的表达——生活方式、亲和团体政治、亚文化和地下活动——通常不会主动威胁市场关系,实际上是利用商品文化来实现自己的政治目的。例如,伦敦的"咖啡馆文化"和"粉色经济"的健康发展,为一些男同性恋者带来了相当大的权利和自由。

辩证的实践可以而且应该在矛盾的情况下成长。在这里,激进的政治、知识和艺术手法显然有很大的空间——也许比 20 世纪 70 年代的城市主义者更容易接受,但也都有巨大的机会和令人畏惧的威胁。市场暴露了个人主义的不足之处,因此常常迫使人们反目,贪婪地诱使他们相互竞争。但在其他地方,市场可以将人们聚集在一起,可以迫使人们采取行动,共同努力纠正其失败和不平等。从某种意义上说,马克思本人试图揭示冲突、人类不满、人类历史和地理发展的巨大创造力,正如亨利·列斐伏尔一直喜欢指出的那样。矛盾的是,艺术、文学和亲情是如何从冲突和不满中发展出来的。想想曼哈顿下东区的汤普金斯广场公园,尤其是无家可归的人和反中产阶级斗争的参与者。乔尔·罗斯(Joel Rose)和凯瑟琳·特克瑟(Catherine Texier)的著作告诉我们,在一段时间内,这片令人喜爱的社区一直处于生死边缘。正是这种冲突,这种强烈的体验,造就了引人入胜的故事,吸引了热心的读者和公民的关注。在这里,冲突加剧了斗争,使人们聚集在一起,使他们要求更大的权利。马克思知道,这种性质的政治冲突最终会受到武力的制裁。只有通过组织、运动和斗争,人们才会发现他们是谁,他们有什么价值,以及他们如何应对企业和官僚机构永远不会放弃的压迫。

我很清楚,这给左翼分子带来了危险和麻烦的问题:失去了不满和冲突,人类变成了什么,失去了多少创造力?这是危险的,因为这种推理可能被右翼分子劫持,他们声称不平等和苦难是好的,因为这迫使他们进行斗争。外在的危险和创伤也许是这种不断的与社会缺陷和不公正的斗争使我们感到更有活力,使我们成为更完整的人类。也许不是因为这些创伤和危险,而是因为他们让我们对生活充满热情。想象的马克思主义仍然可以为生活提供热情,仍然可以使精神和身体得到真正的历练,仍然可以界定激进战场的广度和深度,辩证地指出经济与政治、城市化与城市主义、思想与行动之间的内在联系与矛盾。也只有设计出在精神上活跃的城市,以令人兴奋和有区别的公共空间,开放的冲突和辩论,才能正视他们的问题和苦难。

第五节　约翰·洛根与哈维·莫洛奇：
空间的政治经济学

自 20 世纪 70 年代以来,西方学界对空间发展的理论反思愈加深刻,涌现出了运用马克思主义政治经济学原理解读空间变化规律、城市发展趋势的热潮,形成了一套以马克思主义政治经济学为基础的空间政治经济学研究范式。最初学者们仅仅是运用马克思主义政治经济学的方法论对空间现象进行分析,随后进入发展和创新的阶段立足当代历史语境和时代问题对空间政治经济学进行本土化改造,通过对马克思主义政治经济学进行批判性反思,取得了重大的理论突破。伴随着研究的深入,一些空间构建中的深层次矛盾逐渐凸显,认识论上的断裂亟待弥合,与时俱进的理论化创新愈加紧迫。对空间政治经济学的最新理论成果进行系统研究,一方面有助于加深对全球化时代空间研究的必要性和更新历史唯物主义重要性的认识;另一方面,通过对空间政治经济学进行中国化反思,可以为探寻中国特色社会主义政治经济学的当代出场语境和样态提供积极的坐标和参照。

一、空间政治经济学的叙述理路

空间政治经济学在发轫之初,就代表着批判和反思历史唯物主义对空间维度的漠视,对马克思主义政治经济学有效性的质疑。通过对空间机械性、惰性的清算和纠偏,空间政治经济学诀别了超验的空间概念,在"社会再生产"的广阔语境中理解资本主义制度中的时空问题,这与马克思关于生产方式的时代性论断有着异曲同工之妙,马克思强调"任何一个时代都有占据主导的生产方式"[1],这种生产方式控制着时空演变的方向。把握了生产方式这一关键要素,厘清了空间政治经济学与马克思的政治经济学逻辑关联的线索,找到了空间政治经济学纷繁复杂的研究内容的"共同母体",阐发了其叙述的基本逻辑与发展的脉络。

---

[1] 《马克思恩格斯全集》第 30 卷,人民出版社 1995 年版,第 48 页。

西方资本主义国家社会经济结构的改变,造成了城市财政危机、中心城区衰落和地区发展不平衡等一系列问题,马克思主义政治经济学理论的有效性面临着巨大挑战。三个重要的因素促成了空间政治经济学的产生。其一,福特主义生产方式和凯恩斯主义国家干预政策的内在缺陷逐渐显现。生产能力扩张速度减慢,加之新市场的缺乏以及消费能力的普遍紧缩,新技术的大规模应用遇到了前所未有的阻力;提高劳动生产率遇到瓶颈问题;规模生产体系和固定资本投资项目庞大,投资回报周期长,投资风险增大;市场饱和消费模式多样化,出现生产能力与市场容量之间的落差;凯恩斯主义造成社会开支庞大,政府财政捉襟见肘。其二,全球化催生了空间扩张和渗透的加剧,全球空间体系的等级化趋势明显。不同地理空间利润率的巨大差异造成资本在全球内的激烈竞争。其三,西方社会空间危机凸显,这一问题集中反映了资本主义生产方式的基本矛盾。面对资本主义社会的诸多挑战、机遇和冲突,学者们将破解难题的目光纷纷投向了马克思主义的方法和路径,试图给予空间问题以新的理论解答,空间政治经济学应运而生。

空间政治经济学是马克思主义政治经济学在空间语境中的延展与传承,两者不但在研究路径和核心话题上具有共通性,其深层逻辑与方法论选择也一脉相承。空间政治经济学的科学内涵,可以从理论和实践两个层面上加以探讨。从理论视角看,空间政治经济学是以马克思主义为指导,研究空间生产方式和生产关系,探索空间经济活动规律和本质,通过经济现象揭示生产力与生产关系本质的一门科学。从实践视角看,空间政治经济学的出现和发展反映了全球化和信息化时代空间发展的必然规律。它立足于世界经济发展的客观规律和实践,并且将空间实践进行了理论化提升。可以认为空间政治经济学是与现阶段时空体验变迁相结合的必然产物,空间从附属的、次生的视角,上升为资本主义生产方式本身,马克思主义对资本主义生产方式的批判转化为对空间生产方式的综合性批判,马克思主义政治经济学的空间批判也就升级为空间政治经济学。

空间政治经济学与马克思主义政治经济学既存在继承性又具有创新性。从继承性角度看,任何时代的政治经济学都反映了社会客观经济运动的规律,两者的核心议题都围绕着资本矛盾运动的内在规律展开,共同的母体都是社会关系生产与再生产的辩证运动。政治经济学的研究对象从来不是客观的存在物,而是隐藏在物质层面以下的社会关系,其核心是生产力与生产关系,这使政治经济学具有了超越一般经济学的根本性变革。两者都将劳动二重性视为研究的切入点，运用劳动价值论和剩余价值论解释阶级对立的根源，从而得出科学的结论。从创新性角度看，空间政治经济学是马克思主义政治经济学的分支，是对其的传承与发展。空间政治经济学符合普遍性与特殊性相统一的规律，普遍性指的是它遵循了马克思主义政治经济学的基本原理，特殊性体现在它对资本主义空间变迁的高度敏感，理论化了特定社会历史语境下的空间形态与社会进程之间的关联性。因此，空间政治经济学是马克思主义政治经济学在全球化和网络化时代的最新发展，是马克思主义政治经济学的空间化新成果。

叙述是人类建构经验的重要途径，以海登·怀特开启新历史主义为起点，叙述已经成为研究社会经济发展进程的主要方式。空间政治学的叙述逻辑可以分为由浅入深的三个层次：第一个层次是政治经济学的文本研究层次（20世纪60—80年代），这是空间政治经济学发展的启蒙阶段，核心内容是对马克思原著进行系统性解读，并对资本主义的空间格局和现象进行马克思主义的解读，在此基础上阐述新的理论观点；第二个层次是空间问题与马克思主义政治经济学的同构发展层次（20世纪90年代—21世纪初），这一层次研究有了明确的政治经济学研究议题，侧重于将空间纳入马克思主义政治经济学的阐释范畴，通过对资本主义利用空间商品谋求利润最大化进行分析，进而研究空间被形塑和重构的过程，形成空间问题与马克思主义政治经济学同步"进化"的新特点；第三个层次是空间问题与马克思主义政治经济学深度融合层次（21世纪初—至今），学者们不再简单满足于用马克思主义理论解释空间问题，而是在继承马克思主义政治经济学传统的基础上，从空间的视角理解马克思主义。空间政治经济学研究的重点不是将空间简单作为马克思主义研究的对象，而是用空间方法思考和发展马克思主义政治经济学，对其进行空间化的再造与重构，以弥补马克思主义政治经济学在空间问题上的"缺场"。马克思主义从来都不是一成不变的场域，而是与时俱进的，面向未来的可能问题域。换言之，我们不能简单地运用马克思主义政治经济学来认识空间，而是从空间角度重塑政治经济学。在进行空间问题研究时我们会遇到马克思主义政治经济学的空白，从而发现其需要解决的新问题。

在半个多世纪的发展中，空间政治经济学通过向马克思主义政治经济学提出挑战，寻求一种能够为空间转向找到合规律性与合目的性的方法论重构。这些人物的思想基本都遵循着共同的研究范式:第一,理论的出发点都是马克思主义政治经济学,注重研究制度因素和生产关系对空间发展的影响;第二,研究的立场都是立足于社会再生产过程的总体视角,强调竞争性的资本主义机制是空间问题出现的根本原因;第三,研究的共同母体是马克思的社会关系理论,从生产、流通、交换和分配等多维度系统分析空间再造过程;第四,提出的社会经济发展目标都以人民利益为中心,立足于大多数社会成员的根本福祉。

二、空间政治经济学的实践性分析与批判

对空间的分析是理解都市政治和社会的核心,洛根和莫洛奇通过对主流分析学派对空间政治经济学的批判入手,构建了全新的空间分析框架,实现了对空间政治经济学的更新。洛根和莫洛奇对新自由主义人类生态学派和新马克思主义城市分析进行了批判,进而提出对空间的全新认识。

1. 人类生态学的批判

人类生态学是在市场经济法则的驱动下形成的理论流派,它将空间当作商品,认为空间的使用与交换同样遵循市场法则,市场这只"看不见"的手会对空间商品进行生产、交换、分配和消费,最终实现空间的价值和使用价值。在空间政治经济学兴起之初,这种围绕着以市场为中心的自由主义市场体系的研究十分兴盛,成为主导空间政治经济学的核心理论。在人类生态学研究中贡献最大的要数芝加哥学派,这个学派的核心观念始终是对自由市场的思考,其代表人物无一例外地接受这一思想,而没有提出任何异议。他们的分析过分依赖一个封闭的自由市场假设,因此从某种意义上说,芝加哥学派其实完成了其他社会学研究都未能解决的理论内在一致性问题,这也使这一学派的思想备受推崇,成为几代专业人士的至理名言,产生了无数的研究成果、实践路径和对策建议。芝加哥学派最大的研究成就是塑造了一个"明确的研究对象"和与其他社会科学研究不同的视角和实践路径。正因为如此,洛根和莫洛奇试图对这一具有权威的理论发起挑战。

人类生态学认为,理解城市系统的根本基础是空间关系,这其中既包括城市的物理形态和人与人之间的关系,也包括不同城市和区域间的经济、政治和社会联系。人类生态学对空间过于夸大的强调,使一些有用的思考被忽视,但不可否

认的是,对空间的强调确实为我们研究城市提供了很有价值的视角。在人类生态学研究的视域中,城市社会学不能被扩展至所有城市现象的研究中去。人类生态学提供了一种理论和一种对重要问题的关注。芝加哥生态学者借助"生物性确定论"阐释了城市的发展过程。城市和其他生物的发展过程相类似,首先是满足人类栖息于宽阔和安全空间的需要。人类对空间的竞争导致了尖锐的斗争,这也是生态公式里良性竞争的一个部分。斗争的最终结果是不同类型的土地使用者最终都能找到一块合适生存的土地。一些学者从达尔文进化论的角度对空间进行了分析,认为不同类型的人都会选择最有利于生存的空间分配方式,最终的结果是社区的整体使用效率会达到最大化,银行等金融机构会在城市中最好的地块扎根,因为那里居住着重要的银行客户,而汽车修配或者生活配套一般都会分布于城市的边缘地带。在人类生态的空间内,占支配地位的统治者与边缘地位的被统治者之间的关系并非是水火不容,相反可能是互相适应的,这样就可以维持整个城市空间的合理和有序。每一地块都会根据其性质和位置扮演最佳的城市塑造角色,来维持城市空间的长久发展。

从人类学的角度看,人类天生具有感知平衡的能力,这也体现在房地产市场发展和价格体系的确定方面。新生态学理论并没有对市场假设理论进行明确的解释,但学者们声称生态理论解释的前提必须要围绕自由竞争时代的空间问题而展开,竞争的最终结果是土地以最高的价格拍卖给出价最高的买家,并在某一个空间内实现对土地的合理使用。"供给"包括土地和建筑,商家根据顾客的需求按比例地将其投放于市场上,销售者和购买者是自发的个体:房产商试图通过建设房屋来满足消费者对空间消费的需要,消费者则根据区位、价格、喜好程度等因素对空间商品进行选择,空间商品在这里并不具有不可替代性,消费者可以根据消费能力、地理位置、商品质量等因素对房屋进行选择,并最终选择最中意的商品。新的地标性建筑随处可见,买家可以根据预算对最符合心意的产品进行竞价,并在双方达成购买合同后,将商品买到手里。正是由于空间也在按照市场经济的规律进行生产和消费,因此我们也同样可以用市场的规律来探讨生态学问题,这双"看不见的手"保证了空间商品在最大程度上成为市场规则下的必然产物。在当今时代,金钱至上的理念已经得到普遍认可,拥有金钱的人可以支配空间,并拥有着合法的使用和消费通道。空间商品的价格反映了某一空间的价值,以及对消费者的吸引力。价格高昂的土地给房地产商的重要信号是要通过拆迁和更新建设更多的建筑以满足消费者的消费需求。而消费者也同样可以认为,高价格的地块比其他地方拥有更大的升值空间,更适合进行投资或者居住。用生态学作为表达的方式,市场塑造了城市的景观。

由于人类与城市空间之间存在着这种相互影响、相互塑造的关系,在本质上仍旧是市场在塑造着人类的生活和空间的景观,也只有维护市场经济秩序的良好运转才能实现人与自然的和谐相处与资源共享。不平等和不平衡虽然也时有发生,但并不影响发展的主流。正如生态学家帕克所言,"这个过程导致了对职业的数量及分配的调节,也使每个个体和每一个种群投入到一个特定的位置,在这个位置上,它会面对最少的竞争并为社区中的生命作出最大的贡献"。对于著名的生态学者阿莫斯·霍利(Amos Hawley)而言,空间上的不平等更加明显地是一个自然分化的结果。"在分化的(空间)单位中形成了权力关系的层级……不平等是功能分化无可避免的伴随物。有一些功能在本质上就比其他功能更有影响力,这些功能被策略性地安置于劳动分工之中,并因此直接影响到其他大多数的功能……功能分化使得(空间)的集中控制成为必然"①。与城市内部的分化一样,城市之间也同样存在隔离与分化现象,这主要是由于生态系统的功能化问题导致的,这个系统在国家内和区域间对经济增长和发展进行分配与再分配。城市会因为对区域或者国家具有较大贡献而得到长足的发展。一般经济发达的城市都会拥有较为优越的地理位置或者经济基础,如具有深水港口或者发达的铁路系统等,从而很容易获得经济发展的优势,并成为区域的经济和政治中心。这些先天优势也被称为生态优越性,是城市快速发展的重要推动力量。

无论是城市空间内部还是不同层面的空间之间都存在着各种各样的差异性,这种差异常常是维持系统高效运转的前提,因为拥有了差异性和多样性,空间才会充满生机。霍利认为政治在维系市场系统运转方面起到的作用微乎其微,甚至可以忽略不计。正如明焦内(Mingione)对生态学者所作的整体评价,认为城市空间是"城市社会结构和社会的整体阶级结构之间的关联,城市化进程和资本集聚进程之间的关系"②。生态学者普遍持有一种观点,正如帕克和伯吉斯所言,"现代城市……主要是便利商业之地,它将自身的存在归因于市场,它

---

① Hawley, A. *Human Ecology*. New York: Ronald Press, 1950, p221.

② Mingione, E. *Social conflict and the city*. Oxford: Basil Blackwell, 1981, p64.

是围绕着市场迅速成长的"。除了对城市社会学的兴起与发展具有重大影响外,芝加哥学派的生态学思想也影响着其他学科,形成了一些新的学科分支,如城市经济学、城市地理学等,对经济学和地理学的发展起到了巨大的推动作用。人类行为的塑造作用对空间也产生了很大影响,人类通过想象与实践使技术细化和人类逻辑同步发展,并创造了新的城市奇迹。这种人类的想象创造了一个具有想象力的空间,从此空间不再是冰冷的容器,而具有了人类活动的温度和感知。

在该领域的学者看来,企业家或者空间的占有者完全没有分析的必要,企业家的功能只是通过竞争来获取空间的使用权,空间产品的价格由购买者与出售者的博弈来决定。价格本身只是表明了一种阶级间博弈的结果,代表着一个空间相对于另外一个空间的价值,同时反映着某一空间的实际效益。通过不同空间之间的价格差距,人们能够对城市社会系统有所了解,解读城市的关键信息。一部分"制度经济学家"认为,社会组织有时会具有对市场进行干预的功能,这种功能的分析应当成为城市经验研究的重要问题之一。很多社会学家认为对空间的分析不应当是完全物质的,也应当包含对人类文化、习俗和政治运动等对人类社会进化有重要影响因素的分析。在新兴的都市社会学领域,尤其是在对社区问题进行研究时,很多人已经抛弃了生态学的分析框架。

社会学研究者在彻底放弃了生态学的空间决定论与市场决定论之后,转向通过实证的方法创立一种都市社会学,但是并未提供一个完整的分析框架。他们对城市的分析以家庭或者社会为切入点,同时关注贫民窟、青少年犯罪和精神问题等都市社会主题。在传统的研究框架中,关注点集中于空间的使用价值,而对交换价值涉及极少,这也导致了一些争议,如在城市化进程中人类社会的发展是否会倾向于"非人化",这样的言论经过了无数次的检验,但却始终没有定论。随着城市危机成为城市发展中突出的问题,政治改革步入了解决城市问题的新纪元,一些关于城市与民族、种族、阶级冲突或者人类意识形态差异等相关问题都成为城市研究的核心议题。即使已经确立了以人和人类生活为中心的研究议题,但是研究的目标仍然不确定,很多研究方向不够明确。因此,在研究中,我们要摒弃以市场为中心的研究思路,转而强调文化在城市构建中的重要作用,同时将市场视为文化发展的重要结果。市场不但是经济发展的必然结果,也是人类权力、情感与价值观的重要体现。人类文化的力量驱动着市场的运转,人们也会通过文化的形式对市场和价格行为作出回应。

城市生活不仅限于物质生产,也包括情感建构和社会资源的利用,人们围绕着日常生活获得发展机遇和进行企业建设。总而言之,价格机制不但有经济学上的意义,也同样具有社会学的意义,价格问题同样需要社会学的方法来分析其原因及后果机制。

人们集中他们的情感和社会资源用于建设生活世界,并在某一特定地点围绕着他们可获取的机遇发展企业机制(schemes)。简单来说,价格是社会学意义上的,它需要社会学来分析其决定机制和后果机制。实际上,通过展现社会因素是如何形塑空间的价格和人们对这些价格的回应行为,我们能够理解城市的物理和社会形态。我们会继续研究土地"市场",从而保留生态学者的"真实研究对象",但是我们也会抛弃他们关于市场运作的局限和站不住脚的假设。经济学家的行为假设主要是这样——人们在作为结果出现的总体效率面前是天生利己主义者。我们的行为假设是这样——在市场行为中,人们趋向于结成同盟和组织。这就是开放和不确定的结果之效率。另外,我们空间不是简单的商品,而是社会生活的重要组成部分,房地产商和市民都努力去维护空间秩序,以维持空间的生产和消费。这些努力使空间的价格发生了改变,然后在更大范围内造成了社会影响。社区不仅仅是空间组织或者是人类活动的容器,而且会对价格机制产生重大影响。社区通过市民的集体行动使空间的价值得到实现,而市民则认为空间是实现权利的重要工具,尤其是在工作和投资方面。威廉·福尔姆(William Form)有先见之明,认为空间本身也会主动运用"维持生态秩序的机构施加压力"[①]。

2. 新马克思主义城市方法的批判

新马克思主义城市分析延续了马克思主义的传统,将市民简单地划分为具有对立关系的两个阶级,而忽视了阶级内部的多样性与差异性。莫洛奇与洛根运用了大量的研究来验证自己的观点,即空间是内嵌于社会中的能动主体,是人类行动的必然产物,并以此为基础批判了新马克思主义与生态主义的空间观,拒绝承认市场决定论和阶级决定论的正确性。从客观意义上来说,马克思并未将

---

① William Form. *Segmented Labor, Fractured Politics: Labor Politics in American Life (Springer Studies in Work and Industry)*. Oxford: Basil Blackwell, 1954, p317.

空间作为核心的研究对象,认为房地产拥有者无非是资产阶级的代表,是以获取剩余价值为生存手段的资本家。在马克思看来,资产阶级是腐朽的代名词,在社会进程中并非起到积极的推动作用。① 20 世纪 70 年代之后,当代马克思主义学者发展了马克思的空间观念,并将其进行了普遍化的理解,将空间与资本积累与生产系统相结合,再造了空间的资本维度。在抛弃了古典经济学的市场最优假设之后,新马克思主义者拟定了新的条件假设。在生态学看来,城市起源于市场均衡,城市是各种土地使用者构成的综合体。但新马克思主义者批判了这一论断,认为市民是城市的生产者,他们通过劳动不断生产与再生产着城市,城市是资本家压迫工人的工具。在这一思维方法中,郊区是为资本积累扩大范围,使中心地区更好地剥夺边缘地区,同时使过剩的消费品投放到郊区,以维持利润率。这样的思考方式接近于功能主义的马克思主义。只是一个难以自圆其说的方案。② 因为,这种方案并没有为社会结构形成过程中的人类活动作用作出满意的解答。都市社会学类似于将马克思主义与经济学相嫁接,既保留马克思主义的批判视角,又和经济学一样可以进行预测和计算。都市社会学的研究对象是人,通过对资本家、生产、价值等问题进行剖析,还原人与城市的社会关系实质。

在本章中我们使用了很多篇幅谈论市民的社会行为对城市发展的推动作用。正如大卫·哈维对生态学家们提出的质疑,他认为生态学最大的错误是将空间仅仅看作是资本积累的反映,是阶级再生产的一环,而非决定性力量。同时,人们错误地将位置认为是人类社会生活的物质属性,但事实上它是社会生产的重要组成部分。③ 为了验证这一观点的正确性,新马克思主义关注人类发展的策略和方案,以及地方层面的政治机构。通过房地产商、中介机构和政府积累在空间层面发挥了积极作用。这种操控使社会群体更加具体化,人类的生活、情感与物质生存完美地交融为一体。随之而来的是城市社会学根据不同的场所被划分为不同的领域。

对城市市民的关注并非是对城市空间和城市政治关注的弱化,相反是一种融会贯通和交叉分析。新马克思主义对世界经济体系的宏观性会进行外在分析,同时对微观的精神世界作内在理解,通过内外结合的方法使空间问题与政治

---

① David Harvey.*Social Justice and the City*.Oxford:Basil Blackwell,1973,p58.

② Anthony Giddens.*The Third Way and Its Critics*.Oxford:Basil Blackwell,2000,p88.

③ David Harvey.*The Limits to Capital*.New York:Ronald Press,1982,p115.

和人发生联系,并用这种方法论塑造空间内涵。以往我们关注的焦点是土地的价值问题,城市社会学则将注意力转向外在分析如何进行方面。为了抨击经济决定论,洛根和莫洛奇对空间的商品属性进行总结,空间具有其他商品所没有的特殊性。其一,空间具有永存性。它不会由于使用而损耗或者消逝。其二,空间具有不可替代性。空间商品不能用其他商品来代替,是人类社会发展所必需的。其三,空间的利益巨大。正如经济学所分析的,区位效益是十分巨大的,同时集体消费也带来巨大利益。其四,空间有垄断性。空间占有者享有垄断价值,是其他商品所无法取代的。其五,空间具有再使用价值。空间不是一次性的商品,可以反复使用,而且价值会随着时间消逝而不断增加。以上属性再次证明了空间在社会生活中的重要性,它既是商品,又具有其他商品没有的性质,是一种无可替代的商品。空间也具有价值,可以分为两种:第一,是交换价值,空间可以购买、使用、交换,并且可以通过这种活动获得利润;第二,是使用价值,空间有被使用的需要,人们生活在空间中,生存的很多基本需求都是空间提供的。洛根和莫洛奇关于空间行动的展开往往是围绕着价值问题展开的。因此,他们反对传统经济学所宣扬的价值中立论,认为发展模式本身并非没有利益群体的倾向,相反是具有价值选择的。这种选择性往往是由市场决定的,空间的价值不但取决于它的地理位置,更取决于人们对空间的需要程度,如果空间与市场预期相一致,那么价值就会高于其他空间。同时,洛根与莫洛奇也认为市场法则不会使增长的成果惠及所有社会成员,相反只有一小部分人会得到真正的实惠和利益,而大多数人的利益会受损。同时,作者也反对阶级决定论,认为空间中的社会群体不能进行简单的二分法,而需要更加细致的划分。不同的群体对空间的使用价值和交换价值的需求各有不同,因此存在着不同的利益群体。这些空间的塑造者会根据自身的经济地位和社会身份进行空间的阶层划分,追求不同的社会发展方式。在此基础上,洛根与莫洛奇认为在都市社会学的方法论选择上应当关注对社区的研究,强调不同阶层的人对社会行动的影响和塑造功能,在此基础上分析城市的发展方式。

在分析的最后,洛根和莫洛奇认为空间中不同阶层的人在社会经济条件下对交换价值和使用价值进行追逐的过程中形成了一些必然的后果,这一后果展示了城市的发展本质,即城市是人类财富增长的根本动力,是增长的推动器。城市有着严谨的运转逻辑和完整的运行系统。它由很多阶层的人构成,如企业家、中介机构、银行、政府等，他们运用空间修复的方式不断使空间增值，不断碾压城市的过去与现在，城市发展的历史正是国家的精英阶层对空间不断操纵，并获得价值的过程。

城市一旦成为经济发展的带动者就会出现一个必然的结果，即城市空间出现社会分层。之所以会出现这种情况是因为不同阶层的社会群体对交换与使用价值的占有存在差异，人们居住的地域成为价值的源泉，也成为社会身份的核心表现。在传统的马克思主义和社会学的分析框架中，社区或邻里只是物质生产产生的地域空间，是交易与互动的发生地，没有任何情感和意识方面的意义。但是，洛根与莫洛奇认为邻里存在着感情和意义，代表着不同的价值观念和阶级利益，当共同利益受到损害时，社区的表现会凸显出不同的情感诉求。社区和邻里关系表现出使用价值，主要体现在以下几个方面。第一，社区为生活在其中的个体和家庭提供生活上的支持，给他们安身之所，并给予生活上的便利。一旦社区关系受到破坏，那么生活就会出现不便，重构各种社会关系需要支出更多的成本，甚至要为此改变自身的生活方式。第二，社区为其中的居住者提供交往的基础，其中包括给予生活上的指导、各种社区服务，为贫困家庭提供基本生活保障等等。第三，社区为居民提供安全保障和安全感。一个完善的社区可以为居民提供安全的生活环境，对意外情况和不安全因素进行及时处理。第四，社区为居民提供集体身份。第五，由以上四种情况产生的集聚效应。第六，社区是一个群体的聚集地和庇护所，为其提供信仰的自由和种族的认同感。

三、城市作为当代财富增长推动器的独特功能

在洛根和莫洛奇看来，城市是一个国家社会发展重要的动力源，是财富增长的推动器，城市有着严密的运转规律，由很多人共同推进着城市的发展。他们给城市机器安上方向盘、各种零件和齿轮，并按照不同的要求调整城市的发展方向。有共同利益的人共同组成一个社区，不管这个地域单元是非常小，还是像一个国家那么大，空间都会通过集体行动创造出合适的条件来维持一定的土地供给量，以保证社区可以永续发展。即使在一个已经十分成熟和完善的社区中，人们仍然会对土地有着渴望，希望寻找更多可利用的土地，以刺激社区的发展。在莫洛奇的增长机器理论中，增长机器主要由一个促进经济增长的社会团体和政

府机构构成。① 城市中的生产者无须过多关注生产过程以外的事情,不用担心生产出的产品无人购买,或者其真实的使用价值过低,也不用关心居民生活的溢出后果。他们一般会反对各种管制,希望可以自由地生产,不希望生产出商品的使用价值受到干预。但是,社区中的个体并非没有矛盾和差异性需求,他们通常会因为城市中土地地租的分配问题而产生激烈争论。不论这些个体所处的地理位置和社会地位是怎样的,他们关于增长的必要性的认识都是一致的,认为持续增长是城市发展的根本动力。

为了协调不同阶层的利益,城市会树立起价值中立的基本观念,即土地的价值是由独立的、自由的、中立的市场原则所决定,而不受某个阶级的控制。这种土地使用的规则也并非没有弱点,它会使社会中作为生产场所的特定空间利益受到损害。之所以这样说是因为依据新古典主义经济学的假设,市场是决定商品如何生产,以及在哪里生产的幕后操手,市场也是唯一合法的作用机制。但当市场的价值中立原则在社区中发挥作用时,社区将会成为被动的使用者,丧失对产品和生产场所的控制。社区失去了应有的基本功能,不能运用社会价值判断一个东西的价值,不能按照人的价值观念来塑造行为机制,也不能运用社会的后果评价来对区位选择作出决策。社区唯一能做的就是屈服于资本的力量,使市场在资本的控制下为所欲为。资本带来的几何式增长会给社区居民带来很多利益,经济的增长可以使整个社区充满活力。增长可以带动就业,不断增长的税收可以使城市的公共设施更加完善,而城市的经济发展也会吸引更多的资金参与到城市的建设中来。

很多的学者都赞同将城市建设等同于资本运作的观点,甚至是经济学领域以外的学者也是如此。著名的政治学家保罗·彼得森(Paul Peterson)也将城市的发展与资本的投资规模画上等号,认为资本最终会全部造福于人民,也认可城市的最终利益是需要追求发展型的城市目标。资本的发展计划就是净收益,在财政方面更是如此。彼得森认为所有的发展规划都会对城市以及城市中生活的人产生积极的效应,因此空间的发展代价之类的言论纯属无稽之谈。与彼得森的观点相左,洛根与莫洛奇认为经济增长并非等同于公共利益的同步提升。即

① Harvey Molotch.*Where Stuff Comes from;How Toasters,Toilets,Cars,Computers,and Many Other Things Come to Be as They Are.*New York;Ronald Press,2000,p145.

使我们从改善城市财政状况的角度来看,经济增长也会存在消极影响。一些城市发展中的突出问题都与发展的退化效应息息相关。城市规模的不断扩张和空间发展模式的不断改变,或多或少地影响了生活方式以及空间的分配。当资本从一个生产部门流向另一个生产部门,从一个区域流向另一个区域,空间及空间中的财富被重新分配,一个地区的崛起往往会伴随着另一个区域的衰败,空间的使用价值和交换价值发生了微妙的变化。

换言之,人类的空间活动有两面性,既会带来一定的收益,也会消耗一定的成本。这种两面性具有内化和外化两种效应。资本在制造空间的同时试图控制增长,资本的无限增殖造成了经济危机的风险。因此,需要将过剩的价值转嫁到其他区域,并且在其他区域获得利润。当这样的行为在全国甚至全世界大行其道时,我们的经济、社会和文化体系就会出现巨大的风险,一些地区会受到另外一些地区的剥削。增长机器最终会出现运转失灵,并造成大面积的危机,给经济社会发展带来毁灭性打击。因此,在城市发展中应当弱化资本的作用,控制精英阶层对空间的过度侵占,还空间于普通市民,关注城市的内涵式发展。

马克思主义政治经济学和主流的经济学研究相比,有一些特有的价值,从四个角度改善了主流的经济研究方法。其一,它用全面的研究方法取代了简单的区位理论。马克思主义政治经济学试图在土地和交通成本之间寻求平衡,通过阶级斗争和资本积累过程中需求的状况来调节区位状况,这是一种全新的研究方法。其二,用空间视野取代了资产阶级发展的非空间观点。马克思主义者阐述了资本过程中及其与之相关的阶级性积累危机中建成环境的作用。因此,空间成为生产关系的组成部分。其三,用鲜明的国家观取代了对国家漠视的态度。马克思主义政治经济学明确表达了空间与国家的关联,将国家置于空间的广阔语境中。其四,取代了空间集成的层级网络,这是一种系统的城市方法。通过解释区位是如何成为生产关系的场所,这些场所随后被全球的资产阶级积累制度、世界范围的生产过程以及国际劳动的分工所整合,马克思主义者超越了具体的地方概念。

但是,空间政治经济学在发展中也面临一些困境。第一,它具有一种实证主义取向,力图通过否定其他要素来提升它所阐述的观点,以使不同的原因与不同的结果联系起来。第二,它特有的功能主义揭示出资本的需求是由历史事件提供的,所以这种有益的影响成了确定的事后变化的原因之一,进而通过这种结果来解释原因。第三,这种方法着重分析社会中经济发展模式,而不是关注改变它的革命性方案。空间政治经济学具有和主流城市科学同样的意识形态局限性,始终关注具体的社会经济描述。它把对社会生活质量的理解和对民族财富的需求等同起来。①

---

① [美]马克·戈特迪纳:《城市空间的社会生产》,任晖译,江苏凤凰教育出版社 2014 年版,第 111 页。

第四章　差异之城

第一节　城市空间中的差异与创新

差异是由种族、阶级、性别、年龄和能力等多方面构成的,而这些差异并不存在于同质空间或实体中,而是在复杂、流动和多种多样的方式中相互交叉,相互重合。在城市生活和空间建构中,存在着差异,它们在空间、社会和经济的层面上存在,有时会导致两极分化、不平等、排斥和分裂,有时还会构成权力、抵抗和身份认同的场所。差异是在所有的空间关系中形成的,但城市的特殊性在于,它通过不同的活动和土地的使用,并通过其相互作用和相互联系的强度①,将不同的活动和土地利用的差异,集中在人口密度和居住空间上。

一、从多元文化到空间差异的语境更迭

差异不仅仅是在社会、文化或经济层面上有所体现,它们也被象征性地组成团体,在空间和区域内具有特定的意义。城市想象空间也构成不同的主体和主体性,城市主体之间也有不同的权力关系。因此,差异没有明确的边界,也没有简单的划分,可以很容易地映射到城市空间中,而且这种复杂性很少在统计和人口普查的统计数据中体现出来,而这正是许多城市政策形成的基础。

人们在城市的多个空间和时间里拥有多重身份,这些身份本身构成、塑造和

---

① Allen,J."Worlds within cities." in D.Massey,J.Allen and S.Pile.*City Worlds*,London:Routledge, 1999,p68.

创造了空间和时间。因此,大型全球城市商业区的办公室、餐馆、信息网络和健身房,形成了社会互动的可能性。权力机关和金融家在白天控制着城市空间,而晚上城市为无家可归的人提供庇护所,这些不同的身份构建可能完全包含在相同的空间中,但拥有着完全不同的含义和社会实践。反过来,这些身份改变了他们居住的空间,在一天的不同时间改变了他们的外表和氛围。对于阿明和格雷厄姆来说,多重空间和时代的划分和差异形成了多元化的城市。①

在过去 20 年中,城市的社会/空间划分从统一观念转变为差异观念,这是一个巨大的变化。在某种程度上,这种转变反映了社会和经济进程的变化。但同样重要的是,它也反映了理论的转变,为分析城市提供了新的视角。在 20 世纪 70 年代和 80 年代早期,马克思主义思想的主导地位意味着分析的重点是经济而不是社会分裂。城市被分析为资本利益的副产品,在那里主要的分裂是在生产资料的所有者(资本家)和工人之间发生的。因此,社会分裂被看作是由经济力量派生出来的,并在阶级周围组织起来。如《国际城市与区域研究》和大卫·哈维(David Harvey)、曼纽尔·卡斯特(Manuel Castells)、迈克尔·哈洛(Michael Harloe)和恩佐·明尼恩(Enzo Mingione)等人,都对阶级作出了自己的理解。

虽然在大多数城市的分析中(尤其是在西方),人们认为种族划分是城市空间构成方式中的一项重要工作。伯明翰,雷克斯和摩尔分析了房地产行业的阶级划分②,而威廉·朱利叶斯·威尔逊调查了美国贫民窟形成的原因、后果和程度。20 世纪 70 年代末和 80 年代初,女性主义对城市的分析开始批判阶级,认为在城市中,性别划分是在空间中构建的,同时也构建了父权制的城市形式和结构。1978 年,《国际城市与区域研究》杂志(*International Journal of Urban and Regional Research*)发表的论文充分说明了这些早期著作的观点,但它们只关注性别问题。尽管女权主义观点强调阶级是挑战社会/经济形态的主要力量,他们也倾向于在相当简单的二元框架中,要么利用马克思主义思想建立资本主义父权的概念,要么暗示父权制中心与性别假定是社会分工的核心。

在这种以马克思主义为主的研究方法中,可以找到一种城市分析方法,即将

① Amin, A. and Graham, S. "The ordinary city." *Transactions of the Institute of British Geographers*, NS 22(4), 1997, pp411-429.

② Bridge, G. "Mapping the terrain of time-space compression: power networks in everyday life." *Environment and planning D: Society and Space*, 1997, pp611-626.

社会和经济部门以一种相当简单和二元的方式映射到城市中。这一范式建立在劳动力市场的划分上,构建了二元城市或分裂城市的概念。这引起了人们日益关注社会空间的极化问题,在许多城市中,富人更富,穷人更穷,中产阶级数量不断收缩(部分制造业的衰落和服务业就业)。这种分析方法延续了传统的城市调查方法,分析了排斥和贫民区不平等在城市中的发展过程,社会极化被假定为全球资本重组不可避免的影响,被认为是影响城市和地区的不均匀过程,不同的地区和人群以不同的方式,包括一些地方、团体把他人排斥在自己的利润率和空间之外。这种论述的经济主义未能认识到差异的异质性(Gibson,1998)和人们在同质社区内对资源和网络的差异需求。另一些人则认为全球化倾向于更大的同质性,当信息和金融在全球范围内以更大的速度移动时,到处都是相同和不同。

然而,有充分的证据表明,在城市人口的居住模式中,存在着强烈的两极分化倾向。例如,在美国的一些城市,这些趋势尤其明显,白人已经逃到郊区,把市中心留给黑人和拉美裔少数民族——有时被称为甜甜圈效应。不过,这种模式通常比看起来更为复杂和碎片化。例如,在曼谷等东南亚国家的城市,高价住宅与临时住所并存。大多数城市的情况显然过于复杂,无法用双重模式来捕捉,因为这种双重模式必然会使二元分类变得同质化,从而使富人和穷人等群体之间的差异变得不可见。

全球化和社会变革的进程,特别是与性别关系和家庭结构有关的进程,进一步使关于双重或分裂城市的直接叙述过时。全球化对城市最重要的影响之一是巨大的文化变迁,这是由于大量的移民从世界的一个地区迁移到另一个地区,主要是进入城市造成的。正如萨森所指出的,全球城市的大部分分析都集中在经济领域,以及全球城市需要的基础设施上,如大型办公大楼、服务中心、商业中心和商业区。① 多元文化的城市不是一个新现象,城市一直是充满差异和复杂性的空间。正如安东尼·金所指出的,在全球化之前,许多非欧洲城市都以种族和文化多样性为标志,这是伦敦和巴黎的标志性特点。然而,当代城市正日益受到当地/全球互联和脱节的复杂模式影响,并以复杂的方式在社会、经济和文化关系的各种网络中构建。在许多城市或城市的部分地区,移民人口数量与城市居

---

① Butler,J.*Bodies that Matter*.London:Routledge,1993,p45.

民的数量相等或超过当地人口数量。悉尼非英语国家的移民占人口的近一半，其中许多是亚洲人，这反映了在不到 20 年的时间里，来自越南和柬埔寨的巨大难民潮正在侵蚀着悉尼。还有类似的故事可以讲述，在洛杉矶和世界上许多其他城市都存在着萨尔瓦多和墨西哥社区。移民文化在某一特定地方的交汇，在城市中产生了过多的分化、混合和异质性的文化地理。

因此，城市二分模式似乎越来越过时。正如撒森所认为的，城市越来越不可能接受等级排序的概念，它创造了一个单一的经济系统外表。尽管该中心集中了巨大的力量和潜在的全球控制，但在经济和政治方面的优势却不那么明显，在其他方面却可以发挥强大的作用。在美国的城市中，主要依靠妇女、移民和非裔美国人劳动的贬值来维持经济发展，城市代表着一个战场，在许多战线和许多地方都有战斗，而且这些战斗缺乏明确的边界。全球城市是碎片化交易的产物，这样我们就不能再把全球城市当作一座城市来讨论了——相反，我们拥有的是高度全球化的城市，而非被完全分割的城市。从这个意义上讲，城市的某些部分与其他全球城市或城市的另一些部分相比，城市的部分地区与整个城市是同等重要的。这种不断增加的空间和空间的去价化是携手并进的，而且在许多地方变得越来越极端。这导致了城市空间的重建。

很明显，在城市中，简单的两极化的或二分的社会/空间的概念并没有把我们带到足够远的地方。城市将永远是异质性的地方。这一点在城市家庭社会结构变化中表现得尤为明显。在过去 30 年左右的时间里，全世界都目睹了传统核心家庭的崩溃，尽管意识形态的力量以及家庭的日益多样化和分裂，是由一系列因素造成的。西方化的城市妇女和同性恋解放运动，增加的教育和就业机会，和容易获得抵押贷款使女性对婚姻的看法有重要改变，结果导致更少的人结婚，越来越多的人选择独居或同居。与此同时，当两性关系破裂时，离婚的污名越来越少。在非西方国家，农村—城市移徙的模式往往与寻找生计和工作有关，这也破坏了更为稳定的家庭结构。卡斯特提出了一个令人信服的例子：家庭形式的全球变化，不仅与社会运动有关，而且与信息全球经济的兴起和生殖技术的变化有关。① 一项研究估计，世界超过 30% 的家庭是由妇女领导的，在城市地区，特别

---

① Castells, M. *The Power of Identity*. Oxford：Blackwell, 1997, p112.

是在拉丁美洲和非洲,这个数字超过了 50%,而在全球范围内这一现象正在增加。①

任何统计上的差异都不可避免地忽略了城市空间中更微妙的身份认同和身份建构。在卡斯特早期的作品中,他指出城市社会运对空间、社会组织的变化和对抵抗资本主义关系的支配地位十分重要。② 最近,他的工作转向了身份认同的概念,以及在全球化和信息化过程中如何在网络社会中构建这些概念的研究。与此同时,女权主义、后殖民主义和同性恋理论颠覆了传统观念的差异、认同和主观性,并改变了城市中不同的思想和生活方式。对二元论的持续批判(其中一项是特权凌驾于女人之上,白人高于黑人,异性恋者多于同性恋者),引起了人们对多重性差异的强调。与其将城市视为固定的、同质的、不可变的恒等式,不如将其看作是流动的、混合的和超越的规范。这一后现代主题是一种以不同的战略目的在不同的话语和地点,并在不同的时期内形成的。城市是差异的一个关键研究起点。

城市理论中的这种"文化转变"动摇了经济在解释社会/空间分歧问题中的价值,并引起人们关注各种象征和文化地形之间的差异构造方式。新的文化地理地图使城市中不同的空间呈现出不同的含义,并对不同的群体有不同的作用。因此,一个特定的网络可以被赋予不同的意义。这种对身份的归属,通常是在城市间更紧密的空间中发挥作用,可以代表强大的抵抗空间和自我定义。构建这些身份的地理和话语可以非常迅速地转变为新的战略,如新形式的交流、新的风格或着装规范,这些都是由边缘群体部署的。这并不是说经济和物质条件在构成排斥和边缘性关系方面已经变得无足轻重,更确切地说,是在经济与其他问题的交汇处,产生了新的可能。

二、城市生活与差异:价值体系分裂的积极历史效应

城市生活的不同之处在于它不能以任何简单的方式来解读。在某些情况下,特定人群的集中可能代表一个被选择的、强大的空间,身份可以被建立在空

①　Central Statistical Office.*Social Trends* 26.London:HMSO,1996,p36.

②　Castells,M.*The City and the Grassroots*.London:Edward Arnold,1983,p89.

间中,或者少数人可能集中在一个地方。悉尼的达令郝斯特(Darlinghurst)已经发展了20多年,作为一个安全的空间,男同性恋们在那里购买了房子,建立了商业和餐馆,在那里他们可以公开表达自己的性取向。在旧金山的卡斯特罗(Castro)地区或伦敦的自由职业地区也有类似的趋势。这些地区在经济上也很活跃,导致了粉色美元的出现。种族或民族地区可能更加突出。在某些情况下,它们可能代表着社区网络、商业、就业机会或文化领域的权力和可能性,比如温哥华的唐人街、墨尔本的利贡街(Lygon Street)或纽约的小意大利(Little Italy)。在另一些地方,聚居区可能是封闭的地方,缺乏机会,比如典型的贫民窟。

权力是至关重要的。根据福柯的观点,权力在所有社会关系中是内在隐含的,在社会的范围内作为毛细血管网运行,并与反抗的模式错综复杂地结合在一起,所有的城市空间都充满了力量。不同的边缘性,如种族、性别或其他形式的排斥,相互关联,而不是简单的特殊需要或生活方式的问题,相反它嵌入权力关系中,无论是象征性的还是真实的。在彼得·马尔库塞的观点中,权力在城市的混乱和分裂的表象下隐藏着。[①] 因此,他认为,与其用分裂的方式来思考,不如用1/4的城市或1/5的城市来思考,这些城市的各个部分是错综复杂的,有围墙的、有权力的、有物质的或想象的,并且依赖于外部的社会力量而存在。福柯的圆顶监狱作为现代形式的监视工具的隐喻也被证明有助于理解排斥和管制的空间。[②] 迈克·戴维斯通过私有化和监视机制分析了洛杉矶的权力运作方式,并提出了现在被充分利用的堡垒城的理念。[③]

分裂城市的力量是五花八门的。在资本主义的土地市场中,原始积累是塑造城市的重要经济力量。尼尔·史密斯在20多年的时间里,见证了中产阶级化的兴起是城市土地市场的产物,也是土地当前价值与土地价值之间不断增长的"地租差距"的表征。尽管不否认这些力量的重要性,克里斯·哈米特分析了从工业到后工业社会的转变,以及阶级结构的相关变化——特别是扩大的中产阶级和他们的消费者偏好。在过去的30年里,城市中心的富人和穷人以及工人阶

---

① Connell,J.and Lea,J.*Distant places,other cities? Urban life in contemporary Papua New Guinea*.in S.Watson and K.Gibson(eds.),Oxford:Blackwell,1995,pp.165-183.

② 包亚明主编:《后现代性与地理学的政治》,上海教育出版社2001年版,第13页。

③ Davis,M.*City of Quartz*.London:Verso,1992,p23.

级家庭的流离失所,在城市中心和工人阶级家庭的迁移中,无论什么力量在起作用,都能导致人们熟悉的后果。

规划是另一种划分力量。奥伦探讨了规划对城市化的影响。一个城市化的阿拉伯村庄在以色列加利利地区建立,政府不断试图隔离、同化和统治阿拉伯世界,而在南非也存在类似的现象。伊斯坦布尔城市的规划者也提出了城市的现代化议程,他们对理性、包容和秩序普遍持否定态度,他们在城市边缘的轨道上创造了社区,从而促进了伊斯坦布尔更大的种族隔离和分裂。象征和精神依赖在城市的社会空间划分中扮演了另一个角色。为低收入群体提供住宿也可以被视为一种精神空间的构建方式。戴维·西布莱研究了排斥和空间划分所具有的象征意义,人们因为害怕被创造为"他人"而被边缘化。[1] 强大的团体"净化"并支配空间,以制造对少数群体的恐惧,并最终排除他们的声音。在城市的局部冲突中,社区会表现得很异常,并且受到那些被认为是不同人的威胁。恐惧和焦虑表现在刻板印象中,这在逻辑上可能会受到更大的知识挑战,以及与未知的人互动,尽管这样的举动可能会取得有限的成功。

价值体系的差异也在塑造特定的城市形态方面发挥了作用。新加坡是一个分裂和差异的城市,在现代性与国际性之间,在经济过程和经济理性的基础上逐渐呈现。一方面,它以传统、文化和象征价值体系为基础,在另一方面,在传统与现代方向上不断摇摆。城市空间刻有其价值属性,这也是一个有争论的问题,并对在权力关系领域中构成的相互竞争的主张持开放态度。在许多西方城市,一个典型的价值冲突的例子是在传统基督教或非宗教社区建造清真寺问题上出现的,在那里,清真寺被视为异己的象征,并遭到强烈抵制。

城市空间的物理形态也可以产生差异并巩固边缘化。布伦丹·格里森提出了一个强有力的理由,认为资本主义城市在其设计中丧失了能力,因为城市的物理布局——包括土地使用模式和建筑物的内部设计——都不考虑特殊群体,从而歧视残疾人。[2] 女权主义者对城市规划提出了类似的观点,认为运输系统是体现了男性的交通需求,女性被锁定在复杂和耗时的旅游模式中。在城市的一些空间中,如灯光昏暗的街道、死胡同或地下通道等城市空间,对那些害怕袭击

---

[1] Sibley, D. *Geographies of Exclusion*. London: Routledge, 1995, p46.

[2] Gleeson, B. *Justice and the disabling city*. in R. Fincher and J. New York: Guildford, 1998, pp89-119.

的女孩或年长的女性来说,显得很可怕或不安全。而且,正如芬奇所指出的,在政策制定者和城市分析师所持有的城市空间中,生活状态的假设是存在的①。

城市内部存在差异,城市之间也存在差异。城市层次结构是在学术辩论中建立起来的,在经济和政治格局中,城市之间的关系是相互关联的,通过建立一些标准,将一些城市指定为全球城市,而不包括其他城市。中心或核心/外围、大都会/非大都会、殖民/前殖民、西方/非西方的概念隐含地构建了权力的层次结构。而且,没有一个简单的术语可以用来区分城市类型。城市发展的直线性发展到后现代,从不发达到发达,都受到越来越多的批评。正如安东尼·金所指出的,对于城市研究的主流范式的后殖民主义批判,正在从社会、空间、文化以及时代性和历史的角度,对世界以欧洲为中心的概念进行批判。例如约翰·康奈尔和约翰·李认为的,在美拉尼西亚,没有任何前现代城市被殖民秩序和纪律所取代或受到挑战。城市化和由此产生的分歧是殖民地时期的产物。

综上所述,城市的差异和身份在城市的多个空间中以多种多样的方式构成,并在不同的城市空间和新的边界上发生变化。本节中,我们简要地讨论了在城市中,不同的地方是如何产生差异性的。因为它们始终是在权力的关系中,在城市的可能性中产生新的政治形式。另一个有趣的途径是在不同的领域重新定义公民的概念。比如将城市置于公民身份的辩论中,放松与国家的联系,明确其领土或空间基础。这样的方法可以为移民和外国人在多元文化的城市生活、物质和表征方式提供宽松的环境。正如我们所讨论的,城市的不同空间在全球和本地连接的网络中构成了不同的身份和可能性,这使得每个地方都具有独特的发展路径。

第二节　米歇尔·福柯:空间研究的异质性眼光

福柯的思想非常独特,他的作品题材多样,可以被认为是一个后现代主义者,以研究概念史和思想史为优长,因此也被称为史学家。在他的早期作品中有

---

① Fincher, R.*In the right place at the right time? Life stages and urban spaces.*in R.Fincher and J.Jacobs(eds.), New York:Guildford,1998,pp49-68.

明显的结构主义色彩,但他本人并不认同,他认为自己更多的是要表达一种现代主义传统,后现代主义这个词的意义含混,不能称之为一个学术词汇。在作品中,他准确地给自己进行了定位。他说:"我的书既不是哲学作品,也不是历史研究,充其量只是史学工作中的哲学片简"①。福柯运用历史研究方法,关注了权力与知识的关系,即权力如何通过话语权进行表达,并运用训诫的办法将权力渗透到城市空间中的各个角落,运用权力去控制城市的发展。福柯撰写了一部关于精神病学史的书籍,即研究医生是如何在精神领域将病态与健康的人群进行区分,名字叫作《疯癫与文明》②。这本书对社会发展的研究产生了巨大影响,也使精神世界的研究发生了倾向性的变化。原本他只打算通过追溯一个既定概念的形成与发展过程来分析权力与空间的关系,但是完成时却表达了某种考古学的意义,当然这并非是传统意义上的考古学,而是一种沉默的考古学,可以面向未来的可进化的考古学。正如德贡布(Vincent Descombes)说,"如果历史被定义为过去,那么考古学就是过去的过去,古老城市的地基里埋葬的另一个城市,中世纪大教堂下面的异教宫殿,无名墓葬区的骨头等等。考古学的消失是历史出现的条件,福柯企图探测我们认为是属于我们历史的界限"③,他希望能通过对过往的追溯来找到未来的进路,为人们打开历史与现实的大门。

一、生命政治话语:从外部强制到微观权力的转换

《疯癫与文明》一书是福柯研究的历史起点,集中讨论了疯狂一词的出现和演进过程。福柯描写了在中世纪时期麻风病盛行的欧洲,人们如何处置这些可怜的病人。他讨论了 15 世纪的精神病问题和 17 世纪法国监狱的盛行。他利用案例研究的方式,对当时人们对女人的看法进行了分析。在其后很长的历史中,灵魂的不洁成为了疯狂的代名词,随着医学的不断发展,直到现代文明普及,疯癫才被定义为一种不可抗的精神性疾病。在这本书中,福柯花费了大量口舌用

① 包亚明:《现代性与都市文化理论》,上海社会科学院出版社 2003 年版,第 85 页。
② [法]福柯:《古典时代疯狂史》,林志明译,生活·读书·新知三联书店 2005 年版,译者导言第 1 页。
③ [法]文森特·德贡布:《当代法国哲学》,王寅丽译,新星出版社 2007 年版,第 147—148 页。

案例的形式分析了正常人对疯子的看法,开始人们认为疯子是社会秩序可接受的一部分,但后来认为他们扰乱了社会秩序,而必须被关起来。他研究了医院是如何治疗疯癫病的,认为这些方法是不人道与可耻的。图克比如会用残酷的方法惩罚疯子的错误,并要求这些可怜的病人模仿正常人的举止,但实际上这些人并未正常,仅仅是因为惧怕惩罚而表现得像普通人。[①] 我们可以在书中看到,对疯癫病的治疗并非是让他们痊愈,而是用各种暴行与恐吓使病人得到惩罚,并不敢再触犯规则。福柯也将对惩罚的思考与空间进行了联系,这使他的思想震动了整个思想界,但那只是他工作的一小部分。他的理论是非常庞大的,他改变了人们对空间中立性根深蒂固的认识,将空间看作是权力展现的场所,是知识的话语和转化,是构成权力关系的重要一环。这些认识对于当下的人们并不难理解,但是在当时仍然是十分前卫的思想。福柯将人的肉体看作是社会结构的构成要素,这也是当权者要努力征服人身体的重要原因,社会化进程对人的约束、惩戒与压制是控制空间的重要手段。同时,人存在于空间之中,通过对空间进行规划、隔离,可以使人服从于外在的权力。这两个过程是相辅相成的,空间主宰人的身体,人的身体反过来控制空间。

二、"没有统治者"的市民社会权力机器

当权者对社会的统治和空间的控制还可以在城市的建筑中淋漓尽致地表现出来。在福柯的研究中,17—18世纪的欧洲城市建设并非完全按照美学的标准进行规划,而是为了维护社会统治,避免传染病和社会动乱,鼓励正常的家庭生活。这种规划的意图直接影响到了公共基础设施和城市空间的安排。他在《规训与惩罚》一书中列举了一个极端的例子,即圆顶监狱,来探讨原来公开和残酷的直接控制,在文明社会逐渐转变为隐蔽的、心理的控制。在书中他的核心观点认为惩罚与犯罪是一个互为前提的关系。为了加强对空间的控制,军队和警察系统成为统治者重要的武器。在人类早期,传统帝王的统治十分残忍,经常使用直接的鞭打、斩首和凌迟等残酷的肉刑来惩罚犯罪,用血与肉的摧残来表达自己

---

① [法]福柯:《疯癫与文明》,刘北成、杨远婴译,生活·读书·新知三联书店2007年版,第46页。

的权威,这使统治者与被统治者处于直接的对立状态。在 16 世纪之后,有两件重要的历史事件改变了统治者的训诫与惩罚的方式。第一件是鼠疫在当时的欧洲十分盛行,为了避免这种传染病的大面积扩散,政府规定每家每户不得出门,只能呆在室内,未经允许不能到公共空间中活动,只有警察和军人可以在固定的时间和地点进行警戒和保卫工作。这种对人民的控制行为从原来的恐吓和惩罚,逐渐转变为一种管理,用科学的方法来进行空间的安置,表现出了一种统治模式的进化。在 19 世纪统治者已经习惯于用暴力机关来进行控制社会,监视民众行动和达到长久统治的完整观念,但伴随着权利意识的增强,强制性的镇压与控制已经不能再实施。因为当统治无处不在时,人们的反抗意识就会更加强烈,政府就会更加无力。福柯将这称之为 18 世纪末西方最伟大的政治思想。因此,政府迫于压力不得不采取新的政策策略,使统治可以处于顺应统治理性、无须干预的最佳状态。① 福柯在《规训与惩罚》一书中并非想要解释犯罪是如何出现的,或者犯罪形成的起源等问题,他想要强调的是在空间中存在着某种机制,原本只是单纯地将一些触犯法律的人关押起来。但是随着研究的深入,他开始分析这群人与普通人的差异,观察其颅骨的状况,小时候是否存在被虐待的情况,从心理学、人口学、犯罪学分析等多个角度进行分析,为"罪犯"这一特殊的群体附加更多的含义,希望世人可以重视这一问题。② 在此基础上,福柯运用对罪犯的认识来指导政府对犯人进行合理的看管,促使他们使用教育和空间监控的手段来改变罪犯的心理和生理状况,在这种机制中,犯人既是客体又是主体,我们不但要告诉罪犯应当做什么,还会促使他们形成对错的正确判断,最终改造自己的心灵世界和罪犯身份。圆顶监狱作为一种特殊的空间形式,以监视和管理的形式改变了犯人的内心世界,达到了改造人的目的。

同时,福柯认为通过对空间进行改造进而对人进行管理还可以运用于其他地方,比如城市和国家。应当以城市作为模型来思考领土的属性,以及通过空间化的做法改变空间中人的属性。于是,建筑师就不再是简单地按照功能来规划空间,而是通过构想城市中的代表性建筑、交错的马路和密布的管线来规划市民

---

① M. Foucault. "Space, Knowledge and Power." *Foucault live*(*Intewiews*, 1961–1984), edited by Sylvere LotrinSer, translated by Lysa Hochroth and John Johnston, Semiotext(e), 1996, p337.

② [法]福柯:《规训与惩罚》,刘北成、杨远婴译,生活·读书·新知三联书店 2003 年版,第 71 页。

的空间生活。在福柯看来,无论是医生还是监狱长,不管是牧师、法官还是精神病医生,在本质上看都是权力关系的重要组成部分。①。政府的权力实际上正通过这些具有公职身份的人在进行着"看不见"的传递,但是建筑师却不在以上之列,他属于另外一种类型的人。他们并不完全在政府的管控之下,不是社会管理组织的一部分,而是将专业知识与美学、心理学和设计统一为一体,借此来理解融入建筑设计中的特定权力形式。一方面,福柯不断表明"建筑并不具备直接支配权力的功能";另一方面,他又承认在一些领域中,如军队等,"建筑无一例外地再造了权力的金字塔结构",从某种意义上来说,"通过建筑的形式,我们准确地复制了社会的等级"。②

三、差异的空间与乌托邦

福柯除了对城市建筑感兴趣之外,还对另外两个场所充满了兴趣。一个是作为虚拟地点的乌托邦。乌托邦并不存在真实的地点,而是真实空间或者完美空间的类比场所。它们往往以某种完美的形式呈现出社会的全貌,或者将社会翻转,表达人类对美好生活的向往,或者对平等和自由的追求。但是无论怎样,这个场所并不真实存在,而仅仅存在于人的意识之中。另外一个是差异的空间。差异的空间是与乌托邦相对应的概念,差异的空间有可能存在于真实的某个地点,但是仍然存在于我们所认知的空间之外。差异的空间既是真实的空间,也是虚拟的存在,它与乌托邦仅有一步之差,它直接折射出真实空间的存在。但是这一空间相对于真实的空间而言又是一个差异性的存在,是对真实存在的我所占据的实际位置的一种反抗。从人与镜子相对关系角度来考察,在我真实存在的空间中,其实我并未在场,因为我从镜子之内看到了镜子外真实的自我。从镜面的另一端那个虚像空间的场景(ground)中,它直接朝向我,因此反射回到我自身;我开始再次凝视自己,并且在我所在之处重构(reconstitute)我自己。从这个

---

① 包亚明主编:《后现代性与地理学的政治》,上海教育出版社 2001 年版,第 9 页。

② [法]米歇尔·福柯、保罗·雷比诺:《空间、知识、权力——福柯访谈录》,载包亚明主编:《后现代性与地理学的政治》,上海教育出版社 2001 年版,第 9、16 页。

角度而言,镜子具有差异空间的功能。①

　　福柯将差异地点称为"差异地学"(beterotopology),并从多个方面概括了差异空间的特点。首先,所有人类文明的形式中都存在着形形色色的差异空间,原始社会的差异空间具有危机性,而现当代社会中的差异空间具有偏离性。其次,差异空间具有特殊的功能和作用,如墓地就是安放逝去者的空间。再次,差异的空间具有多种形式,可以在一个现实中存在的地方表达出几种不同甚至是存在矛盾的场所与空间,比如电影院、游乐场和舞台等等。最后,差异空间往往连接着不同的时间片段,差异的空间同时也具有时间上的差异性。在当代,差异的空间与差异的时间并存,并以相互统一又具有差异的关系存在,具有复杂的结构和形式。通过积累各种时空要素,差异的空间构建了一个普遍的观念,即将所有时间、事物、形式等封闭于特定的地点,在时间要素以外,构建不会被毁灭但包含全部时代的地点,在相同的地点组织具有持续性和永恒性的积累计划。在西方的现代观念中,图书馆和博物馆等公共文化服务机构便是这种差异的空间。另外,差异的空间还需要遵循一些原则,如它通常具有进出系统,用空间将不同的人群进行隔离,允许其流动或者静止。同时,差异空间的极端功能也引起了学者的关注。一方面,差异的空间运用空间幻象的方式揭示了真实空间中那些不真实的特征;另一方面,差异的空间以一种完整和真实的形式来表达我们所处空间中的种种不如意,如殖民区。②

第三节　爱德华·苏贾:城市三元辩证法

　　列斐伏尔的空间思想影响深远,其中爱德华·苏贾在其研究基础上发展了新的城市辩证法,成为当代著名的政治地理学家。苏贾认为,19 世纪末期,在社会理论的研究中形成了本体论扭曲:实践的重要性获得认可,而空间则被漠视。但事实上,社会历史中的空间和地缘因素非常重要,可能让其他解释失效。过分

---

①　[法]米歇尔·福柯:《不同空间的正文与上下文》,陈志梧译,载包亚明主编:《后现代性与地理学的政治》,上海教育出版社 2001 年版,第 22 页。

②　[英]莱姆克(Thomas Lemke):《不带引号的马克思:福柯、规治和新自由主义的批判》,陈元译,载[英]莱姆克:《马克思与福柯》,陈元等译,华东师范大学出版社 2007 年版,第 3 页。

重视现代性的线性、单纯的进步观念,重视时间性的关系,是不正确的,应当重视以空间性为基础的后现代差异性。苏贾从批判理论的空间重述开始,试图对社会历史理论进行一次正本清源。核心就是批判历史决定论,对历史唯物主义的空间化、地理性、城市视角进行重建。同时,这也是现代性社会理论受到批判的过程,是后现代理论尤其是空间视野在社会批判理论中占据重要地位的过程。

苏贾的研究有两个突出的特点:首先,他提出了理解社会的三元辩证法,即从空间、历史和社会三个维度来解读历史。他一再强调,"第三空间"的直接灵感来源于列斐伏尔的《空间的生产》,这部著作点燃了苏贾对空间辩证法的研究热情,也为"第三空间"的描述提供了理论基础。苏贾更是直接指出自己的老师是"发现、描述和洞察第三空间的第一人"[1],给予列斐伏尔非常高的评价。其次,他明确了社会批判理论的空间视角。大力阐发了都市理解中的空间维度,是空间转向的主要倡导者之一。

一、重申之言:空间化的本体论

本体论是知识形成中存在根本性偏见的根源,某种程度上歪曲了我们的认识论、理论、实证分析和社会实践。批判这种本体论的扭曲,并提出一个更好的选择,对发展空间理论至关重要。大多数社会理论以及相关的认识论都基于并成为几乎是下意识的假设,这种假设将注意力主要集中于人类社会,时间或历史方面,而很少强调生活的基本空间。这种本体论的扭曲并不总存在。根据福柯的观点,19 世纪后半叶以来,人们往往把时间看作动态的和发展的,把空间看作是相对固定和静止的。这一认识在西方人的思维中逐渐形成,直到现在也没有任何改变,还在影响我们的思维。因此,苏贾认为应该重新平衡一种空间本体论,即"三位一体"的空间本体论,以便确保知识生产的所有形式,从认识论到理论的形成、实证分析、实际应用,总是与社会、历史和空间同时出现并相互作用,至少应该优先考虑这种本体论。之所以有这样的认识,是因为人类生来就是空间性的存在,我们生来就占有空间。在人的一生中,我们不断努力地塑造我们生

---

[1] [美]苏贾:《第三空间》,陆扬等译,上海教育出版社 2005 年版,第 35 页。

活的空间。同时,我们在这些建构和发展的空间中,用许多不同的方法塑造着生活。我们义不容辞地融入周围的地域,就如同我们是必不可少的行动者需要参与到社会中去,并且总是在我们个人的环境和集体的历史传记中以这样或那样的方式改变着自己一样。

苏贾在《后现代地理学——重申批判社会理论中的空间》一书中,从历史和逻辑的视野对批判理论中的空间视野进行了梳理,对马克思主义的历史决定论进行了空间维度的修补。在苏贾看来,空间维度的缺失是研究的重大弊病,需要用历史、空间和社会三元辩证法代替历史辩证法,代替对历史和时间的过度重视。这种重视是对主体能动性的压制,形成了历史决定论。他在书中提出了空间性、空间因果性等概念,明确指出要进行历史—地理唯物主义的重构。《第三空间:去往洛杉矶和其他真实和想象地方的旅程》一书是他对空间问题探讨的另一个重要成果,提出了和主观、客观空间不同的第三空间,以消除近代和现代社会理论中的二元分割的空间观念,与列斐伏尔和哈维提出的空间分类遥相呼应,并试图有所发展。他的空间观念最终落实到了为空间而斗争上,尤其是1996 年在洛杉矶发生的一些为城市空间而进行的斗争。《后大都市:城市和区域的批判性研究》被看作是对大都市研究的后现代话语概括,提出了所谓的后现代六种话语方式,这些话语可以看作是从现代城市到后现代城市的一种探索和努力,空间中充满了生产性斗争和努力。他对城市重建中的六种后现代话语探索,让我们知道了在空间性的探索中,所有的研究都和城市有关,和后现代转型有关,和现代社会理论中空间理论缺失有关。苏贾的这三部著作被称为"空间三部曲",也是我们探讨差异空间的主要依据。

20 世纪下半叶以来,空间研究逐渐成为后现代研究的重点显学之一,对空间的思考呈现五花八门的维度。空间既是一种物质存在,可以看到和感知到,能够被分析和理解,另外空间也是精神的载体,可以表征关于空间和生活的观念和意识形态。苏贾的"第三空间"理论正是为了阐述空间性质而塑造的概念。根据苏贾的解释,物质与精神空间都不能涵盖空间的全部内涵,第三空间是超出了前两个空间的另外维度,呈现出了开放性和包容性的特点,向一切可能的空间形式张开臂膀。苏贾在此基础上构建了三种关于空间的认识论,来分析物质、精神和第三空间。

第一空间认识论是用来理解我们身处的物理空间的,这种思维方式有着久远的历史,所认知的对象是实实在在存在的,可以感知的空间。而认识的方法可以是观察或者实证等手段,可以通过人的实践来直接把握。我们身处的住宅、办公室、城市、地区、国家等存在物理形态的空间都可以通过第一空间认识论来加以理解。这种认识论的重点是考察空间的物理性质和外观形态,力图构建空间科学。地理、人类、环境等问题,作为经验的文本可以从两个角度加以解读:一是用原始方法分析空间,对空间对象进行完整和准确的描述;二是从外部特征入手,从心理、社会和物理角度对空间进行分析。

第二空间认识论的出现要晚于第一空间认识论,是一种对精神空间的认知方式,概括地说就是用精神的空间对抗对物质空间的认识,用主体反抗客体的压迫。苏贾认为将第二空间研究的注意力放在用意识来塑造空间而不是将空间过于感受化,需要从空间的构造和想象中获取关于认识的观念,进而将这种空间意识映射到经验世界中。精神世界的内容十分丰富,主要表现出主体的、内省的和反思的个性化活动。因此,第二空间的核心主体不是官员而是设计师、艺术家与哲学家,这些人在空间中施展自己的想象,用自己的感性力量改变空间的构造。在第二空间中,想象的地理学总是妄图成为真实的地理学,精神世界总是蠢蠢欲动地希望干涉物质世界,企图重构现实生活。但是在苏贾看来,第二和第一空间之间的界限并不明确,这两个空间既存在区别,又相互包含,是一种内在的对立统一。随着科技的发展和全球化的蔓延,这两种空间认识论相互融通的趋势愈加明显。一些新兴的认识论,如结构主义、后现代主义、存在主义和实证主义等在这方面起到了推波助澜的作用,促使第一空间让位于第二空间。同时,第二空间的研究者也更愿意在理想与现实之间流连。

在新的历史背景下,第三空间认识论逐渐走红,它是对第一和第二空间认识论的重新认识和重塑。苏贾认为第三空间是一个"他者化"的过程。第三空间认识论既肯定了前两种认识论,又重新为传统空间科学注入新的生命力,通过重构过程来加深对空间的认识。为此,苏贾认为第三空间包含一切空间因素,并将很多差异性统一为一个完整的整体。在这里,客体与主体、具象和抽象、想象与真实、未知与可知、差异和统一、肉体和精神、客观与意识都相互交融。这样的结果使第三空间无法进行准确的学科划分,第三空间始终包含着无限的开放性和延展性,永远向新的可能性和未来进发。

二、城市空间三元辩证法与走向界限模糊的物质空间

城市空间三元辩证法是对传统辩证法二元论的突破,它改变了现实与虚构、中心与边缘、精神与实在、抽象与具象的二元对立,将辩证运动看作是多元参与的过程。苏贾认同列斐伏尔的论断,将二元论看作是僵化的、迂腐的认识论。在二元论支配下的辩证法无法突破非此即彼的局限,无法将其他元素加入分析中,不能发现新的可能和总结出新的经验。正因为如此,列斐伏尔在《空间的生产》中试图突破传统二元论,将辩证法构建为开放的、多样性的存在。在他看来,屈指可数的两个概念远远无法理解世界的多样性,在分析中一定要加入第三个选择,一个全新的"他者",来瓦解传统的局限性,并重构辩证法。这样做的结果是丰富了辩证法的内容,并使结论更加丰富。这一分析方法苏贾称之为"他者化的第三化",这也是他阐释列斐伏尔空间哲学以及发展第三空间理论的重要线索。在将第三个变量加入辩证法的分析中之后,原有的刻板分析方式变得更加灵活多样,展现出开放和多重的逻辑,在这种逻辑形成与发展的进程中,苏贾认为"他者化—第三化"是最重要的一步。① 从三元辩证法可以推演出一些描述人类生活空间的附加原则。一种使我们更接近理论化空间的原则就是普遍存在的地域发展不平衡以及相关空间的不平等。②

在马克思和黑格尔的辩证法中,二元对立并非是简单的机械式的存在,在人类实践的过程中,也并不存在非此即彼的单纯对立。只有在数学等自然科学领域,在实证主义的视域下,才可以定义绝对的结果,存在对称的二元。在人类生活的过程中所有的对立都具有相对性,虽然可以勉强得到相对合理的结果,但是实际的情况要比结论复杂得多,包含更多的内容和意义。列斐伏尔将空间进行了三分法,即物质空间、精神空间和社会空间。但苏贾认为这种分类方法仍然简单,因此他将社会空间"进化"为第三空间,试图阐释三个空间之间的辩证关系。他认为如果社会空间是社会发展的产物,那么又为什么会出现真实的幻象和透明的幻象呢? 列斐伏尔虽然对这两种幻象进行了批判,但是表达得并不确切。因此,他通过开启第三空间辩证法的道路,将列斐伏尔的空间观与其他三元组合

---

① [美]苏贾:《第三空间》,陆扬等译,上海教育出版社 2005 年版,第 38 页。
② [美]苏贾:《寻求空间正义》,高春花等译,社会科学文献出版社 2016 年版,第 68 页。

勾连起辩证关系。这三元要素如下所述。

空间实践,发生在特定的社会空间之中,人们通过社会实践不断进行空间的生产活动,以此来改造物质和精神世界。空间实践包括生活的方方面面,从分析的角度来看,社会的空间实践是通过对空间的破译得到揭示的。① 苏贾认为空间实践是空间生产的必经阶段,是社会空间发展的物质生产过程,它既是人类实践的必然结果,同时也潜移默化地影响着人类的社会行为和活动。空间实践是社会生产的具体实现方式,是经验空间的前提。在实践过程中人类通过活动感知空间和描述空间,准确地表达和测量空间。空间实践是产生"第一空间"的基本前提和物质条件。②

空间的表象,是指空间在社会中的表现方式,特定社会表述和构想空间的表现形式。表象空间最直观的表达形式是地图,地图不但能够看到空间分隔与连接的物理分布,并且显现出了不同地域通过怎样的方式相互联系。空间的观念……总是倾向言语(verbal)符号的系统。③ 苏贾认为,表象的空间侧重于用语言符号系统表达空间中的各种概念,通过文本、逻辑和语言等方式言说空间的各种形态。在由统治和压迫等话题体系构成的控制性空间中,精神空间是统领一切空间的核心,是权力、意志、空间和管理在空间的再现,他称之为"第二空间"。

表象的空间,苏贾认为在这一空间中不但可以观察到权力在空间中的展开方式,还可以看到空间所实施的权力行为。由此,表象的空间是连接空间实践和空间表象的重要桥梁,将物质与精神、真实和想象完美地结合为一体,空间的三个维度处于完全平等的地位,不存在谁从属于谁的问题。因此,表象的空间也是反抗的空间,反抗的意识从边缘化的、孤立的空间中产生。苏贾十分认同列斐伏尔将第三空间看作是控制与监督、压迫与抗争的空间,是充满矛盾与对抗的存在的说法。它具有潜在的无限性和可见的优先性,充满着想象与可能,非常接近他所提出的"第三空间"的概念。

苏贾认为,第三空间蕴含着三种重要的空间性,即构想的空间、感受的空间和实际存在的空间,这三种空间平行存在,没有任何一个空间支配另外两个,而

---

① Henri Lefebvre .*The Production of Space*.Oxford ;Blackwell,1991,p38.

② [美]苏贾:《第三空间》,陆扬等译,上海教育出版社 2005 年版,第 84—85 页。

③ Henri Lefebvre.*The Production of Space*.Oxford ;Blackwell,1991,pp38-39.

是相互平等的关系。第三空间是"无所不包的同时性空间,既具有各种可能性,也包含着危险。它是彻底开放的空间,是社会斗争的空间"①。

---

① ［美］苏贾:《第三空间》,陆扬等译,上海教育出版社 2005 年版,第 86—87 页。

第五章　政治之城

第一节　空间政治的再造：从社会正义到重塑城市秩序

空间生产的过程不仅仅是空间形态再造的过程，也是政治重塑的进程。空间的组织形式和生产方式也是窥视政治和阶级力量对比的重要维度。正如列斐伏尔所言："我们正处于这样一个时代：城市的问题框架较之工业化和经济的增长诸问题已变得在政治上更具决定性。"①由此可见，城市化与政治重组是相伴而生的，空间行为从某种意义上说也是政治行为。所以哈维认为："理解城市化是理解政治、经济、社会和文化过程和难题的有机组成部分"②。空间与权力、空间与正义、空间与社会公平和团结等问题相互渗透，凝聚为政治生活的突出主题。从构建政治之城的角度看，必须由空间政治的构建诉诸社会正义、公民身份和社会凝聚力，走向对空间压迫的反抗。

一、社会公正、公平和团结

自从人类步入农业社会以来，空间政治就与私有制观念同步进化，空间的私有化导致了其政治化倾向，掌控了空间处置权的人在空间使用和占有中占据主动地位。由此出现了空间使用的公平和正义问题，空间不可避免地成为政治斗争和角逐的核心。随着资本主义时代的到来，自由主义的社会正义观主导了空

---

① ［美］爱德华·苏贾：《后现代地理学》，王文斌译，商务印书馆 2004 年版，第 145 页。
② ［美］戴维·哈维：《正义、自然和差异的地理学》，胡大平译，上海人民出版社 2010 年版，第 480 页。

间政治的发展方向,描绘了社会正义与城市政策之间的关系。这一讨论的主要内容是关于在资本主义制度下,公平和凝聚力的问题是如何在共同体的框架内,以及在社会排斥和包容的过程中被空间化的。

在自由主义时代,社会正义的概念引起了激烈的争论。但是,这些争论停留在自由主义社会中如何定义公民身份的概念上。在自由主义的语境中,公民身份反映了一套完整的政治自由和公民权利。一方面,政治权利与个人参与公共生活有关——在现代自由民主国家中,这些权利包括参加政党和代表公职的权利,以及投票的权利。另一方面,公民权利关注自由主义社会中个人的权利,通常包括言论自由、行动自由和结社自由、拥有财产的自由,以及法律面前人人平等的权利。这些基本权利确立了公民的平等关系,同时也标注着共同的政治和公民社会的边界。

在空间政治的视域下,社会正义的概念超越了公民权利的范畴。社会正义关心的不仅仅是经济和社会资源的公平分配,也包括政治权利的平等。① 但是,社会成员权利平等的必要条件已经超越了公民权利和政治权利的传统范畴,不但包括经济和社会福利,还包括拥有受尊重的权利。② 在这一层面上,社会正义的概念与公民真正的平等无关,而是与他们之间的实质性不平等有关。社会正义代表着一种对公平的新理解,即有意义的社会成员的范围是由人们的物质环境所决定的,并以偏见和歧视的形式被封锁。如果公民的自由权利与政治和公民的共同努力建立了正式的平等,那么社会公正的原则是基于对实际不平等的认识以及对社会团结的限制。因此,反对自由公民的绝对平等,可能会被认为是约翰·罗尔斯所说的"差别原则"。法律平等本身不能确保社会和经济利益的公平分配。因此,罗尔斯提出,在一个公正的社会中,经济和社会的不平等应该被制度安排所排除,使最弱势的成员拥有最大的利益。③ 这种社会正义的论说方法旨在实现公平和正义的原则,同时假定不平等和差异的条件。因此,它是社会福利政治的核心,旨在通过公共物品和私人物品的重新分配来纠正不平等的影响。还有一点要从罗尔斯的社会正义理论中借鉴。在他的叙述中,共同的正义观为提升社会凝聚力提供了基础。他认为在一个多元化的社会中,"政治和

---

① Rawls.*A Theory of Justice*.Oxford ：Clarendon Press,1972,p46.

② Marshall,T.H.*Citizenship and Social Class*.London：Routledge and Kegan Paul,1950,p26.

③ Rawls.*A Theory of Justice*.Oxford ：Clarendon Press,1972,p83.

社会正义问题的公共协议是支持公民友谊的纽带,并保证了结社的权利"①。同样,马歇尔认为社会权利的提供从根本上来说与共同文化的成员关系有关。②而最近,英国的社会正义委员会认为,经济和政治合法性取决于公众支持。③ 在这些不同的论述中,公平的概念与社会秩序一体化的问题密切相关。社会公正原则以这种方式将平等和公民社会的自由理想转化为对公平和社会包容的更实质性的承诺。

那么,如何在城市政治语境中实现社会公正呢? 对于罗尔斯来说,政治和经济安排总是涉及社会利益,以及机构和干预是如何在追求这一目的的过程中被设计出来的。④ 从这个意义上讲,城市政治为政府更广泛的精神控制提供了技术保障。在自由资本主义背景下,社会正义的问题越来越多地出现在政府努力"使"个人和社区意识得到激发,虽然"政府可以为人民做的事情是有限的,但是人们和社区可以为他们自己做的事情是没有限制的"⑤。

二、社会正义的政治历程

空间是社会矛盾交织的场域,社会正义问题是城市政治发展的核心问题。社会正义的城市属性在不同的时代、不同的阶级状况下,是不断变化与发展的,空间政治的性质也存在质的不同。20 世纪中叶以来,社会正义的城市属性在不同的国家和政策环境下可以分为三个阶段。

第一阶段是以解决城市贫困为主导的社会正义时期。20 世纪 60 年代,一些自由资本主义国家政府采取了政策干预措施,以应对"城市政治问题"的紧迫性。"城市政治问题"的确切性质在不同的语境中以不同的方式被定义,并得到不同的政策回应。其一,在英国的语境中,城市问题涉及两个关键因素:贫穷和种族问题。其二,在美国的城市中,"内城"被认为是政府构建的一个新空间,并

① Rawls."Kantian constructivism in moral theory." *Journal of Philosophy*,1980.77(9),536-62.

② Marshall,T.H.*Citizenship and Social Class*.London:Routledge and Kegan Paul,1950,p40.

③ Atkinson,R.and Moon.*Urban Policy in Britain:The City,the State and the Market*.Basingstoke:Macmillan,1994,p19.

④ Rawls.*A Theory of Justice*.Oxford :Clarendon Press,1972,p94.

⑤ Atkinson,R.and Moon.*Urban Policy in Britain:The City,the State and the Market*.Basingstoke:Macmillan,1994,p22.

沿着严重剥夺和种族紧张加剧的路线不断被绘制。① 协调城市发展的政策在很大程度上回应了如何克服以上问题，突出了对贫困问题、男性失业、低教育程度和住房问题的解决，并且经常把这些城市问题和少数民族人口的分布相联系。1968 年以来推行的城市规划，旨在为城市政策提供连贯的框架。它把教育、社会服务、就业、公共秩序和健康等一系列项目结合在一起，标志着内城成为一个复杂的政府空间。与此同时，它是建立在明确的社会正义合理性基础上的。城市政策是针对"特殊社会需要"的领域，是根据一系列的贫困指数来确定的。城市政策的发展，以这种方式将社会正义的空间化问题置于需要的社会地理位置上。社会和经济问题可能是通过对城市空间的管理来实现的，以追求公平和提高社会凝聚力为目标。

第二阶段是以解决城市经济正义问题为主导的社会正义时期。尽管城市政治是对一系列社会病态的回应，但到 20 世纪 70 年代末，它的核心关注点已经转向了经济发展问题上。城市贫困日益被理解为经济问题，伴随而来的是经济上的解决方案。20 世纪 70 年代的社区发展和市区内的研究为城市衰落提供了经济解释，尽管与 20 世纪 80 年代和之后的新自由主义城市政策不同。1979 年以后，在保守党政府的领导下，城市地区被认为是政府在经济方面的产物，并且在某种经济形式的干预下，越来越多地与市场发展联系起来。② 然而，这并不是说经济发展完全取代了城市政治。相反，在新自由主义的背景下，经济目标被视为与社会和环境问题相协调，更广泛地联系到城市生活的质量和城市空间的环境问题。

第三阶段是以城市社会资源公平分配为主导的社会正义时期。强调对经济发展涉及对城市政策的公平目标的重新制定。到了 20 世纪 90 年代初，政府正在"扭转旧观念，即资源应该流向需求，而不管它们将如何被使用"③。在这一过程中，新自由主义的城市政治打破了福利主义的需要，并为城市表达了一种新的精神。社会理性需要给经济合理性让路，它将资源引向具有明显发展潜力的领域。这种方法在 20 世纪 90 年代形成了城市政策倡议，特别是在城市挑战计划

---

① Blackman，T.*Urban Policy in Britain*.London：Routledge，1995，p43.

② Thornley，A.（ed.）.*The Crisis in London*.London：Routledge，1992，p89.

③ Heseltine，M.*The future of London*.LWT London Lecture，1991，December 12.

和城市复兴的运动中。这些项目为地方政府提供资金,要求它们在公共和私人的"伙伴关系"框架内吸引私人投资进入城市建设。然而,这种从需求到资源分配的转变并没有完全取代城市政府内部的公平问题。以地方发展为目标,而不是寻求实现公平的目标,同时使公共预算合理化,并使它们能够更有效地按照中央政府的优先次序进行管理。目标和竞争战略可能以这种方式被看作是解决城市政府的社会正义和再分配问题的工具。城市政策中的分配问题成为了更狭隘的经济问题。在这个意义上,区域发展目标是不同的,政府行为的合理性作为一种机制,它的目的是确保在使用公共资源中的公平和效率。它产生了在社会正义与地方企业、市场发展目标之间的一种相互关系。城市治理的场所被认为是剥夺和发展的空间。

三、城市空间政治的指向:社会正义与社会包容

当前,政治形态、统治方式和传统地缘政治有很大区别。在正义和权利的话语下,有关城市的正义和权利的话语成为当代城市空间政治问题的主导性话语。其中有两个问题逐渐成为研究的核心,即寻求社会正义和争取城市权,从某个角度看这两个问题也是同一个问题的两个不同侧面。从以上核心延伸出城市空间政治的几个主题,即城市贫民、少数民族、失业人员、居住空间改造等。空间政治与社会界限的划分是密不可分的。这种社会与空间之间的联系,有助于塑造在资本主义制度下发展起来的社会正义。我们可以从两个方面考察空间在社会正义实现过程中的作用。其一,不同的城市空间被认定为社会排斥的场所,因此实现社会正义要消除分化和隔离;其二,"社区"的空间被认为是包容和公民团结政治的基础。城市空间政治主要包含着两个中心议题和具体指向。

第一,发展实现社会正义的新政治。1997 年在英国选举产生的工党政府的中心议题是发展一种"新政治",它超越了以国家为中心的社会民主和以市场为导向的新自由主义政治。[1] 虽然这种更新是对左派和右派的"旧"政治相当简单的理解,但新的劳工议程已被看作是对政府作用和限制以及其与民事领域关系

---

① Blair,T.*The Third Way:New Politics for the New Century*.London:The Fabian Society,1998,p79.

的根本性反思。这一观点的核心是,政府应该采取行动创造个人和集体的机会,并建立基于共同权利和责任的公民社会的社会主义愿景①,这是值得我们借鉴的。社会正义的概念正处于新政治的中心。这是基于公民的平等价值和尊严的原则,要求政府在认可这种基本平等的行为中发挥作用。然而,在平等的原则之外,还有社会和经济公平的问题。针对物质不平等思想的影响正以这种方式转化为"个人机会"的概念。布莱尔认为公平对待的方式与"老左派"经常以抽象平等的名义扼杀机会的方式形成了鲜明对比。② 福利主义者的普遍主义原则被视为一种"沉闷的一致性",是一种过时的集权政治。与此同时,新的政治从新自由主义的立场出发并与传统政治相区分。公平问题,而不是个人机会,延伸到提升社会凝聚力的政治方面——正如布莱尔指出的,"没有公平分配,社会就会在分裂、仇恨,社会在不信任中分崩离析"③。

第二,在社会包容中实现城市政治。新工党对社会正义的关注也集中于社会排斥问题上。通过这种方式,公平和社会凝聚力的问题会使社会空间以特定的方式得到体现。包容和排斥的概念带有一种社会界限和成员身份的区分,在某种程度上是通过可接受的行为形式和特定的身份来划分的。正如罗尔斯的观点一样,社会正义的共同概念保障了"公民友谊的纽带"。因此,新工党的社会包容性方法是在公民和政府之间构建一套相互的权利和责任。长期以来,国家对权利的要求与公民的义务不相适应,失业救济通常是在没有强有力的互惠义务的情况下支付。④ 这概括了社会权利和义务的社会主义观点,同时也将特定的个人和团体作为政府必须面对的问题。社会包容和排斥的界限不仅体现在行为和身份上,而且体现在空间方面。除了针对特定的社会群体,政府对社会排斥的关注也集中在特定的社会空间中。最引人注目的是,大型公共屋成为社会排斥过程的牺牲品。政府治理社会排斥最初的目标是将公平和正义的设计运用于不同的政策领域,以解决利益协调的问题,从而确定一个复杂的"城市问题",这种空间逻辑以各种"行动区"的形式再现——在教育、健康和就业方面——这些都使社会经济问题牢固地存在于物理场所。社会成员的空间性在公共秩序构建

① Blair, T. *The Third Way: New Politics for the New Century*. London: The Fabian Society, 1998, p66.
② Blair, T. *The Third Way: New Politics for the New Century*. London: The Fabian Society, 1998, p3.
③ Blair, T. *The Third Way: New Politics for the New Century*. London: The Fabian Society, 1998, p20.
④ Blair, T. *The Third Way: New Politics for the New Century*. London: The Fabian Society, 1998, p4.

中的表现尤其明显。公共空间已被确定为遵纪守法的多数人的活动空间。① 这与某些活动以及某些类型的人在公共场所的存在有关。在通常情况下,无法忍受的社会状况已被视为不可接受的社会活动——乞讨、公共饮酒或未经授权的街头政治。其中最引人注目的空间策略是政府在公共空间对孩子的控制行为,设计的目的是保护年轻人不受潜在的公共危害,并在适当的时间和空间调节他们的行为。他们还提出了一种强烈的父母责任观念,基于这样一种观点,儿童的活动应该在家庭的空间内被监督。

对社会排斥、凝聚力和成员关系的政治分析方法,将空间与社会因素结合在一起。特定的空间被认为是被塑造的,并复制特定的行为和社会条件。社会空间的规制方式在规章制度和公共秩序的政策中是很明显的,但同时也是包容政治的核心。"社区"的语言既难以确定,也难以拒绝。尽管它在"新政治"中无处不在,但它并不总是被明确定义的。从广义上讲,政府对社区的态度可以用两种方式来表达。一方面,社区的概念指的是作为政策干预场所的社会空间。在这里,社区政治提供了以协调一致的方式定位社会经济劣势的方法。政府对社区的新政被认为是实现社区"伙伴关系"的一种手段,这种"伙伴关系"在 20 世纪90 年代以更有效和更具包容性的地方倡议形式出现,在城市政策中具有代表性。在这方面,它与政府内部的公平方法是一致的,该方法旨在通过公共产品的分配和私人物品的再分配来解决不平等的影响问题。另一方面,广泛的社区意识被称为社会成员的包容空间。在这一空间中,社区不是指社会生活的局部空间,而是指更大的公民集体——包容性的社会本身。在不同的时刻,"社区"激发了当地的公平政治以及社会凝聚力。在这一点上,我们可能会记得,在布莱尔的演讲中,强调的是在约翰·罗尔斯的自由主义理论中,把社会正义作为社会团结和秩序的基础。"政府通过对社区概念的依赖,寻求在当地和情感方面的一般社会秩序和凝聚力的基础。同样地,它强调的是相互联系的权利和责任——坚定地基于一种社会主义哲学——阐明公民之间、公民与政府之间的关系。社区的包容性政治支撑着这一效应:只有足够小的社会能够允许人与人相互信任,就像人类对自然力量的认识一样,所以他的爱或主动关心的力量,是自然有限

---

① Cooper, D. *Regard between strangers*: *diversity*, *equality and the reconstruction of public space*. Critical Social Policy, 1998, 18(4), 465-92.

的。因此,社区政治可能被视为一种手段,将人们对他人的"积极关注"的范围扩大,使他们变得熟悉起来,在公民信任和共同责任的关系中团结在一起。城市的界限,从社区的局部空间延伸到更大的社区概念。在这种方法中,"社区"不是作为各种社会少数群体或边缘群体的委婉语,而是作为大多数人的容器。①

总之,社会正义的原则总是对空间政治开放的。公平和分配是在物理空间中实现的,而且实现提升社会凝聚力的目标激发了一种包容的公民身份。自20世纪60年代末以来,政府在改变城市概念的基础上采取了城市行动——这些问题在需要、剥夺和发展方面有不同的理解。在21世纪初,一种自觉的"新政治"在社会排斥和包容的过程中构建了社会公正问题。在这方面,空间政治指的是涵盖物质场所以及社区的包容性空间。在公共空间方面,政府将某些不可接受的行为方式,包括无家可归者或未成年人等特定类型的人,从占多数的公共空间中划分出来。作为可能以空间形式存在的社会问题,城市秩序仍然是实现具有凝聚力和良好基础的社会存在的主要方式。

第二节　亨利·列斐伏尔:城市的社会政治功能

亨利·列斐伏尔(Henri Lefebvre,1901-1991)是一位著名的马克思主义理论家和哲学家。20世纪20年代到40年代,他在大学任教,从1940年左右开始从事日常生活与社会实践方面的研究。在其马克思主义研究生涯中,最为人津津乐道的就是他为了追求个人信仰毅然退出法国共产党。20世纪下半叶,法国兴起了结构主义之风,他通过研究人本主义来反对结构主义的固化性。在法国著名的1968年"五月风暴"中,列斐伏尔和马尔库塞的思想发挥了积极的作用,因此他也被称为法国学生运动之父。在长达60余年的教学和研究生涯中,他为后人留下了60多部著作,300余篇论文,在日常生活批判、现代辩证法领域都有开创性的功勋。同时,也是区域社会学,特别是空间和城市社会学方面研究重要的引路人。

---

① Cooper, D. *Regard between strangers: diversity, equality and the reconstruction of public space. Critical Social Policy*, 1998, 18(4), 470.

在学生运动的实践中,列斐伏尔逐渐认识到,城市是革命和政治进化的重要载体和核心环节。在1960年左右,许多马克思主义理论家还将研究的重心放在阶级矛盾和资本积累等传统的研究领域,但列斐伏尔认为重新发现城市问题才是研究的核心所在。他发现"意识形态"(Ideologie)是为阶级统治合法性辩护的工具,城市则为阶级斗争提供了平台。① 城市问题其实包含着异化问题,对城市进行批判就是对意识形态进行批判。列斐伏尔也因此成为当时巴黎最具代表性的马克思主义研究者,推进了城市空间理论的发展,同时构建了城市社会学理论的雏形。在1940年左右,列斐伏尔就开始研究日常生活和城市问题。在他看来,城市化不是工业化的附属品,而是它的前提,并认为城市为社会主义革命提供了前提,城市革命的结果之一就是导致社会制度的颠覆,革命的任务就是消除日常生活中的异化现象。在他的成名作《日常生活的批判》中,他探讨了日常生活中的异化现象,并为消除异化提供了借鉴。反观列斐伏尔的一生,最著名的作品莫过于《空间的生产》一书,直到现在仍然被很多学者津津乐道。同时,他将城市空间和政治问题进行了关联性研究,出版了《城市革命》和《城市的权利》等书,开政治学研究之先河,这也是本书关注的核心问题之一。

列斐伏尔在马克思主义视野的城市研究中占有极端重要的地位,他是第一个提出城市社会并进行深入探讨的学者。他对空间的认识入木三分,哲学意味十分浓烈,对他的研究进行系统梳理意义重大。列斐伏尔的研究历程非常复杂,他对空间、城市和都市社会研究的著作是对空间和城市发展的资本主义历程的深度挖掘。同时又与日常生活、现代性和传统马克思主义等诸多问题交织,对推动相关研究作出了重要贡献,构建了新的马克思主义理论。

一、社会空间的生产本性与日常生活:社会政治的人学根基

列斐伏尔对城市和空间政治的研究在方法论上有两个主要的特点。第一,是构建了空间研究的总体性思路。在他看来,城市问题包罗万象,并非在一个学科中就能阐述其全部要义,因此在城市研究中更需要合题性与综合性的研究。这种研究方法既是一种哲学性和综合性的思维方式,也是将经济、政治和文化研

---

① 高宣扬:《当代法国思想五十年》,台北:五南图书出版公司2003年版,第48页。

究纳入视野的新方法。在列斐伏尔看来,对城市的总体性研究将"在哲学中找到自己的丰富土壤,它已经是哲学的,虽然不是古典哲学理解的那样"①。在这种认识的基础上,他构建一种元哲学层面的城市探讨,将空间的生产性与日常生活的微观性也纳入了研究的范畴,对城市空间进行了人学方面的迈进。第二,探讨了资本主义研究的拓扑学方法。列斐伏尔在城市研究的方法论上有诸多突破,其中最大的特色在于他将资本主义的形成与发展作以拓扑学的解释。"资本主义通过时空的更新与再造形成了一种拓扑学,这种拓扑学不同于农业和工业的时空。城市时空,如果我们不再从工业理想角度定义它,它就不再是同质化的过程,而表现为一种整体中的差异性,所有的地方和时刻都是相互联系的,而不存在完全孤立的情况。这种都市空间从单一性和二元性中获得定义"②。由此可见,列斐伏尔赋予了城市研究以特殊的意义,我们从此真正摆脱了思辨哲学的思考方式,获得了一种整体性的哲学以及全新的元哲学。

　　列斐伏尔对于城市空间的探讨有一个重要的逻辑起点,那就是空间是社会关系的一部分,这在当时是一个极富创新性的概念,也引起了学界的热议。空间是社会生产出来的,城市社会是全新的空间生产社会。共产主义社会之所以没有出现,是因为共产主义的理念仍然是混乱的,这也导致了世界上出现了两个截然相反的神话,即共产主义的神话和反共产主义的神话。如果人类社会的下一站是共产主义的话,那我们就需要重新反思为什么资本主义出现了无数次危机,却每次都可以化险为夷,不但没有被彻底颠覆,反而焕发出生机。这就可以利用社会空间生产的概念进行合理的解释。资本主义在每一次危机中正是利用了空间的转换来实现危机的解除,通过生产更多的空间使危机转移到其他的空间中,以此来维持资本主义社会的运转。列斐伏尔对空间生产的定义有明确的探讨,认为其主要是代指具有一定历史性的城市的急速扩张、社会的普遍城市化以及空间性组织问题的出现等。他将人们对空间中事物生产的注意力转移到了空间本身的生产方面,这是一个重要的转向,导致了空间问题和城市空间研究的热潮。

　　在空间研究中,他遵循着两条线索。第一条线索是对城市现实社会进行批

① Henri Lefebvre. *The Urban Revolution*, translated by Robert Bononno. Minnesota : University of Minnesota Press, 2003, p63.

② 强乃社:《论都市社会》,首都师范大学出版社 2016 年版,第 31 页。

判,第二条线索是对日常生活的批判。这两条线索相互交织,城市与日常生活融为一体,产品和生产都在空间内展开。这一分析是建立在社会实践活动的总体观基础之上的,都市构型与日常生活纠缠在同一空间中。这种观点有着人文主义传统,为社会政治添加了人学色彩。列斐伏尔认为虽然学生运动和反抗资本主义的革命从未终止,但是却并没有创造出全新的空间,不能开创一个能够蕴含着无限潜能的空间,资本主义的生产关系仍然改头换面发挥着作用。想要彻底拔掉资本主义的毒瘤唯有通过改变日常生活,进而变革资本主义的上层建筑和意识形态。他的日常生活批判理念是对现代性的揭露,与现代性思想重视实践性的路线有所不同,存在着某种后现代意味。一个社会的真正变革并非是领导机构和统治方式的改变,而是通过一场彻底的革命实现生活方式的根本改造。这种改变不是形式上的,而是深入每天和每个人的日常生活之中,扩展到社会空间,使社会空间能够促进个人的创造能力。① 那要如何才能创造新的社会空间呢?列斐伏尔认为只有改变生产力与生产关系现有的状况,真正实现人的全面自由,消除所有的异化现象,通过空间生产的方式重塑我们的生活。

二、空间实践的理性态度:现代性条件下人的主体性与经济活动

尽管马克思和恩格斯对城乡关系谈得很多,但很少谈到城市问题。列斐伏尔认为在他们的写作时代,城市还不是一个关切的问题。但是 20 世纪下半叶的欧洲,城市成为资本主义发展的核心。正如他在对恩格斯的研究中指出的,住房问题是广泛的城乡关系问题的附带方面。在这方面,列斐伏尔在马克思主义的框架内构筑了新的概念,因为现存的马克思主义著作在这方面存在不足。现代社会是一个受控于商品消费的社会,政治官僚和企业经理掌控着的社会空间,他们标榜自由民主、公正平等、福利富裕的社会。但是在日常生活中,富有的人热衷于安定舒适的生活,贫困的人则忙于为生活奔波。现代技术和科学提供了众多改善生活的可能性,但是生活在交换价值理念中的众生,却无法走出商品的迷宫。为了使人类能够在迷失自己的城市空间中找回自己,列斐伏尔尝试在他的著作中,探索出航行的导向。

---

① Lefebvre.H.*The Production of Space*.Malden:Blackwell Publishing,1991,p112.

　　新城镇的建设有着积极的作用,这是导致了列斐伏尔去仔细地研究城市化进程的原因。他对这个主题的兴趣与回归日常生活是相一致的。事实上,列斐伏尔关于城市环境的著作比他关于农村的著作涉猎更广。有学者认为列斐伏尔决定将城市作为现代生活的中心,用马克思主义者的空间研究方法疗愈资本主义社会的种种创伤。城市空间的解读可以在他的很多著作中找到,在《现代性的解读》一书的第七章中他提到巴黎1871年和1968年的城市社会运动事件。城市社会学著作现在在英语世界能够方便地找到,特别是1996年翻译了 *Writings on cities*,这本书包括了《城市权利》一书的全部内容和 *Espace et Politique* 中的一些文章。在20世纪70年代,一些学者开始收集列斐伏尔的城市作品并进行翻译,他的思想极大地影响了当代的城市空间研究。列斐伏尔的思想太过强大,尽管他没有对现实世界进行系统的分析,既不知道经济如何运转,也不知道技术问题,不知道新阶级关系如何构建。但是,他有天才的直觉,明白真实的世界发生了什么。几乎和艺术家一样,我不认为他有任何研究的基础,所以他并不是一个研究者,但是可能是我们所知的在城市研究领域最伟大的哲学家。这可能与列斐伏尔的哲学批判主义有关,和黑格尔、尼采和海德格尔一样,他们的著作是抽象的,没有现实的基础。正如我展示的,他关于巴黎的著作是以历史背景为依据,关于城市研究更多的是批判。城市化在资本主义社会和资产阶级思想中扮演着重要的支配作用,企图剥削和异化无产阶级。

　　城市化几乎告诉了我们社会解体的全过程,社会被物化成"私人"个体的活动,作为活动的结果和资产阶级的生活方式,它一直宣称其代表着普遍利益。取代共产主义的幽灵,它是城市的幽灵,城市的阴影笼罩着欧洲。城市问题非常重要,在研究中不容忽视。对于列斐伏尔而言,城市化是新资本主义社会的上层建筑,是组织了资本主义而不是被资本主义组织。"都市化组织的部门似乎是免费、可获得的和开放的理性行动:居住空间,它指向消费和居住的空间。"①根据列斐伏尔的说法,大量存在的问题的分析证明上层建筑的性质必须与实践、社会关系、社会本身相区别。城市化和城市不可混淆,城市实践和城市现象之间存在区别。伪马克思主义者有先进的说法,认为城市的现象仅仅是一种上层建筑,因此混淆了实践与意识形态、制度化的社会关系之间的区别。有两方面需要被检

---

① Lefebvre,H.*The Production of Space*.Malden:Blackwell Publishing,1991,p85.

验,即展示城市作为客体是如何构建空间的(看似中立的、非政治的)。① 因此,
如果我们将城市的现实看作上层建筑,是经济体系中变化的结果,我们就会被误
导。城市现实同样修改生产关系,尽管不能根本转变它们。换句话说,尽管经济
可能是决定性力量,但这并不意味着只存在一个自上而下的单向作用。生产力
不仅仅是在空间中存在,还在空间中运行,空间同样制约着它们。如列斐伏尔所
说,城市本身脱胎于生产关系,即矛盾在自身之中,而不是从生产方式,也不是从
上层建筑和意识形态,或者是从生产力自身中产生。② 现代城市不只是被动地
生产或资本集中的地方。城市现象深刻地改变了生产工具、生产力、生产关系,
以及生产力和生产关系的矛盾。

在《空间的生产》这部著作中,列斐伏尔指出,人在空间的实践中必须经历
三个过程:(1)感知已被构建空间的形式;(2)想象有关空间的结构;(3)在空间
中进行社会实践。这一过程表明了一个事实,即对空间的想象,必定先于空间中
的实践。这意味着理念的空间维度与实践层面的买卖之间存在着千丝万缕的联
系。社会空间中不断变化的实践与运动是由三个相互关联的环节构成:即物质
的空间、精神的空间和社会的空间。物质环境存在于社会实践的外在层面,精
神理念的空间内在于社会实践,而社会的空间则构成了社会实践的内核,即组
成了人类生活的社会关系。这三个空间层次,在每个历史空间中都具有一定
的作用。

三、意识形态的空间与政治

在列斐伏尔看来,空间是一种战略性存在,具有极强的政治意蕴。空间战略
不但会使一座座新城拔地而起,更会改变城市的政治属性。空间早已成为国家
控制民众的政治工具,成为管理控制行为的表征,甚至成为政治的空间。所以,
空间组织表现出了层级上的权力。空间设计是社会控制的政治工具,国家用它
来更进一步地获得管理方面的利益。政治上的控制权和管理权因而提供给国家
一种进一步维护其利益的独立工具。其结果是,空间关系主要描述了存在于社

① Eckardt,F.*Soziologie der stadt*.Bielefeld:Transcript Verlag,2004,p66.

② Eckardt.F.*Soziologie der stadt*.Bielefeld:Transcript Verlag,2004,p67.

会形态中的再生产,并在层级结构上管理国家—政府的实践。空间不是一种均质的存在,空间的生产与一般商品的生产存在一定共同性,但是其与一般商品生产存在着辩证的关联性与不同。作为一种历史的产物,空间是人类财富、时空规划的表现场所。在技术官僚的统治下,空间存在着完整的总体规划。但这种规划并非是使人人受益,而是更方便统治阶级的控制,民主在空间中只能在夹缝中生存。城市与空间都是社会矛盾的表演场和集中地,自然已经在不知不觉中被政治化了,它已经成为政治战略的有意安排。人们习惯于按照空间的安排进行生活,在不自觉中加强了政府对空间和公民的控制,这种空间政治化的战略在当代城市规划中比比皆是。

列斐伏尔在城市分析中注重运用政治学的研究方法和架构。"因为空间是政治的而有了空间政治学……空间不仅是发生冲突的地方,而且是斗争的目标本身。空间是一种政治和政治的生产。"①城市空间表现出了强烈的政治痕迹,这种痕迹的出现始终伴随着现代性的兴起和资本主义霸权的不断扩张。因此,城市空间也成为了阶级斗争的对象。以往的阶级斗争往往聚焦于两大对立阶级的控制与反抗,而全球都市化时代的阶级斗争最核心的问题是要解决空间的解放与重构,城市政治究其本质也是一种阶级关系。在西欧国家,从这一视角来看,城市冲突被认为是资本与劳动力之间深层的敌意所产生的一种对抗,而不是出于其他一些在资源供给方面如领土不平等一类的原因。在一些极权社会,城市冲突被认为是由于工人和国家之间的冲突所产生的,于是冲突再一次被认为是阶级斗争的一种模式。② 如果空间可以成为一种政治,那么空间就具有了意识形态的属性,由此出现资本主义与社会主义都市空间的分野,这也是空间生产理论在政治层面的深化。资本主义的都市空间主要表现为土地面积的不断扩张,这种扩张的动力是经济利益所驱使的。与马克思的观点相似,列斐伏尔也认为城市是一种"增长的机器",城市实际上是由商业、资本、政治和经营共同组成的一部机器。占少数的人口控制着整个城市绝大多数的资源和财富,进而控制着其他社会阶层。在对资本积累和阶级斗争进行细致分析后,列斐伏尔肯定了城市在资本主义空间中发挥着重要作用,城市是资本主义"有机体"的心脏,没

① Lefebvre,H.*The Production of Space*.Malden:Blackwell Publishing,1991,p46.
② [美]马克·戈特迪纳:《城市空间的社会生产》,任晖译,江苏凤凰教育出版社 2016 年版,第 138 页。

有城市的发展就没有资本主义的发展。如果说资本主义的城市空间已经成为一种既存的社会现象,那么列斐伏尔所谓的社会主义城市空间则是一种远景的描绘,带有某种乌托邦的意味。社会主义城市空间是一个充满多样性和差异化的空间,与同质化的空间不同,这是对全球性空间秩序的重新解读。社会主义的城市最重要的功能之一是为人类提供更好的生存需要,而不是为了扩张与资本积累。私人占有将逐渐转变为公共占有,私有财产制度将消失,国家对空间的政治控制也将会终结,在人类历史上第一次实现使用价值优先于交换,最终资本主义都市空间被社会主义都市空间完全代替。①

第三节 艾拉·卡茨纳尔逊:城市空间与身份政治

艾拉·卡茨纳尔逊(Ira Katznelson)为西方马克思主义城市理论建立一个框架,它将美国社会政治结构的特殊性作为关键因素带入研究,以避免陷入卡斯特和哈维的著作中出现的陷阱。自 20 世纪 80 年代初以来,卡茨纳尔逊出版了几本书和多篇论文,其中最著名的是其在政治科学和历史科学中的两本著作《马克思主义与城市》(*Marxism and the City*)和《城市战壕》(*City Trenches*)。艾拉·卡茨纳尔逊提出了在马克思主义框架内将阶级和空间联系起来的最系统和微妙的尝试。卡茨纳尔逊的模型将它的焦点从我们在卡斯特研究中看到的社会学经验主义和哈维著作中的结构决定论转移开,强调了历史和政治变量的重要性,以帮助解释现代资本主义城市中阶级结构和阶级经验的偶然性。卡茨纳尔逊研究方法的独特之处在于,将阶级和社区等集体身份理解为在空间上和制度上的模式和分化。卡斯特将城市和阶级视为两个不同的维度,而哈维认为共同体是阶级对立的产物。与它们都不同,卡茨纳尔逊认为,工作场所和居住社区分离的历史、文化和政治应该被视为发展工人阶级特性和集体行动模式的一个组成部分。这一观点的中心思想是,城市空间的分化(成为工作场所、居住社区、公共空间等)以及它们在当地政治机构背景下的关系,是工人阶级身份形成的基础,而不是工人阶级身份的伪装。当然,卡茨纳尔逊想要发展一种对城市身份多样性的

---

① 赫曦滢:《新马克思主义城市学派思想研究》,吉林大学博士论文 2012 年。

观点,这种观点足够灵活,能够适应历史的变化,又能够保留马克思阶级政治和阶级分析的统领地位。虽然我认为他的这种双重承诺产生了很多矛盾和不足,因为这种方法将多元化城市空间作为分析不同身份的人群在现代城市中生活的起点,而不是理解多重身份本身。因此,我在本节中的任务是通过评估这种马克思主义的历史方法框架来分析身份、空间和结构的问题。

关于城市与阶级之间关联的研究是由西方马克思主义哲学家"再挖掘"和创新的。更准确地说,工业资本主义时期社会理论的核心问题就是围绕着工人阶级形成与城市的双向构建过程。一方面,工人阶级的空间实践重塑了城市的面貌,从空间变迁机制的角度改造着城市的性质与意义;另一方面,城市经验和城市环境是工人阶级历史的决定性因素。当人们生活于作为自然环境与人类创造物特殊关系之产物的城市之中时,他们体验社会秩序,阐释社会秩序,并围绕社会秩序而斗争。① 新工人阶级的历史是由城市世界创造的,这一论断使城市与阶级的理论价值再度得到阐明,阶级分析仍然是当代分析资本主义问题最具竞争力的历史叙述和理解现代化无法忽视的思想资源。在转向卡茨纳尔逊的马克思主义城市理论之前,我们可以简单地讨论两个相关的主题,这些主题构成了卡茨纳尔逊著作的研究背景,以及接下来的讨论基础。第一个问题是马克思主义和社会主义话语在美国政治文化中的历史和地位。第二个问题是关于美国城市政策的特殊性,以及缺乏基于工人阶级的城市运动和议程的争论。

一、美国社会的政治结构与城市空间的变革

从学术史的发展来看,社会阶层学说从无到有,经历了漫长的发展历程。当前,"阶级终结论"的说法甚嚣尘上,由此出现了关于阶级形成理论的两股主流学术潮流,形成了两种迥异的研究范式,重塑了阶级的内涵与外延。

第一股主流研究范式是阶级结构分析法,将"客观"分类作为理解阶级形成的主要工具。借用埃里克·奥林·赖特(Erik Olin Wright)的观点,如果没有对

---

① ［美］艾拉·卡茨纳尔逊:《马克思主义与城市》,王爱松译,江苏教育出版社 2013 年版,第196 页。

阶级关系结构进行严格描述,社会冲突和社会变革的理论是没有说服力的,单纯记录资本主义随时间发展所塑造的阶级结构,以及由此所发生的变革并不具有研究的意义。① 此外,阶级作为生产结构的一部分,对文化和集体行动的"决定性"影响也十分巨大,应当加以重视。即使在一些关于社会阶级分类的最具创造性和最重要的著作中,我们也从阶级结构中观察阶级观念、组织和活动。阶级形成的本质主义假设认为,阶级"本身"在某些时候必须"为自己"行动,这种假设很少以一种直接的方式表述,而是以松散和含蓄的方式支撑着关于阶级分类的许多理论辩论。汤普森也提出了阶级结构分析法,我们不能把"阶级结构"和"阶级意识"当作两个单独的实体来认识,两者相互影响,同步塑造。我们既不能从静态的角度(因为它随时间而不断变化)来推论阶级,也不能从生产方式的角度来推论阶级,因为阶级形成和阶级意识,最终都会在与其他阶级斗争的关系过程中随着时间的推移而发生变化。

汤普森的这一观点也抓住了工人阶级形成理论的第二股主流研究范式,即历史分析法。自 20 世纪 60 年代以来,关于西方工人阶级的历史研究大量涌现,《英国工人阶级的形成》一书为这一论题的研究范式和关键主题奠定了基础。汤普森在该书中试图恢复阶级形成的历史,以便创造一种阶级政治。社会历史学家围绕历史和经验的范畴,对劳动人民的世界观和生活模式进行了细致的重构。将工人阶级从保守的历史史学中拯救出来,使其"历史成为有价值的人的对话"②。这一思潮也提出了一些关键的主张。工人阶级的形成并不能够预定,而是在一定阶级经验基础之上的文化自觉。工人阶级的历史不仅由工作场所、工人运动和工会组织等可见形式组成,也与历史的、前工业时代的、前资本主义的传统,社会分化的非阶级模式有关。阶级、社会和政治之间的关联是一种过程体验,他们的关系是偶然的。阶级意识和行为不仅仅由利益决定,而且由社会关系决定。肖恩·威伦茨(Sean Wilentz)总结了一种"新的社会历史观",即否定静态的、工具主义的经济决定论,将阶级看作动态的社会关系,社会统治的形式。除了通过改变生产关系而存在,也受到文化和政治因素(包括种族和宗教)的影响。一些学者认为阶级关系决定权力和社会关系,阶级关系的历史不能由某种

---

① Erik Olin Wright.*Class*, *Crisis*, *and the State*.London:New Left Books,1978,p56.

② [英]汤普森:《英国工人阶级的形成》上,钱乘旦译,译林出版社 2001 年版,第86 页。

"经济"或社会学推演而强加于过去,而需要考察构成阶级群体的思想文化传统。

在马克思主义视阈下,当代阶级形成理论也分化为结构主义和历史主义两大阵营,这两个阵营的代表分别是阿尔都塞(Althusser)主义和汤普森(Thompson)主义。但是这种两极分化掩盖了一个明显的事实:如果没有历史基础,理论是贫瘠的;如果没有理论,历史只致力于发现"事实",但无法提升为"真理"。我们想从阶级形成理论中得到什么样的结论呢?卡茨纳尔逊认为,我们需要阶级来帮助我们理解一系列与社会阶级关系发展动力和性质相似性和变异性的比较和历史难题,并为我们提供对社会历史变化及其成因的分析工具。简而言之,阶级结构应该建立在历史学者关于阶级形成见解的基础上,同时识别历史事件和行为克服理论对阶级概念没有明确规定的倾向。我们需要通过提供可靠的词汇表来重构阶级的概念,通过提出可能的因果解释促进对阶级本身有意义的重建和描述,运用理论帮助选择、描述和解释历史与现实。同时,只有首先构建我们的分析框架,使宏观历史比较成为可能,我们才能实现其他内容的分析。但是,在当前的研究中,将社会阶级的形成理论作为学术和政治核心的研究却寥寥无几,这正是卡茨纳尔逊阶级形成理论力图弥补的缺陷。对于卡茨纳尔逊来说,阶级分析的出发点是将无产阶级化看作现代性的关键主题,分析阶级形成对理解国家、经济和公民社会之间关系的重大意义。

对美国工人阶级政治和马克思主义理论的研究具有不同寻常的意义。美国没有直接的封建历史,在社会和政治生活中拥有强大的市场和商业特权意识形态,收入和财富的不平等以及偶尔爆发的工业冲突意味着美国是最"纯"的资本主义形式。因此,它为观察家们提供了一个特别的案例,即伴随着马克思主义意识形态的增长,呼吁工人阶级和家庭支持一场旨在用社会秩序取代资本主义的运动。在马克思主义的意义上,社会主义在美国从来就不是一种现实的可能性。其原因在于缺乏社会主义生存的土壤,对于大多数社会群体而言,关注点都放在个人自由,种族异质性造成的大规模移民等问题上。"美国例外论"也因此甚嚣尘上,美国与其他民族国家有着明显的区别,特别是和西欧国家相比,很少有人用马克思主义解释美国经验。原因很简单,美国的马克思主义并不发达,不存在原始的马克思主义"配方",马克思主义在美国面临着水土不服的尴尬状况。

　　到了 20 世纪 70 年代,美国工人阶级历史学家已经厌倦了回答为什么社会主义在美国从未繁荣的老问题。因此,正如迈克尔·金(Michael Kazin)最近所说,问题发生了改变,"他们没有再对这些令人沮丧的负面言论作出回应,而是试图理解不满的劳动人民表达了何种意识形态"①,而不是试图解释社会主义政权中没有发生大规模工人阶级运动的原因。卡茨纳尔逊的城市著作在很大程度上关注了美国修正主义劳动史学的贡献,并被社会主义运动中乌托邦式的冲动所激励。卡茨纳尔逊把城市的具体空间看作美国工人阶级文化认同发展的重要组成部分,并延伸到其他国家的背景中。因此,卡茨纳尔逊的马克思主义城市理论与卡斯特或哈维的学术思想有了不同的背景,尽管它确实与这两种观点有一些相似之处。卡茨纳尔逊的立场是依靠一种理论和政治传统进行分析,而这一传统在美国是一个边缘的存在,"社区"的基础和它的本土根基是美国流行的激进主义传统,如劳伦斯·古德温(Lawrence Goodwyn)、哈利·博伊特(Harry Boyte)和托马斯·本德(Thomas Bender)等作家都认为这是美国民粹主义政治文化的一个持久特征。②

二、美国城市政治的成就与悖谬

　　对卡茨纳尔逊的著作至关重要的第二个背景是关于美国城市政治和城市政策的局限性争论。21 世纪初,除了在城市社会中进行了几次短暂的实验之外,社会主义或激进的民粹主义和工人阶级运动的例子寥寥无几。美国城市政治绝大部分都是围绕着种族、宗教团体和联盟展开的,他们倾向于关注消费和地方政府服务的分配问题,并且都是关于控制经济资源的问题。在许多情况下,当地的政治体制把有组织的劳工和其他主要利益集团聚集在一起,围绕着一项以商业为主导的经济增长计划而展开,并避免了以阶级为基础的议程,敦促对经济资源进行重大的重新分配或对商业活动进行监管。尽管有一些基于联盟性质和阶级活动的例子,但城市工人阶级更经常地响应基于种族、民族或宗教关系和基于自身经济利益的呼吁,而不是呼吁更大程度地重新分配财富以及使处境不利的群

---

　　①　Michael Kazin.*Daniel Bell and the Agony and Romance of the American Left*.Ithaca,N.Y.:Cornell University Press, 1996,p24.

　　②　Lawrence Goodwyn.*The Populist Moment*.Oxford:Oxford University Press,1978,p46.

体更多地参与政府的经济活动。对于城市政治的约束性质和城市工人阶级身份支离破碎的特征,以及缺乏统一的、激进的、工人阶级身份,人们有好几种解释。早期的"社区权力"辩论大多围绕着美国城市中权力分配的问题展开,我在这里简短地提到这些问题,只是因为它们有助于阐明阶级与城市之间的关系。

在对城市政治的多元化解释中,政治体系的特征是流动和开放的,足以造成综合经济方面的永久性裂痕。从某种程度上说,不平等确实存在,他们不被认为是为了商业利益而是在精英控制中累积。对于那些推进这一解释的人来说,阶级冲突已经从城市政治中消失了,因为工人阶级被纳入一个执政联盟,其成员受益于合作,而不是对抗,这是一个代表着社会利益妥协的联盟。① 这幅关于城市联盟共识性的图景受到了理论家的挑战,他们提出了两种不同的解释,其中一种是进步的,是马克思主义或者是社会主义的,在美国的地方政治中缺乏吸引力;另一种是关于参与者,关于结构的问题,表达了地方经济和政治精英们对城市政治领域的关注,他们对提高土地交换价值感兴趣,反对穷人和工人阶级居民的担忧,主要关注当地社区和社会网络的使用价值。在这一观点中,由于这两个社会群体之间的权力不对称,以及由于市场和自身利益凌驾于大多数人之上,阶级政治在美国相对缺乏。②

第二种类型的解释将焦点从参与多元化谈判或形成精英联盟的行动转移到那些限制城市的政策选择以及可能出现的政治形式的结构性背景上。从公共财政理论出发,结构主义的解释认为地方政府的职能属于三个政策领域,即以增长为导向的经济发展,城市维护和管理任务的分配,以及再分配福利政策。在分散的美国联邦体系中,城市必须与劳动力和资本竞争。因此,它们被迫只追求那些进一步促进经济增长的议程。这对政治产生了影响,经济决策往往是由经济精英们闭门进行的。类似地,重新分配的福利政策,可能会降低一个城市对商业投资的吸引力。③ 这两种因素都阻碍了社会团体的经济选择。

有利于产权的结构性偏见实际上可以追溯到美国联邦制结构的宪法设计。它的缔造者们在努力开发制衡国家暴政和对财产权产生潜在威胁的努力中是明

---

① Robert Dahl.*Who Governs?* New Haven:Yale University Press,1961,p4.

② See John R.Logan and Harvey L.Molotch.*Urban Fortunes:The Political Economy of Place*.Berkeley:University of California Press,1987,p66.

③ Paul Peterson.*City Limits*.Chicago:University of Chicago Press,1981,p141.

确的。政府机构的结构展示了复杂性和不连贯性,其遗留的缺陷是政府对经济机构管理能力的弱化,从而阻碍了它扩张和协调社会责任的能力。① 支离破碎的政治体系,在国家和地方层面上,使企业在政策结果上占有优势。因此,在这种观点支配下,地方政治的约束性质是由政治和体制框架决定的,这种框架提供了流动资金,使其能够在不同地区和城市之间发挥作用,同时阻碍连贯一致的政策反应。工人阶级为争取对商业利益的支持而采取的集体行动也同样受到管辖割裂的削弱,这种割裂是造成城市劳动组织支离破碎、性质温和的原因。

关于为什么不平衡的城市经济增长和变化没有在美国导致更激烈的阶级和群体冲突,解释集中在城市内部政治机构的设计上。② 在这一观点中,社会冲突的可能性是通过城市政府的结构安排来调解、扩散和转移的,它将地方政府潜在的经济矛盾和政治职能隔离在不同的机构和各级政府中。例如,经济和积累职能通常设在区域或国家一级的机构内,相对不受地方政治的影响,而处理经济政策的机构则设在较低级别的政府中。这些安排反映了商业在塑造城市政策方面的特权作用。此外,群体之间的政治关系是通过政治权力的正式组织来调解的。因此,更广泛的经济变革所产生的潜在阶层的需求,被分散的、以消费为导向的组织所要求。

从马克思的观点来看,以参与为中心和以结构为中心的模式,已经抓住了美国城市政治经济发展核心,即如何从重新分配的主张中脱离出来,并将集体行动从阶层的联盟和群体动员中剥离出来,这将极大地挑战或规范产权。卡茨纳尔逊研究的意义在于它解决了关于城市、空间和阶级冲突问题的三个不足。第一,强调对城市政府的结构或单独政策领域的影响分析往往是不充分的,它模糊了城市政府机构的竞争演变。第二,城市社会运动的结构马克思主义认为,从矛盾(政治化的集体消费或地理错位)到对抗,或者从抱怨到集体行动,都有必然性。事实上,在这些方法中,有更大程度的偶然性和变数。第三,大量关于将劳动力纳入美国政治体系的文献,甚至是一些左翼作家的著作,夸大了美国经验中没有

---

① David Robertson and Dennis Judd. *The Development of American Public Policy: The Structure of Policy Restraint*. Glenview, Ill.: Scott, Foresman, 1989, pp9-14.

② Roger Friedland, Frances Fox Piven, and Robert R. Alford. "Political Conflict, Urban Structure, and the Fiscal Crisis." in *Marxism and the Metropolis: New Perspectives in Urban Political Economy*, 2d ed., ed. William K. Tabb and Larry Sawers, New York: Oxford University Press, 1984, p85.

阶级行动的程度。合并的阶级意识形态和行动,以及阶级斗争掩盖了城市的阶级身份。综上所述,这些反对意见相当于呼吁对历史和偶然性进行分析,卡茨纳尔逊重新审视马克思主义阶级理论和城市社会理论的目的是将偶然性和复杂性纳入阶级形成和基于社区的身份研究中。其目标是构建一个概念框架,避免马克思主义劳动史学的目的论。它植根于无产阶级对意识和解放的理解,即阶级形成的本质主义叙事。

卡茨纳尔逊以修正主义为中心的城市理论是他作品的重要维度:从方法论的角度对经典的"自我"、"自我"的阶级结构模型进行了重新设计,并对 19 世纪以来美国工人阶级的形成进行了历史解释,其中城市空间起着重要的解释作用。但是,修订后的马克思阶级方案的发展假设破坏了历史模型的根本含义。修正的阶级模型不能解决古典模型的问题,历史的重新解释也不能避免发展主义和目的论的前提。更重要的是,在解释性方案中没有充分结合性别关系。

《城市战壕》一书最终没有成功地克服关于阶级形成叙事的目的论假设。尽管如此,将偶然性引入历史的叙述中,使我们看到了马克思主义问题本身的地平线。其结果是,《城市战壕》所开辟出的可能性,表明它超越了历史唯物主义和马克思主义政治想象的范畴。这是因为偶然身份的逻辑破坏了马克思劳动史学的两个关键假设:工人阶级身份的统一论和历史叙述的目的论。卡茨纳尔逊在的方法论中保留马克思主义,这阻止了它完全参与混合和偶然性的根本可能性。当我们移除这个框架的时候,他的理论会变得更加清晰,因为我运用了另一种方法来概念化身份的建立,这是基于我们之前从德里达解构主义和拉克劳的统治理论,以及拉科尼亚的精神分析理论的某些元素中得到的。

三、身份重构与城市政治的辩证存在

在什么情况下,个人和团体会以阶级的方式描绘资本主义现代性的社会地理学?以这种方式提出马克思主义城市理论的问题,会面临一系列的难题,需要将结构、代理、偶然性和空间的主题转移到分析的中心。只有将问题分解为四个关键组成部分,才能正确地理解这个问题:一是关于相对稳定和持久的结构背景的权利要求,在这种结构背景下,主体发现自己,然后试图通过其行动进行转化;二是承认社会和政治身份的多样性和变化性;三是对某一特定社会的城市和空间形态性质进行分析;四是指通过客观的结构和语境来理解并映射出"主观"的含义。

众所周知,马克思的理论传统对经济基础与上层建筑的隐喻有着漫长而曲折的讨论,尽管卡茨纳尔逊不希望完全放弃马克思主义传统,但是他认为经济基础与上层建筑模型是回答关于资本主义城市工人阶级形成的历史变化问题不适当的工具,而且过于确定,不允许有偶发性和复杂性。根据卡茨纳尔逊的说法,马克思主义理论中遇到难题的一部分原因是将三个不同的问题进行了合并。第一个是历史哲学,它提供了一个抽象的模型,从一种生产模式到另一种生产模式思维的转换。第二种是资本主义制度下的经济逻辑模型,从中派生出经济的"运动定律",生产工作场所的关系,以及阶级是由其经济角色所定义的,政治经济是在资本中发展的。第三个是一个具体的、历史解释的问题,描述了作为整体的特定社会形态,而不仅仅是作为经济体的社会。在第三个层面上,重要的是跨越所有社会关系和空间代理的性质,关注具体结果的变化,连接经济基础和上层建筑以及三个层次的因果机制。马克思主义核心主张是认为资本主义经济的逻辑模型是决定特定社会形态发展的最重要因素。马克思主义理论的核心争议可以从资本主义的逻辑理论和历史资本主义社会整体的联系来看待。当然,这是所有社会科学所经历的普遍问题的具体表现,这一领域是由诸如客观主义和主观主义、结构主义和唯意志主义等对立面所界定的。然而,正如我们将看到的,卡茨纳尔逊的方法论讨论超越了马克思主义理论,对社会解释有着更广泛的意义。

卡茨纳尔逊的观点是,大部分马克思主义的解释都是在试图发展整个社会的理解而不把其转变为第三层次,分析师不再完全依靠资本主义逻辑来分析经济范畴。[1] 当然,这对马克思主义理论来说是一个更普遍的问题,它面临着几个选择:继续胡乱地作一些不明确的、特别的分析;重申正统和机械的因果关系,正如哈维和早期的卡斯特所做的;以汤普森或后期卡斯特的方式淡化或忽略经济基础与上层建筑的区别;跟随雷蒙·威廉姆斯扩大基础的概念,包括文化和意识形态。为消除结构和代理之间的紧张关系,像安东尼·吉登斯和埃内斯托·拉

---

① Ira Katznelson. *Marxism and the City*. Oxford: Clarendon Press; Oxford University Press, 1992, p83.

克劳、查塔尔·墨菲都试图做的那样;或者最后,把上层建筑限制在经济能够明确解释的那些现象上,然后寻找非马克思主义的概念来找出分析的可能性,这是埃里克·霍布斯鲍姆提出的策略。

(一)"四位一体":阶级的结构形态

卡茨纳尔逊认为20世纪70年代之后,大部分马克思主义的阶级理论都是在试图发展对整个社会的理解而不把其转变为单纯的经济问题,分析师们不再完全依靠资本逻辑来分析经济的范畴。[①] 当然,对于经济基础和上层建筑的关系,学界有几种不同的处理方式:第一,重申正统和机械的因果关系,正如哈维和早期的卡斯特所做的那样;第二,淡化或忽略经济基础和上层建筑的区别,以汤普森和卡斯特的后期作品为代表;第三,扩大上层建筑的概念,将文化和意识形态都包容其中,如雷蒙·威廉姆斯;第四,把上层建筑限制在经济明确解释的那些现象上,然后寻找非马克思主义的概念来找出分析的可能性,如埃里克·霍布斯鲍姆提出的策略。卡茨纳尔逊遵循了最后一种选择,因为他认为这既保留了马克思主义传统,又可以帮助打破马克思主义城市研究的僵局。

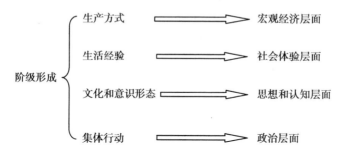

卡茨纳尔逊认为理解城市与阶级的双向建构过程需要从四个不同的维度或层次进行理解。"宏观经济层面的阶级关系结构;研究工作场所和居住社区的生活经验;倾向于以阶级方式行事的群体和以阶级为基础的集体行动。"[②]这四个问题与历史唯物主义、政治经济体制和具体的历史解释等马克思主义问题相对应。如上图所示,可以将阶级形成理论构建为"四位一体"的分析框架。

---

① [美]艾拉·卡茨纳尔逊:《马克思主义与城市》,王爱松译,江苏教育出版社2013年版,第83页。

② Ira Katznelson. " Working-Class Formation: Constructing Cases and Comparisons." in *Working-Class Formation:Nineteenth-Century Patterns in Western Europe and the United States*.Princeton.N.J.: Princeton University Press, 1986,p21.

第一个维度是从生产方式的两种逻辑范畴对阶级进行界定,即从宏观经济层面对劳动力的生产和再生产进行分析。值得注意的是,对关键的"行动者"的描述不是基于对给定社会的经验分析,而是从社会结构的抽象模型中推导出来的。卡茨纳尔逊将这一维度的阶级分析称为"远体验",认为它的有效性不依赖于对主观自我的理解,也不依赖于某一特定情况的历史体制背景。从这个意义上说,我们从经济层面抽象地谈论"资本主义"社会。

第二个维度是从城市生活经验的角度研讨阶级的形成,这关系到现实的人如何在决定性的生活模式和社会关系中生活。阶级在这里涉及工作之中和工作之外的社会存在的组织特征。① 第二维度的阶级是一种"近经验",反映了在工作场所内外的生产性经济之外,在城市的不同空间中,人们生活的社会条件和制度的整体。

第三个维度抓住了文化、符号和语言框架,在认知和语言的层次中,工人阶级会"映射"或解释第二个维度的情况。第二维度和第三维度之间的区别使我们能够分析相似的社会关系产生不同文化解释的原因。例如在 19 世纪,虽然法国、德国和美国都经历了工业资本主义时代、劳动力市场的组织化和城市化进程,但不同国家形成的阶级力量有所不同,这是由于阶级意识形态受到传统和文化的影响。19 世纪法国文化中的共和党、工匠和激进的工团主义者为法国工人阶级提供了解释框架,天主教和马克思主义反资本主义主题让德国工人看到了跨工会和政党的解决方案,而北美工人的特征则是亲资本主义的、非政治的工会。② 与此同时,处于同样处境的个人(第二维度),即使他们已经对形势有了一个共同的理解(第三维度),也不会自动地组织和行动起来,至少从奥尔森(Olson)的群体理论来看,这是一个众所周知的结果。正如布尔迪厄所说:"一种已建好的和正在建构之中的结构,这种结构创造了可分类实践和工作的图式系统,以及感觉和欣赏的图式系统。"③阶级成员之间可能在一种特定的文化秩

---

① [美]艾拉·卡茨纳尔逊:《马克思主义与城市》,王爱松译,江苏教育出版社 2013 年版,第200 页。

② Aristide Zolberg. "How Many Exceptionalisms?" in *Working-Class Formation: Nineteenth-Century Patterns in Western Europe and the United States.* Princeton, N.J.: Princeton University Press, 1986, p45.

③ Pierre Bourdieu. *Distinction: A social Critique of the Judgement of Taste.* Trans. Richard Nice, London: Routledge and Kegan Paul, 1984, p171.

序及其独特喜好、认知和可能性的框架之内构建阶级。①

第四个维度是工人阶级对政治的回应,即采用集体行动的方式表达阶级诉求。阶级诉求的倾向不仅仅是反映了固定群体对现实的需求,而且是对环境和文化的真实和意义的某种回应。以语言、符号和象征为基础的倾向构成了集体行动的文化资源,拥有共同倾向的人们,会采取共同的行动追求相同的目标。这些通过运动或组织自觉采取行动以影响社会和本阶级在社会中地位的行为,构成了阶级的"存在",通过这种集体行动组成的阶级,具有一定的偶然性。

总而言之,以上对阶级形成进行"四位一体"的重构定义了阶级形成的原因和影响因素,将阶级形成定位于"四个维度之间存在联系的过程",以取代古典结构主义或社会学理论中过于普遍的常规结构模型。② "四位一体"中的各个维度之间存在着辩证关系,它们相互关联、相互促进、互为前提和条件,不可偏废。宏观经济层面分析为政治、社会和文化层面提供了物质基础;社会体验层面为经济、政治和思想认知层面提供了发展环境;思想和认知层面为经济、政治和社会层面提供了精神支持;政治层面最终促成了阶级的形成,并为经济、社会和思想认知层面提供了政治保障。卡茨纳尔逊的阶级形成理论的贡献就在于他回答了理解工人阶级形成历史的关键变量,解释了城市空间通过政治背景被制度化的方式,通过代表、解释和"映射"说明了城市中的劳动男女和工业资本主义新空间之间的关系。"四位一体"的阶级形成理论显然是一个重要的进步,超越了卡斯特和哈维阶级理论的机械假设。然而,它的重要性并不仅仅体现在方法论层面上。"四位一体"的阶级形成理论是卡茨纳尔逊关于美国和西欧工人阶级形成与城市空间之间关系研究的重要基础。

城市与阶级之间存在着双向建构的关系。一方面,阶级形成受城市中诸多因素的影响。在 19 世纪的西欧和北美,为了寻找连贯性和可理解性,工人们面临着一项任务,就是要理解一个新的城市世界。城市空间在阶级结构和组织形

---

① [美]艾拉·卡茨纳尔逊:《马克思主义与城市》,王爱松译,江苏教育出版社 2013 年版,第200 页。

② Ira Katznelson. *Working-Class Formation*: *Constructing Cases*. N. J.: Princeton University Press, 1990,p21.

成中起着关键的中介作用。城市是阶级形成过程中具有决定性意义的因素。①
阶级形成并非是固定的结果,而是受城市发展的影响。现代工人阶级的形成史,
可以以一种全新的方式加以理解,阶级通过参照城市空间的特征和适合于集体
行动的方式来发展。另一方面,阶级的形成将城市还原为各种社会关系形成与
发展的"容器",为解读城市提供了新的视角。我们可以通过阶级形成史来图绘
城市的发展历程,进而剖析城市危机的成因,寻求更加适宜的城市发展道路。

(二)身份重构与城市政治

19世纪工业化资本主义国家的大多数城市都经历过类似的城市化过程。西
欧和北美大部分城市的共同特征是为居民区、工厂和小商店的工作场所开发不同
的空间。这种新的空间分离在工作场所和住宅或居住社区之间,刺激了中世纪城
市手工家庭的分裂。从目前的角度来看,很难理解城市的新空间是多么新奇,因为
住房、土地和职业都与手工家庭融合在一起。詹姆斯·万斯(James Vance)的开创
性著作首先提出了一个论点,即创造截然不同的工作场所和无产阶级,创造一个纯
粹的居民区。现代劳动力市场的建立伴随着自有住房和土地市场的发展。② 在美
国,新住房市场的运转将人口划分为越来越同质的居住社区,这些社区以阶级和种
族、宗教或语言特征区分开来,这种复杂的模式在纽约等城市至今依然存在。

因此,19世纪工业城市的新地理,尤其是工作与家庭的分离,在阶级和群体
身份的发展中起着中心作用。在美国,大量的移民人口以他们自己独特的机构
和协会身份,被划分为具有民族特征的居住社区。这些少数民族的"飞地"已被
制度化,从而通过当地的政治制度得以复制。19世纪美国城市的政治机器把新
来者融入政治中,使其成为领土和种族定义的政党和赞助制度的选民。工作场
所和居住社区,都有自己的机构关系、权力关系、冲突和利益,为劳动人民的主要
从属关系提供了竞争的基础。因此,现代城市和现代资本主义在很大程度上是
由劳动力和住房市场所界定的双重空间。将工作和生活联系起来的新空间如何
被映射成了19世纪的城市成了一个核心难题。

城市居民是如何规划城市的? 城市历史学家发现了明显相互矛盾的证据,

---

① [美]艾拉·卡茨纳尔逊:《马克思主义与城市》,王爱松译,江苏教育出版社2013年版,第
210页。

② James Vance."Housing the Worker:The Employment Linkage in Urban Structure."*Economic Ge-
ography* 42,October1966.

证明了少数民族削弱了阶级团结,也证明了劳动组织和集体活动的重要性。与工作场所相比,用人单位与劳动者形成了关键的关系,工人可以加入跨种族、宗教和语言的激进工会、住宅社区团体,跨职业社会关系家庭、亲属关系,和基于阶级和种族形成的团结。① 例如在学者对底特律的研究中,有人发现强大的种族聚居区削弱了阶级团结。② 正如卡茨纳尔逊指出的那样,当我们假设一种零和的集体认同模式时,更多的种族意味着更少的阶级。事实上,这两项研究都抓住了美国经验的重要方面,其中最重要的一点是,"阶级作为生活和斗争的一系列关系"是由城市的空间和政治制度的本质所调和的。③

卡茨纳尔逊认为忽视这一事实是对美国劳工历史的根本误读。因为一些人将英格兰作为对比的基准,观察家们倾向于探讨美国工人阶级的分裂,这与19世纪英国工人阶级身份的整体化形成了对比,工人阶级身份在家庭和工作之间架起了桥梁。然而,对于卡茨纳尔逊来说,"需要解释的不是美国政治中缺乏阶级,而是它对工作领域的限制"④。《城市战壕》的中心论点建立在这一观点上,认为美国的特色不是阶级的缺席,而是对工作地点的限制。19世纪资本主义工业化和城市化的共同特征是家庭与工作场所的分离,这是美国的一种特殊现象。这些新的劳动和居住模式改变了社会控制和权力的形式。在欧洲和美国,由于旧的社会秩序发生了转变,社会控制的问题同样以三种前所未有的方式重新出现:"试图管制和禁止工人在工作场所结盟;利用特权将工人及其领导人以最不威胁社会凝聚力的方式纳入政体;建立新的政治关系,将居住社区与政府联系起来"⑤。在美国,通过工作场所的工会,通过城市的社区政治机器,通过社区的成员,政府向雇主提供与权力和阶级相关的工匠和工人。与英国不同,一个更"整体"的工人阶级身份在家庭和工作中被跨越。也不像比利时,在工作和社区中,种族身份都占主导地位。在美国,工人们只在工作的地方发现自己是工人。根据卡茨纳尔逊的说法,"英国和美国工人阶级形成的模式差异……"最好由其各

---

① Ira Katznelson.*Marxism and the City*.Oxford:Clarendon Press;Oxford University Press,1992,p210.

② See Katznelson's discussion of studies of late-nineteenth-century and early-twentieth-century Detroit. *Marxism and the City*,pp273-274.

③ Katznelson.*City Trenches*.Chicago:University of Chicago Press,1982,p19.

④ Katznelson.*City Trenches*.Chicago:University of Chicago Press,1982,p16.

⑤ Katznelson.*City Trenches*.Chicago:University of Chicago Press,1982,p44.

自国家的组织和公共政策来解释。在英国和法国,严格执行的"联合法"规定了组织工会和罢工的权利,迫使工人们在诸如酒吧之类的社区机构组织起来,从而以"阶级"的方式"融入"社区和工作场所的文化。相比之下,在美国,早在19世纪末期,相对分散的国家体系,斯蒂芬·斯科罗内克(Stephen Skowronek)所称的"政党和法院体系"①(system of parties and courts)和对劳动法相对的宽容,允许组织工作场所的不满,意味着市政机构是唯一授权的组织。越来越多的城市人口面对的不是工人和雇主之间的对抗。英美两国宪法和司法模式的差异导致了私营企业和国家机构之间的权力分歧。例如,在美国的背景下,工作场所的劳工组织和社区的城市政治机器,有助于"创造阶级或种族的全球政治,以及城市的政治发展和阶级意识的分裂"②。

新城市工人阶级发展的一个重要因素是地方协会和俱乐部的重组,例如工会、福利协会、教区教堂、帮派、体育俱乐部、消防公司和从跨阶级到阶级同质的政治俱乐部。由于"工人阶级有能力发展和控制日常邻里生活的制度",这些"为发展独立的工人阶级文化提供了可能",而此时工匠们正因为技术变革和市场扩张而失去对生产过程的控制。另一方面,为社区工人组织公共生活的政党是由"传统工匠们组织起来的,他们作为一个阶级存在受到工业化和工作与家庭分离的威胁"③。

卡茨纳尔逊的《城市战壕》一书追随着安东尼奥·葛兰西《监狱笔记》的风格,认为"公民社会的上层建筑就像现代战争的堑壕体系",在19世纪最后25年里,以地理模式为核心的政治、经济和社会制度定义了城市生活,其中有三个主要因素。首先,工会发展了"试图保护技术工人传统特权"的工作场所;其次,城市政治机器的发展,与邻居的组织生活密切相关,构成了政治共同体的核心,这使男性、白人工人的特权延伸成为可能;最后,地方政府机构发展了市政服务,将其作为居住社区的成员提供给受试者。这一战壕体系构成了城市重要的组成部分,确保了新兴政治秩序的霸权,因为政治公民的冲突是在自由主义假设的共

① Ira Katznelson. "Working-Class Formation: Constructing Cases and Comparisons." in *Working-Class Formation: Nineteenth-Century Patterns in Western Europe and the United States*. Princeton, N.J.: Princeton University Press, 1986, p21.

② Katznelson. *City Trenches*. Chicago: University of Chicago Press, 1982, pp58-67.

③ Katznelson. *City Trenches*. Chicago: University of Chicago Press, 1982, pp51-52,53.

同基础上进行的。结果,卡茨纳尔逊声称,"作为公民的工人们并不觉得他们需要与国家作战,因为他们被包含在了国家中"。"这种发展的共识产生这样的影响,即在 20 世纪的最后 20 年,不确定性已经解决,而且新的城市体系主导着政治格局,并排除了以工作场所为中心的担忧"①。综上所述,这一战壕体系构成了城市生活的"共同假设",为 20 世纪美国城市的冲突和斗争创造了背景:"美国的城市政治一直强调种族、民族和领土,而非阶级的边界和规则的约束,强调商品和服务的分配,而不考虑生产或工作关系的问题。这些规则的核心是在人们的意识、言论和政治活动中彻底分离阶级观念。北美经验的独特之处在于,对于工作和社会的分化,在语言、文化和制度上的意义是所有工业资本主义社会的特征,形成了一种严重分裂的形式,而且已经持续了很长一段时间。"②

卡茨纳尔逊的方法有很多优点和新意,同样复杂的问题在哈维和卡斯特的研究中也是核心,城市身份、经济结构和城市空间的问题被哈维称之为"围绕社区冲突和社区组织之间关系的棘手问题"③。卡茨纳尔逊的研究为美国城市政治提供了新的视角,也为城市机构提供了历史的视角,解决了偶然性问题,并对美国工人阶级和群体身份的部分和空间特征提供了系统的描述。卡茨纳尔逊认为美国工人阶级运动的失败是由于其历史任务的局限性导致的,美国阶级制度的具体城市性质和城市系统的具体阶级特征决定的。他发现,在这两个问题中,相互联系导致了美国人缺乏全球性和激进的阶级意识,以及对美国城市的有限政策选择的解释。更广泛地说,卡茨纳尔逊的著作存在两个维度,即修正的阶级模型和实质性的历史记录。这两个维度代表了发展马克思主义城市理论的努力,包含了身份的权变、国家相关变量的非经济性角色,以及空间在塑造机构和结构中的构成作用。然而,从理论上讲,马克思主义理论及国家的经济理论在理论上是令人满意的,而更广泛的框架是否成功地超越了卡斯特和哈维所提供的选择,就不那么清晰了。④

---

①　Katznelson.*City Trenches*.Chicago:University of Chicago Press,1982,pp63-64,67.

②　Katznelson.*City Trenches*.Chicago:University of Chicago Press,1982,pp6,19.

③　David Harvey.*Consciousness and the Urban Experience*:*Studies in the History and Theory of Capitalist Urbanization*.Baltimore:Johns Hopkins University Press,1985,p37.

④　Katznelson.*City Trenches*.Chicago:University of Chicago Press, 1982,p20.

尽管有研究的优势,但《城市战壕》中的论点仍然存在问题,可以从两个方面进行分析。首先,修正主义的阶级四层模型在解决本质主义、目的论或发展主义的问题上并没有取得成功。历史上的"分岔"理论也没有成功地超越马克思主义劳动史学的目的论假设。其次,卡茨纳尔逊对城市工人阶级文化形成的经验描述缺乏对两性关系的充分考虑。他的修正主义城市理论不够马克思主义。一些批评者认为,与哈维的阶级斗争理论相呼应的是,把社会生活的各个领域看作是独立的、不同的,但实际上是统一的。举一个有代表性的例子,《劳动历史文集》的编辑们反对《城市战壕》的提法(阶级意识局限于工作场所),他们认为在现实中,"工作和生活领域之间的划分并没有得到明确的定义,因为这些领域是不可分割的,是辩证地联系在一起的"①。然而,这种提法存在典型的缺陷,即使是那些不明确依赖马克思主义概念的阶级形成的社会历史研究方法,也回避了资本主义城市的工作场所和居住社区的独立机构所面临的所有问题。援引"辩证法"使研究陷入了泥潭,而不是进行有效的澄清和分析。正如卡茨纳尔逊所观察到的,相关的问题涉及以工作和以社区为基础的冲突。每一种冲突都有各自的词汇和制度:工作、阶级和工会;社区、种族、地方党派、教会和志愿团体。② 马克思的辩证法概念在阐明这些相关的、但又截然不同的制度方面没有帮助,这并不是说他们之间没有关系。相反,正如确定、表达、外在构成、霸权等概念所表明的那样,关系并不依赖于总体性,术语及其相互作用从这个总体性中衍生出它们的意义和依据。辩证总体性的概念不能容许空间的逻辑。卡茨纳尔逊想要将其纳入研究范围正是因为它是一种非辩证的或后置的辩证(区别于后现代的差异概念),反映了工作和家庭在集体身份和社会总体上的分隔或混合。

(三)卡茨尼尔逊研究的不足

卡茨纳尔逊研究的主要弱点在于,尽管有明确的意图去构建"复杂性"的解释,尽管在这样做的过程中取得了相当大的成功,但城市理论的马克思主义框架阻止他全面实现这个目标。尽管旨在通过"消除"阶级的概念来克服工人阶级

---

① Ira Katznelson. *Marxism and the City*. Oxford:Clarendon Press;Oxford University Press,1992, p213.

② Charles Stephenson and Robert Asher. Dimensions of American Working-Class History, in *Life and Labor*:*"Dimensions of American Working-Class History."* ed.Charles Stephenson and Robert Asher.Albany:State University of New York Press,1986,p3.

史学的"未经检验的本质主义假设",但四层的阶级模型预先假定了与历史分析完全相反的结论。因此,构成《城市战壕》的两个维度的方法论和实质论是相互对立的。这种僵局表现为以下几个方面。我特别关注三个方面:马克思主义经济基础与上层建筑方案中国家相关变量的位置;四层阶级模型的发展假设;"工人"身份相对于其他所谓的非阶级群体和身份基础的授权与文本讨论。最重要的是要回顾卡茨纳尔逊对马克思主义理论难题作出的反应,虽然它只保留了一些有"上层结构"特征的经济决定论的基本模型,但允许运用其他解释变量和方法。对于卡茨纳尔逊而言,在模型中保留马克思经济模式的理由是资本主义发展在塑造现代世界中具有决定重要性,"马克思和韦伯都认为市场关系的扩大是资本主义整体性社区解体的主要原因。韦伯强调……资本主义发展的过程……塑造了生活的体验。①然而,面对英国与美国工人阶级分化,卡茨纳尔逊承认,马克思主义的作用有限。资本主义发展和城市地理的模式在美国和英国的案例中基本上是相似的,但是集体行动的结果却不同。马克思主义理论不是唯一能作出解释的工具。因此,不能为批判的城市理论提供排他性的基础。因此,卡茨纳尔逊的历史观必须将与国家相关的变量作为一个独立的、自治的现代性维度,作为市场经济的"应该具有可比性的理论处理"②。

　　尽管如此,两个不同的维度——经济决定论和自治状态变量——是不相容的。所需要的是一种保留结构概念的方法,这种结构与马克思的生产方式一样,但通过在平等的基础上合并与状态相关的变量来避免过度倾向于经济主义。在发展第一层次阶级概念的过程中,卡茨纳尔逊追随马克思的观点认为,存在自主经营的经济子系统,它是社会现代化和合理化的基本引擎。另一方面,卡茨纳尔逊并没有完全同化韦伯对现代性制度的分析,资本主义和市场交换仅仅是社会和系统合理化的一个方面,也包括官僚控制和权力。哈贝马斯主义(Habermasian)模型提供了一种替代性的理论构建,卡茨纳尔逊运用实证主义和历史洞察力,同时保持了马克思主义的关键优势。现代性不是一个子系统,而是两个子系统,即

① Katznelson.*City Trenches*.Chicago:University of Chicago Press,1982,p19.
② Ira Katznelson. "Working-Class Formation:Constructing Cases and Comparisons." in *Working-Class Formation:Nineteenth-Century Patterns in Western Europe and the United States*.Princeton,N.J.:Princeton University Press,1986,p23.

行政国家系统和经济系统。①。经济剥削的观念被官僚主义(来自国家)和商品化(来自市场)的过程所取代。因此,卡茨纳尔逊的框架落后于他经验主义的故事,将权力和国家置于模型的超结构位置。

类似的问题也出现在我们审视阶级的四个层次是如何相互关联的时候。该计划的目的是将复杂性和偶然性引入结构、社会关系、文化和机构之间的关系中。为了避免经典机械马克思主义的"反思主义认识论",即社会意识"反映"了"社会存在的外部现实",为了逃避其目的论,卡茨纳尔逊拒绝"意识形态的概念"。因此,阶级的四个层次的概念并不意味着一系列必要的阶段或自然的进程。事实上,他更进一步地宣称,任何层次的需求都不能被完全理解或分析。资格问题引发了明显的问题。如果阶级构成的内容和每一层都是"保持开放"的,那么根据什么标准我们可以将剩余的骨架称为"阶级"②? 向复杂的方向发展似乎被一个在课堂术语里的模型所限制了。如果阶级和非阶级的结果都是结构性的可能,那么放弃阶级标签,把四个层次作为社会理论研究的重要贡献,让每一个层次的内容向阶级和非阶级结果开放,似乎更有用,更不受约束。

不这样做的代价反映在对所谓的非阶级身份(种族、语言)的不对称处理上。这一点在卡茨纳尔逊的文章中最清楚地揭示了,尽管阶级形成是偶然的,在任何给定的经验证明之前,工人阶级都享有特权。但"工人阶级……让位于一种更为复杂的模式,即工人们保持着好战的拒绝主义,随着公民们越来越融入选举社会政治,工人出现在政治舞台上,不是作为工人,而是作为特定地点的居民或特定(非阶级)群体的成员"③。如果文本中被认定为"工人"的主体可以以阶级或非阶级的方式出现或代表自己,在某种意义上,我们称其为"工人"的实体是合理的。如果我们说工人作为阶级出现,而不是作为工人个体,这是否意味着对于"正确"的判断? 当然,这里存在某种不一致,它不仅仅是语义上的。

卡茨纳尔逊的回答是,这个术语反映了阶级四个层次模型的基本假设。在第一层次和第二层次上,"一个人的意识、文化和政治不符合他阶级地位的定义……甚至他的行为都不是其重要组成部分……这一层次的分析可以告诉我们

---

① Katznelson.*City Trenches*.Chicago:University of Chicago Press,1982,pp196,195.

② Katznelson.*City Trenches*.Chicago:University of Chicago Press,1982,p213.

③ Katznelson.*City Trenches*.Chicago:University of Chicago Press,1982,pp200-201.

工人是如何生存和生活在特定的环境中,而不是在那些有经验的环境中思考或行动的。① 卡茨纳尔逊坚持认为,这种区分是必要的,因为任何社会理论都不希望放弃理论与实践,倾向于纯粹面向行动的观点,这是许多话语和后现代理论的共同特点。在结构与过程的交叉点上,在存在与意识的交叉点上,分析第三层次是不可能的。卡茨纳尔逊的观点是,在社会关系模式(第二层次)的阶级关系中,比如雇佣劳动者和劳动力市场的扩张,是出现"阶级"集体行动的必要条件,但不是充分条件。相反,他指出,纯粹的行动观点认为,基于阶级的行动,即集体行动仅基于工人的经济范畴,在任何客观条件下都是同样可能的。"在话语之外没有客观性",就是说我们的解释(第三层次)相对于我们所处的"客观"条件是任意的或不受约束的,因此我们不应该对任何特定的结果感到惊讶。卡茨纳尔逊的方法在某些方面与哈贝马斯相似,正如我们在前面所看到的,在迈克尔·史密斯(Michael P.Smith)的讨论中,他认为,生命世界的象征水平(大致相当于卡茨纳尔逊的第三层次)并没有耗尽所有社会生殖的机制。卡茨纳尔逊对话语的透明概念持谨慎态度,因为他正确地希望保留对经验不透明的研究。我们不能像汤普森(Thompson)所说的那样,从直觉和"意识"中解读社会制度和历史的真相。这是对那些社会理论方法的敏锐批判,这些方法放弃了理论与实践的关联。

首先,区分阶级四个层次模型和马克思关于阶级的论述是很重要的。在我看来,将四个层次的概念框架、社会条件和生活方式、文化倾向和价值以及有组织的集体行动联系起来是对社会理论的重大贡献。另一方面,将四个层次划分为等级的存在,是与对偶然性要求不一致的。如果层次之间的关系从根本上来说是偶然的,如果"阶级"一词完全被删除,则模型没有实质性的改变。结构、倾向和行动之间的关系是偶然的,例如阶级结构、生活方式和性情可能会产生非阶级的意义、集体和组织——在这种情况下,我们不能说"阶级"必然是在不同的层次上,或者从某种意义上说,把阶级作为所有四个层次的统一主题是有意义的。在这种情况下,每个层次的阶级性质都是固定的,我们又回到了层次的同构性问题上,也就是说,自在自为的形式。在这一视角上看,四个层

① Jurgen Habermas."The Theory of Communicative Action", *vol.2*, *Life-world and System:A Critique of Functionalist Reason*. trans.Thomas McCarthy, Boston:Beacon Press, 1987, pp153−98.

次的方案并没有偏离传统马克思主义或社会学客观主义的假设。每一个层次之间的移动都被概念化为阶级结构、阶级关系、阶级经验和阶级行动。如果我们去掉了阶级标签,我们就可以更充分地实现复杂的目标。当然,这只是一种可能的结果。

《城市战壕》的另一个困境在于它无法打破结构和实践的二元性,而这两个过程被看作是两个独立的、外生的秩序。通过建立独立于主流话语的社会结构,为行动者提供随后被"映射"的"赋予者",功能主义者将身份还原为结构中的位置和无法区分"约束"的唯意志论立场。因此,结构和作用、存在与意识的对立是平行的。然而,通过与马克思主义唯物主义理论相呼应,这一主张也包含了同样有问题的结论:如果意识是由存在决定的,那么意识就不是社会存在的一部分。这正是该模型形而上的前提,并解释了为什么卡茨纳尔逊从他们的存在中分离主语(非存在)的表达式。

这种批评的方式将帮助我们指向另一个概念框架的马克思主义规划,概念结构并没有被看作是外部领域,而是扩大应急概念的元素与元素本身之间的联系。拉克劳和墨菲已经提出了一种重要的批判方法,他们通过断言将整体的元素或水平统一起来的非必要性来拒绝某种总体的概念。他们观察到,这些方法提出了一个问题:"各个层次的内部结构之间的关系是否必要。"如果答案是"是",那么我们就简单地用元素取代了整体的本质主义。这正是卡斯特所做的,最终形成了对具体情况不可知的描述。拉克劳和墨菲将这一举动描述为"社会的逻辑粉碎",但在概念上,切断连接的元素是不可行的。这很好地描述了在卡茨纳尔逊的四层模型中每个等级的特点。拉克劳和墨菲认为,这种逻辑上的整体性选择是"通过对每一种类型固定的批判,对每一种身份的不完整、开放和政治可流通特征的肯定"[1]。所有元素都没有固定的原因,是社会身份的特征,是通过确定、间隔和杂交的方式表达的。这并不是说,任何结果都是同样可能的,而是我们应该视总体的因素为偶然的。因此,我们可以得出这样的结论:尽管历史分析在《城市战壕》中的主要目的是证明识别的独特基础具有不可约性,并突出"非阶级身份和在工作之外占主导地位的制度",从而"突破'工薪阶

---

① Ira Katznelson. "Working-Class Formation: Constructing Cases and Comparisons." in *Working-Class Formation: Nineteenth-Century Patterns in Western Europe and the United States.* Princeton, N. J.: Princeton University Press, 1986, pp17, 22, 21.

层社区'等术语,以自己的术语来处理社区文化的内容"①,但四层阶级模式破坏了城市的分裂性。

尽管如此,作为一个整体,卡茨纳尔逊的作品为新问题开辟了道路,在这个意义上,罗兰·巴特称他为"作家文本"②。对历史性、偶然性和异质性的强调只能被阶级的超验主体性的重述所抵消。通过提出关于身份、空间和城市的问题,在某种程度上为工作和社区的不可约性打开了一扇大门。卡茨纳尔逊超越了封闭的问题体系,并在以下两个领域的衔接上展开了分析。通过强调在工作和社会中不同身份地位的问题,以及斗争的对象和结果,分析指出了这段关系的特征,以及这段关系的制度化霸权性质。不诉诸阶级的四个层次模型的客观化和累加性的话语,《城市战壕》这本书从根本上被解读:主观性本身就是在过度确定和表达的关系中形成的。《城市战壕》的根本和深远意义在于,它朝向历史的偶然因素和构成主体性的基础,排除了任何追索的手段。事实上,我们提出了历史和社会科学分析的关键特征,即对身份本身的激进性和他律性的分析。然而,这些见解必须被限制在阶级四个层次模型的约束之外,并从《城市战壕》一书的经验维度中得出有趣的、令人吃惊的启示。

卡茨纳尔逊的主要思想诞生于20世纪90年代,西方资本主义国家正在经历城市空间的重组,社会阶级之间和阶级内部的关系发生了重大改变。同时,苏联的解体也使马克思主义的发展遭受重创。因此,卡茨纳尔逊在此时讨论城市与阶级的双向构建问题既有现实的面向,又为马克思主义发展中遇到的新问题开辟了解决之路。通过提出身份、空间和城市的问题,卡茨纳尔逊超越了传统阶级问题封闭的体系,并在阶级和城市两个领域的衔接问题上展开了分析。他的阶级形成理论的根本和深远意义在于,朝向历史的偶然因素和构成主体性的基础,让人们认识到塑造阶级认同和发动集体行动远比马克思和恩格斯当年所预料的更加复杂。他最终提出了历史和社会科学分析的关键方法,即对身份本身的激进性和他律性进行分析。

当然,卡茨纳尔逊的阶级形成理论也存在一些解释学上的缺陷,可以归结为

①　Katznelson.*City Trenches*.Chicago:University of Chicago Press,1982,pp.207.

②　Ernesto Laclau and Chantal Mouffe.*Hegemony and Social Strategy:Towards a Radical Democratic Politics*.London:Verso,1985,pp.103-104.

四个主要的方面。

第一,从理论实质角度看,卡茨纳尔逊尽管有明确的意图去构建阶级形成的"复杂性",并且取得了相当大的成功,但他的马克思主义城市理论框架阻止他完全实现这个目标。尽管他旨在通过"消除"阶级的概念来克服工人阶级史学的"未经检验的本质主义假设",但"四位一体"的阶级模型却否定了历史分析的重要性,造成了方法论和理论实质的相互对立。他通过城市来重构人类阶级形成的变迁史,违背了马克思主义关于经济基础和上层建筑的分析范式,也与生产力是人类发展"原动力"的原理格格不入。对于卡茨纳尔逊而言,在研究模型中保留马克思经济模式的理由是资本主义发展在塑造现代世界中具有决定性意义,"马克思和韦伯都认为市场关系的扩大是资本主义整体性解体的主要原因。韦伯强调……资本主义发展的过程……塑造了生活的体验"①。然而,面对英国与美国工人阶级分化模式的差异,卡茨纳尔逊承认,马克思主义的作用十分有限。资本主义发展和城市地理在美国和英国的案例中基本上是相似的,但是集体行动的结果却不同。因此,卡茨纳尔逊的历史观必须将与国家相关的变量作为独立的、自治的现代性维度,作为市场经济的"应该具有可比性的理论处理"。正如卡茨纳尔逊自己承认的那样,这是一个严重的限制。他的城市语境下的阶级理论掺杂着汤普森的阶级理论和韦伯主义的国家学说,体现了马克思主义与韦伯主义的混杂。

第二,从方法论角度看,卡茨纳尔逊阶级形成理论的另一个困境在于它无法打破结构和实践的二元性,始终困扰于笛卡尔主客观二元论的思路,将这两个过程看作是两个独立的、外生的秩序。通过建立独立于话语的社会结构,卡茨纳尔逊将阶级身份还原为结构中的位置和无法区分的唯意志论立场。因此,阶级结构和作用、存在与意识的对立始终存在。通过与马克思主义唯物主义理论相呼应,这一主张也包含了同样有问题的结论:如果意识是由存在决定的,那么意识就不是社会存在的一部分。这正是该"四位一体"的阶级形成理论形而上学的前提,解释了为什么卡茨纳尔逊可以从他们的存在中分离主语(非存在)的表达式。从20世纪70年代以来,列斐伏尔、哈维和卡斯特等学者都强调城市是社会实践的参与者,而不仅仅是"容器",但是都没有给阶级结构和工人能动性的二

---

① Ira Katznelson.*City Trenches*.Chicago and London:The University of Chicago Press,1981,p51.

元论问题提供明确的答案。卡茨纳尔逊也同样没有突破前人的研究,给出合理的解决方案。

第三,从思想来源角度看,卡茨纳尔逊的阶级形成理论始终站在对传统阶级理论进行批判的立场上,多次对恩格斯的《英国工人阶级状况》等作品中的阶级理论进行批判,而更倾向于接受汤普森的《英国工人阶级的形成》一书中的观点,关注人类活动的文化因素。但这一倾向使他偏离了历史唯物主义和辩证唯物主义的路线,尽管他本人多次声称要突破结构化理论的约束,但"四位一体"的阶级形成理论又具有明显的结构化倾向。卡茨纳尔逊否定了经济决定论,但并不否定社会存在决定社会意识的观点。在分析中,他强调生产方式、生活经验、文化和意识形态、集体行动的同等重要性,用以证明阶级形成的偶然性和多样性,但是他又在四个维度之间用阶级经历提供历史调和。

第四,从应用性角度看,卡茨纳尔逊的阶级形成理论还停留在解释学的层面,虽然规划了"四位一体"的阶级发展路径,但是并未涉及阶级斗争的实践层面,也并未规划出可实现的解放政治学。城市语境中的阶级形成理论有何特征?集体行动对城市政治有何影响?工作场所与生活场所的分裂,形成了怎样的阶级意识?这些问题都需要从实践中进行研究和总结。更确切地说,卡茨纳尔逊将阶级形成的核心要素归结为政治文化传统,这种认识过于片面。这与列宁倡导的阶级斗争意识完全相反,列宁认为:"工人阶级单靠自己本身的力量,形成工联主义的意识",社会民主主义意识"只能从外面灌输进去"。[①]阶级意识的形成还是要通过实践才能从感性上升为理性,从理论延伸到现实。

---

① 《列宁全集》第6卷,人民出版社2013年版,第29页。

结语　走向全球都市化的元哲学

　　都市已经不仅仅是一个关系性的空间范畴,也表征着思想、想象或者行动,是理论抽象过程的"副产品",成为当前学术界理解全球发展状况的元叙事。都市化创造了全新的都市言说情境,差异性的事物有序存在并传达着社会关系的本质。在全球化语境中,对都市化的批判、反思与审视已经成为西方社会理论具有代表性的主题。无论是亨利·列斐伏尔的"都市社会"、尼尔·布伦纳的"全球尺度城市化",抑或是安迪·梅里菲尔德的"都市马克思主义"、克里斯蒂安·施密德的"重建都市性",他们共同的理论指向都是对全球都市化进程中暴露出的矛盾和危机进行反思,为研究建成环境和重构城市理论提供结构性框架。就理论脉络而言,当前的全球都市化研究多由新马克思主义者引领,倾向于使用政治经济学的方法,研究全球尺度下的都市体系,超越城乡二元观念,"进化"都市研究的范式。21世纪的第二个十年,都市化的"尺度"已经发生了质的变革,从地域尺度上升到全球尺度,都市已经成为全球政治、经济和社会空间转型的呈现。此时,对都市理论进行反思的迫切性不仅仅反映在来自全球都市化时代所引发的理论困境层面,更是应对来自城市化对人类发展带来的现实冲击,迫使人们探寻超越全球危机的现实路径,探究都市元叙事的理论逻辑。

　　无论是对经典作品的研读,还是对都市现实的诠释,对都市问题的反思总是立基于理论上的切问近思,即所谓的切己之问与近身之思。这种切问近思隐含着对城市元问题与元叙事的探求。所谓对当代都市问题进行元哲学的把握与叙事逻辑的清理,正是从这个角度切入的。当下如火如荼的都市化,实际上反映了深度全球化的历史进程。社会分工的细化使人类交往突破了城市、区域和国家的界限,世界的所有角落都成为统一生产体系的组成部分,也为全球都市化提供了根本发展动力。以马克思主义为基础,结合都市实践建构符合时代特征的都市哲学,是完成马克思主义哲学当代出场路径的重要尝试。从本书探讨的主题而言,主要是指从马克思主义的立场探讨全球都市化的现代性出场,阐明都市发展的"尺度"转向,审视其中存在的内在矛盾与哲学危机,进而构建都市元哲学,创新都市哲学的出场范式。

一、现实诠释与全球都市化的当代出场

自文明诞生之日起,人类从未停止过对城市人居世界的思考和理论化。在每个时代,对城市的认知框架都反映出当时人类了解已知世界的广度。对于古罗马或中国的首都而言,当时已知的世界仅包括帝国版图内所有已文明化的地区,而对于版图之外广大"未开化"地区的认知却极其有限。那时的人民并没有像我们今天这样拥有强烈的全球意识,即通过贸易、共同价值和利益将各大洲联系成一个整体的观念。"国际化"也是一个伴随着民族国家巩固而产生的现代概念。然而早在数千年前,人们便已认识到城市是一个因文化交流、贸易商路和交通网络而形成的人口聚集地。关于全球城市的清晰概念早在第一次世界大战时期就已经出现,早期很多探讨是关于美国和西欧的。

列斐伏尔在《城市的权利》一书中首次提出了"全球都市化"的概念,并论述了"完全都市化"和"都市社会"的图景。对于这一概念的深入探讨出现在《都市革命》一书中,列斐伏尔通过建立都市化空间的全球"结构"或"网络",预见了资本主义都市化的"泛化"①。他的论述为我们探究当前的都市化进程的走向提供了可参考的起点。本书的中心并非是探讨"全球都市化"的是非功过,也并非宣扬整个世界已经成为单一、完全集中化的都市。相反,我们要触及这样一个命题:人类社会生活的命运将会随着都市化的不断运动而发生轨迹上的根本变革,这一变革将直接影响我们的日常生活和政治命运。

（一）全球都市化的现实诠释

新世纪以降,全新的都市化时代已经来临,城乡的预设区分已经被打破,都市已经跨越了传统意义上的区域和地方尺度,成为具有全球尺度的网络体系。因此,我们有必要调整研究方法和创新理论,以"全球都市化"为切入点重新认

① 刘怀玉:《都市革命》,首都师范大学出版社 2018 年版,第 66 页。

识都市的发展。全球都市化具有如下典型症候:其一,从地理模式角度看,都市化正展现出地理规模不断扩大的新形态,横穿和渗透的不断加剧最终打破了城乡二元格局。一度局限于历史中心的都市概念已经被全新的都市生活方式所打破,过去的郊区、农村都已经变为城市副中心,人口集聚、多中心的都市聚落正在形成。

其二,从经济联系角度看,纵观全球主要的经济体和区域经济组织,针对空间施策的经济行为正在不断增加,这促进了横跨广大区域的跨国投资和城市发展。在全球都市化时代跨国资本不会仅仅关注传统的都市中心,而是将目光转向洲际交通廊道和大规模的跨国基础设施建设,通过构建覆盖全球的通讯和能源网络、自由贸易区和跨国经济组织形成广泛的空间管制和积累网络。

其三,从空间管理和社会重构的角度看,随着全球都市化的推进,都市社会运动将会孕育出新的载体,固化新的利益集团。当代都市作为社会运动的发源地将会发挥更加重要的作用。都市成为全球资本主义和新自由主义的策源地,其空间的公共性和差异性将会给集体行动提供新的地域基础。

综合上述理解,我们所谓的全球都市化乃是指都市由一个地方体向全球文明体转变的过程中,对传统意义上原始地方的摒弃和对全球尺度的自我理解、自我批判与自我奠基。传统意义上的地方被不断更新与重塑,自然界演化与都市化进程趋于同步,具体内容体现为地方的衰落与全球话语的纷呈,在丧失了地方绝对权威的基础上,如何构建包含差异的自由与公正的全球空间是全球都市化关注的核心所在。具体来讲,都市空间已经成为理解全球经济、政治和社会生活的重要视角,资本主义制度和全球生态都可以在全球都市化制度的重构中获得全新的理解。

(二)全球都市化研究的当代出场

全球都市化是将都市体系放置于全球的尺度下加以考量,意味着经过长期的衍化,传统上远离都市的乡村地区也被纳入都市化探讨的范畴。构建全新研究视角的根本目的是超越城乡二元论,进而实现都市研究范式的"进化"与变革。全球都市化的当代出场需要对都市研究的内涵与理论进行全面"升级",为了证明其合理性与有效性,其内容应当涵盖如下研究尺度的转换:(1)都市化的概念尺度从点状分布的都市拓展到都市群、都市带或巨型都市走廊;(2)都市的功能从中心向外蔓延,逐渐扩展到都市副中心或都市外围;(3)都市社会已经涵盖了传统的乡村和自然界,成为其组成部分;(4)纯粹意义上的自然界已经走向终结,一切自然环境都已经统摄于都市化的影响之下。① 所以,都市化已经成为当今世界的主流形态,"空间修复"已经在全球尺度下展开。② 毫无疑问,要恰当地理解当今社会,都市化已经成为不可回避的尺度,其重要程度不亚于现代化、工业化和民主化进程,是理解现代资本主义社会及其本质的重要维度。③ 全球都市化的进程并非一蹴而就,而是一个已经长期存在的学术问题。但是,在都市研究的思想史上,由于各种原因,对都市重要性的强调始终不足。因此,我们现在探讨"全球都市化"就是为了恢复都市在当代社会研究的中心位置。从两条逻辑线索出发,勾勒全球都市化研究的图景,厘清其当代出场的路径。

全球都市化研究的历史虽不漫长,但由于其复杂性和多样化,其研究逻辑经历了多次流变与转换,要准确地将其分类并非易事。从历史的长视角加以分析,可以将其分为两条逻辑:其一,是强调过程逻辑的都市全球化,注重对都市化现象进行动态解析,从流变性与动态性角度把握不同尺度和边界的城市现象。布伦纳认为如果城乡边界意识被打破,城市认识论的基础就将被打破,我们需要重构"表象"(nominal essence)和"本质"(constitutive essence)两种认识论。前者注重对空间现象与构造进行描述,后者则侧重探讨其机理与演化进程。全球都市化注重对后者的研究④,认为空间形态并非是固化的,也不会被时间序列所割裂,而是既相互冲突又相互联系。⑤ 全球都市化研究主要关注三个层次的空间生产,即建成环境生产、知识生产和意义生产⑥,这是列斐伏尔对全球都市化研究的重要贡献之一。具体研究方法上,他们探索了"去边界"的空间可视化表达方式⑦,探索了全新的研究思路。

---

① Brenner N. *Implosions/Explosions: Towards a Study of Planetary Urbanization*. Berlin: Jovis Verlag, 2014, p16.

② Merrifield A. "The Urban Question under Planetary Urbanization". *International Journal of Urban and Regional Research*, 2013, 37(3): 909-922.

③ 刘怀玉:《都市革命》,首都师范大学出版社 2018 年版,第 44 页。

④ Brenner N. "Theses on Urbanization." *Public Culture*, 2013, 25(1): 85-114.

⑤ Marcuse P, Van kempen R. *Globalizing Cities: A New Spatial Order?* Oxford: Blackwell Publishers, 2000, p146.

⑥ Lefebvre H. *The Production of Space*. Oxford: Blackwell, 1991, p89.

⑦ Lefebvre H. *State, Space, World: Selected Essays*. Minneapolis, MN: University of Minnesota Press, 2009, p45.

从过程逻辑角度看,全球都市化研究主要沿着三个方向展开:一是探讨都市景观的"创造性毁灭"问题,研究新旧空间如何互动,其背后的深层次经济政治根源;二是构建都市地理学,探讨都市化与社会演进之间的关系,资本主义扩张对都市化进程的影响;三是研究都市社会和政治运动问题,分析都市化对社会环境、社会空间和日常生活的政治影响。[①]。

其二,是强调政治逻辑的全球都市化,探讨都市化的政治影响,将全球"城市社会"的到来看作资本扩张的根本结果。[②] 在全球都市化时代,地域联系明显增强,利益博弈、都市政治和空间权力的争夺进入白热化,传统的政治理念正经历着前所未有的挑战。[③] 由此,在全球都市化的带动下,全新的政治格局正在酝酿。

对以上进行综合分析可见,两条逻辑的表现形态虽有差异,但皆具备一个共同点,即以全球化为问题呈现的背景,目的是实现都市化的研究转向,表现出认识论的二元分裂。一方面,对全球视野的强调使都市化的传统概念受到挑战,围绕都市化的全球变革将引起总体性的都市革命。同时,新马克思主义学者提出的"全球都市化"命题,天然带有激进的批判意味,强调了全球变革的必然性。另一方面,一些"后现代"和"比较都市化"学者将研究重点放在了发展中国家的都市经验方面,希望引进多样性来推动方法革新和观念升级。[④] 尽管存在各种分歧,但不可否认全球都市化已经成为不可回避的研究命题和新的理论增长点。

二、全球都市化的检视:思维特点与内在矛盾

全球都市化是社会的普遍变革,都市不仅仅是工业与资本主义的上层建筑,而且是生产力与生产关系的重要环节。从历史角度和共时性的角度看,都市化摧毁了传统的农业社会,除了建筑环境与物质结构发生变革外,个体与群体安身

---

① Brenner N. "Theses on Urbanization". *Public Culture*, 2013, 25(1):85-114.

② Merrifield A. "The Urban Question under Planetary Urbanization". *International Journal of Urban and Regional Research*, 2013, 37(3):909-922.

③ Wachmuth D and Brenner N. "Introduction to Henri Lefebvre's 'Dissolving City, Planetary Metamorphosis'." *Environment and Planning D:Society and Space*, 2014, 32(2):199-202.

④ Scott A J and Storper M. "The Nature of Cities:The Scope and Limits of Urban Theory." *International Journal of Urban and Regional Research*, 2015, 39(1):1-15.

立命之基础也被重新设定,这是来自于对都市现象普遍性、整体性和过程性的"理性"思考。都市化是时空交错的过程,必须通过辩证的总体现象才能理解那种不可归类和原始的混沌性。全球都市化标志着批判城市理论的转折点,全新的"都市"思维正在孕育,关于都市社会的探讨始终处于冲突与紧张中,以至于反对乃至颠覆的声音一直不绝于耳。因此,我们需要对全球都市化进行全面的检视,既抓住这股思潮的思维特点,又分析其内在矛盾,从构建全球都市化元哲学的高度剖析其内在逻辑。

全球都市化理论的问题意识,是和当代社会的转制紧密联系的,其核心的问题意识是如何论证全球化都市化的正当性与合理性,以及如何确立其文化法权地位。通过对这一理论的检视,可以梳理其如下思维特点。(1)将都市研究的重点从形态研究拉回到过程研究,肯定空间性并非是资本主义发展过程中的次生特征与景观,而是其基本存在基础。同时,都市形态的短暂性与浮动性决定了它是一个不断变化的存在,只有从整体性角度把握才能真正了解其轨迹与变化节奏。(2)都市化是一种非同寻常的集中化以及一种广泛的爆裂,都市社会中充满复杂性与矛盾性的形态只有通过资本主义的社会特征才能完美地理解,都市化的结果不仅仅是改变了社会经济结构,也变革了市民的生活体验与日常生活。(3)全球都市化并非是完成形态的定义,而是一个具有启发性的潜在性存在,都市空间作为越界和替代性的社会想象,在"差异化"、"多样性"、"具体乌托邦"和"城市权利"等概念中都会投射出能量。

通过对全球都市化的检视,我们发现都市化在造成物质形态变迁的同时也导致了意识形态的认识矛盾,这种矛盾需要从元哲学的角度加以矫治。哲学正在进入文化,正在以巨大的步伐征服世界,得到了文化和政治支持。它在世界上大部分地区拥有权力,伟大的意识形态斗争是在它的土地上进行的。今天,哲学作为一种走向文化统一的全球性成功,在其概念上已经完成了自我完善。哲学不再满足于作为一个世界的概念,而是实现了真正的全球化。它也变得世俗,成为文化辐射的中心,将自身世界化,变成了哲学的世界。在这个哲学世界中,存在着各种各样的哲学危机,遮蔽了我们对哲学本质的认识。列斐伏尔在《元哲学》(*Métaphilosophie*)一书中,向我们分析了全球都市化理论与传统哲学在认识论中存在的内在矛盾与分歧,以及化解这些矛盾的路径。

第一,哲学的范畴问题。在传统的认知中,哲学家处理的是抽象的思想,纯粹的概念,往往没有社会内容,而且他们往往不太与日常公众接触。日常生活并没有延伸到哲学的层面,没有被哲学所打动。因此,哲学遇到了抽象与具体之间的分裂。列斐伏尔认为,全球都市化需要在日常生活中扎根,需要一种创造性的,诗意的和活跃的冲动,实际上是三者的结合,将理论和实践统一起来,形成转化和创造性的突变,变成一种富有成效的对抗。列斐伏尔说:"全球都市化应该是元哲学的思想,去想象和提出新的形式,或者说是一种新的风格,它可以在实践中构建自己,通过改变日常生活来实现哲学的追求。"①

第二,实践问题。传统哲学认为,哲学不涉及具体的问题,而是研究宏观的人类问题。二元论的分野往往会造成存在与思想之间的矛盾,表现出分裂和冲突。要在统一中达到差异,统一性必须被实现或重新发现。只有一种积极的、创造性的思想,一种以实践为基础的、实践性强的能量形式,才能跨越分歧、矛盾、对立的界限,才能克服无穷无尽的斗争中相互对立、僵化。构建理论的目的不仅仅是理解问题,而且是在生活中化解问题。

第三,普遍性问题。哲学家宣称哲学思想是普遍的,它已经吸收了非哲学世界,即整个世界都在哲学统筹之下。因此,在哲学的开端,在推论的原则和前提里,既可以找到普遍性,也可以找到真理。由此,哲学成为了封闭的系统,与现实相割裂。要摆脱这一矛盾,唯有让哲学成为世界,成为在世界上实现的存在。那么哲学世界和非哲学世界就会失去它们的片面性,都将被克服。

第四,整体性问题。哲学强调整体性,没有整体性的认识,知识就会分散,世界会出现碎片化。整体、群体、形式既是事实,又是个体现象、片段和部分。我们这个时代的"真正"人类整体是一个破碎的整体。文化本身是分离的,是一种"马赛克的文化"。它不再是一个统一体,而是领域、部门、观点、技术、艺术和知识的并置。除了质疑整体性的概念,如何能对整体性进行连贯的讨论呢?哲学寻求成为人类经验或人类知识的总和。然而,它既不能达到全体,也不能达到普遍性,于是整体化的概念应运而生。如果总是有新的、强加于自身的、知识或生活经验上的、不断重复和重新开始的总和,那么哲学家就无法保证这种总和是哲学的。因此,一体化的概念比以往任何时候都更加危险。

第五,主体性的问题。在我们这个时代,哲学家喜欢宣称自己是主体性的辩

---

① Lefebvre H.*Metaphilosophy*.Verso,2016,p89.

护者和代言人,反对科学技术的客观主义和教条的非人格化。制度世界努力修剪主观性,切断一切试图取代的东西。一方面,以这样或那样的方式,通过各种各样的技巧,压制主观性的发挥。大量人际关系的物化、物化到极致的对象异化。另一方面,从外部影响主体性的操作,使用的是主观手段:神话、符号、意象。因此,主体性在主张其存在的自由和权利的同时,也难以摆脱对其产生影响和异化的因素。因此,社会学研究方法是必不可少的,它超越了专业科学和技术的狭窄视野,符合一种摆脱传统哲学框架的思想要求。对于主体性和个体性的辩护,借助一种主观的哲学绝对主义,带有主观的幻想,在这种哲学绝对主义中,人很容易迷失方向。因此,我们首先要摆脱"主体—物化"的抽象辩证法。

综上,与这些内在矛盾相联系的是哲学与政治之间的关系。哲学家陷入了两难的状态,要么不考虑现实的政治需要,一意孤行地探讨哲学问题。另一种选择是进入政治生活,将政治和国家纳入哲学的探讨范畴。抑或是选择折衷主义,而这种折衷主义几乎没有连贯性或系统性。很显然这两条道路在哲学上都不能得到满意的答案。因此,要构建一种元哲学,重新思考哲学的性质、对象、方法与概念框架等基本问题,让哲学为社会思想观念提供支撑或者思想基础,将其改造为一种关于世界观念的构造。

三、全球都市化的反思:元哲学的构建

全球都市化的智识与元哲学扎根于马克思主义,认同不同的生产方式产生不同的城市形态,主要关注一种生产方式和城市化模式如何向另一种生产方式和城市化模式的转型,提出城市化在历史变迁中所扮演的角色问题。列斐伏尔认为应当把工业社会视为全球城市化的前兆。城市既是一个虚拟的研究对象,同时又是一个可能的目标——一个自由乌托邦的姿态——随着世界越来越都市化,一些中心性的转型已经发生。为了创造替代性、可能的城市世界,列斐伏尔大胆推测社会关系和生产力将会如何变得上下颠倒。他进一步预言,当完全城市化在全球尺度上实现时,意味着城市肌理将会不息地与整个世界交织在一起,包括陆地表面、海洋、大气和地下,这些领域将会被直接工具化和功能化(instrumentalized and operationalized),用来服务于贪婪追求工业资本主义增长的目的。

全球城市化的元哲学叙事是一种对话和实践,为社会的思想观念提供了

"支撑"和观念基础,并将哲学"进化"为观念上的构造,进而统一于具有问题意识和话语逻辑的哲学共同体。全球都市化的元哲学表现为如下几点叙述方式。其一,全球城市化的元哲学是一种对话。从罗蒂的观点看,哲学的根本目的并非发现实在的真理,而是挖掘我们的精神生活,实现现实与精神世界之间的对话,元哲学正是沟通两者的桥梁。其二,全球城市化的元哲学是一种实践,即元哲学的叙述逻辑是与都市化实践逻辑相同步的,是使我们更好认识都市化的工具。马克思在《关于费尔巴哈的提纲》中对这一论断有深入的阐述。他认为哲学的关键并不在于解释世界,而在于改变世界。美国的很多实用主义者也认为哲学的最终价值追求是为人类谋幸福,而非单纯刻画物质世界。其三,全球城市化的元哲学话语的内在发展与律动,不仅要为社会思想观念提供支撑和观念基础,而且要成为改造世界的观念构造。从历史长视角看,宗教、常识与科学常常能够成为思想观念的基础,构建全球都市化的元哲学其根本目的也是为了重塑认知都市的维度,尽可能地精确刻画外部世界的实在。因此,全球都市化的元哲学是对传统哲学方法的创新,将以往思想资源转化为一场哲学的彻底变革。哲学需要与时俱进的发展,需要将视野扩展到现代生活的日常方面。因此,全球都市化的元哲学也是日常生活的元哲学,是扎根于都市实践的方法论体系。

借用当代知识社会学的术语,全球都市化的元哲学是"官学话语"、"主义话语"和"个人话语"的内在统一,其中个人层次是基础。元哲学需要在日常生活中扎根,需要一种创造性的,诗意的和活跃的冲动,将理论和实践统一起来,通过转化和创造性的突变,变成一种富有成效的对抗。列斐伏尔说:"全球都市化应该是元哲学的思想,去想象和提出新的形式,或者说是一种新的风格,它可以在实践中构建自己,通过改变日常生活来实现哲学升华。"①我们认为,全球都市化的元哲学叙事方式有如下逻辑特征。

第一,全球都市化的元哲学是对传统哲学的僭越与解放。正如元哲学是建立在传统哲学的废墟之上一样,都市社会也是建立在传统都市的废墟之上的。列斐伏尔在《都市革命》一书中认为,元哲学是"把自己从哲学中解放出来,就像都市社会从爆裂的都市中诞生一样"②。因此,都市社会本身就是一个隐喻的哲

---

① Lefebvre H.*Metaphilosophy*.Verso,2016,p84.
② 刘怀玉:《都市革命》,首都师范大学出版社 2018 年版,第 77 页。

学范畴,是连续性中的不连续,一个重复的差异,是旧工业社会的崩溃。新都市的形式颠覆了传统都市和它的超周期性。因此,元哲学的深层反哲学问题被转移到都市社会的深层实践层面,成为一个复杂的理论和政治困境。

第二,全球都市化的元哲学将自己置身于都市革命之中,试图从资本主义的危机中打造一种"新人文主义"。都市革命是一出统治阶级起主导作用的戏剧。统治阶级开创了把生产力累加起来的意志,在世界各地实行殖民统治,使土地商品化并从中榨取价值,使人民和自然成为价值源泉,从人性中榨取价值。正如他们将一切都资本化、货币化一样,统治阶级已经将触角深入人性,从我们日常生活的不同方面攫取价值。城市进程实际上已经成为破碎的空间单元的渐进生产,成为残暴的中心、支配的中心、依附和剥削的中心,成为一个创造性破坏的过程,一个经济、政治和生态转型的过程。列斐伏尔在《都市革命》一书中表示:"都市问题,作为意识形态和制度的都市化,作为一种具有全球趋势的都市化,都是全球性的事实。"[1]都市革命已经成为一种全球现象。

第三,全球都市化的元哲学从资本主义空间生产中汲取动力,从都市实践中升华理论。列斐伏尔对"全球都市化"和元哲学的影射在《都市革命》一书中随处可见。他认为威胁正在逼近我们,与其说是"全球都市化"的威胁,不如说是"都市的全球化"威胁。这个短语的顺序很能说明问题。都市本身并没有太大的扩张,而是变成了一个漩涡,吞噬着地球上的一切:资本、财富、文化和人民。正是这种对人、商品和资本的吸收,使得都市生活充满活力,又充满威胁,因为这是一种集权力量,它也"驱逐"了人们,从而隐藏了都市的本质。正是这种驱逐过程使得都市空间扩大,而让更多的人被排斥于都市之外。它能产生外部推进力,实现指数级的外部膨胀。都市不仅是工业与资本主义的上层建筑,而且也变成了生产力和生产关系的一部分。在这个都市漩涡中,一种新的人文主义以"革命的公民权"为基础。这种都市革命作为一种总体性战略,是遍及任何地方与时刻的微观实践活动。

四、结论

全球都市化作为一种新的全球现象和概念,为空间问题的研究提供了新的

---

① 刘怀玉:《都市革命》,首都师范大学出版社 2018 年版,第 194 页。

视角和框架。回顾全球都市化的各种建构方式和叙事逻辑,我们认为其元哲学的构建有如下特点。

第一,全球都市化的研究框架继承了列斐伏尔对都市社会和都市革命的政治经济学分析,并将大卫·哈维对空间的马克思主义构建纳入其中,力图超越传统的都市化研究范式,突出从地方到全球的研究尺度转换,强调空间的普遍性、去边界性,以及在都市内涵方面出现的新变化趋势。同时,全球都市化的最终目的是构建一个全新的理想社会,如列斐伏尔的"都市社会"、哈维的"埃迪里亚"等。这种"乌托邦"式的社会构想力图弥补城市发展的历史性困境和创伤记忆,来确证全球都市化的正确性。

第二,全球都市化将人类之"栖居"摆在了核心位置。与当前都市思想的无意识简化不同,全球都市化要求我们用一种尼采式和海德格尔式的元哲学沉思来复原栖居的意义,将生活体验和日常生活纳入研究,并超越它们形成一种普遍理论,形成一种哲学与元哲学。当海德格尔说"人诗意地栖居"时,他便为恢复此词开辟了道路。这意味着把人类与自然及其自身的本质关系,人类与存在及其自身存在的关系置于栖居之中,并在栖居中得以实现与理解。全球都市化强调都市的首要性和栖居的优先性,主张空间充满独特的意义,具有完整性的意味。这些理念为发展中国家的城市化道路提供了有益借鉴。

第三,全球都市化的分析框架具有明显的结构主义立场和政治经济分析倾向,体现了新马克思主义都市研究对于宏大叙事与理论化的一贯追求。但是,从全球尺度研究城市问题的难度可想而知,无论是在方法论方面,还是在新范式的建构方面还有很多需要改进之处。全球都市化的元哲学构建在叙事方式上还缺乏明确的边界意识,注重解构而轻建构,未能形成理论自觉。为此,在未来的研究中,要从以下几点把握叙述的界限,构建更为完整的理论体系。(1)把握叙述主体的边界性。都市的构建主体是人,通过行为和决策主体来建构都市景观,规定一种新的生活方式,能够使个人通过抛却日常生活而在更高层次上发展自身。这种新的生活方式能够使决策和建设者成为"社会凝聚器"和"社会加速器",不再为了资本主义社会关系和反映这种社会关系的秩序而工作,而是为了移动与新建这些关系而工作。因此,要把握城市建筑师、决策者和各种思想言说者的边界性。(2)叙事方式的边界性。虽然全球都市化研究渴求一种整体性的研究模式,但无论是文献注疏诠释性的、都市描述的、哲学思辨的,还是个体心性的、发展见证的,每一种话语方式都仅仅反映了都市化的局部而非全貌。(3)研究问题的边界性。全球都市化理论叙事方式驳杂而多样,反映了城市矛盾的复杂性与城市发展的差异性,也展现了当代城市哲学不同话语方式之间的纠缠与张力。因此,元哲学研究尚在起步阶段,不宜包揽一切,而应当注意其边界性。形成独树一帜的思想体系,并服务于人类社会,引领城市发展的潮流,将是学术界重要的使命与必须解决的命题。这要求我们既要吸收和消化最新的西方思潮成果,同时也要进一步在知识学的意义上辨析全球都市化的优劣,反省西方现代性经验的不足,并用以指导中国的城市实践。

主要参考文献

《马克思恩格斯全集》第 1 卷,人民出版社 1958 年版。

《马克思恩格斯全集》第 2 卷,人民出版社 1958 年版。

《马克思恩格斯全集》第 3 卷,人民出版社 1958 年版。

《马克思恩格斯全集》第 23 卷,人民出版社 1972 年版。

《列宁选集》第 1—4 卷,人民出版社 1972 年版。

《马克思恩格斯全集》第 12 卷,人民出版社 1974 年版。

[德]卢森堡:《资本积累论》,彭坐舜、吴纪先译,生活·读书·新知三联书店 1975 年版。

《资本论》第 1—3 卷,人民出版社 1975 年版。

《马克思恩格斯选集》第 1—4 卷,人民出版社 1995 年版。

《剩余价值学说史》,郭大力译,上海三联书店 2009 年版。

《政治经济学批判》,中共中央党校出版社 2013 年版。

[美]大卫·哈维:《地理学中的解释》,高泳源校,商务印书馆 1996 年版。

[美]爱德华·苏贾:《后现代地理学》,王文斌译,商务印书馆 2004 年版。

[美]爱德华·苏贾:《第三空间——去往洛杉矶和其他真实和想象地方的旅程》,陆扬等译,上海教育出版社 2005 年版。

[美]大卫·哈维:《后现代的状况——对文化变迁之缘起的探究》,周宪、许钧译,商务印书馆 2004 年版。

[美]爱德华·苏贾:《后大都市:城市和区域的批判性研究》,李钧等译,上海教育出版社 2006 年版。

[美]大卫·哈维:《希望的空间》,胡大平译,南京大学出版社 2008 年版。

[法]亨利·列斐伏尔:《空间与政治》,李春译,上海人民出版社 2008 年版。

〔美〕大卫·哈维:《新帝国主义》,初立忠、沈晓雷译,社会科学文献出版社 2009 年版。

〔美〕大卫·哈维:《正义、自然和差异地理学》,胡大平译,上海人民出版社 2010 年版。

〔美〕大卫·哈维:《巴黎城记——现代性之都的诞生》,黄煜文译,广西师范大学出版社 2010 年版。

〔美〕大卫·哈维:《资本的空间:批判地理学刍议》,王志弘、王玥民译,群学出版有限公司 2010 年版。

〔美〕大卫·哈维:《资本之谜:人人需要知道的资本主义真相》,陈静译,电子工业出版社 2011 年版。

〔美〕大卫·哈维:《跟大卫·哈维:读〈资本论〉》,刘英译,上海译文出版社 2014 年版。

〔美〕大卫·哈维:《叛逆的城市》,叶齐茂、倪晓晖译,商务印书馆 2014 年版。

〔美〕马克·戈特迪纳:《城市空间的社会生产》,任晖译,江苏凤凰教育出版社 2014 年版。

〔德〕本雅明:《单向街》,王涌译,江苏文艺出版社 2015 年版。

〔法〕米歇尔·福柯:《福柯选集》,汪民安译,北京大学出版社 2016 年版。

李烈炎:《时空学说史》,湖北人民出版社 1988 年版。

包亚明:《后现代性与地理学的政治》,上海教育出版社 2001 年版。

纪晓岚:《论城市的本质》,中国社会科学出版社 2002 年版。

包亚明:《现代性与空间的生产》,上海教育出版社 2003 年版。

高鉴国:《新马克思主义城市理论》,商务印书馆 2006 年版。

刘怀玉:《现代性的平庸与神奇》,中央编译出版社 2006 年版。

张一兵编:《社会批判理论纪事》第 1 辑,中央编译出版社 2006 年版。

邓晓芒:《西方哲学史》,高等教育出版社 2006 年版。

薛毅主编:《西方都市文化研究读本》第 4 卷,广西师范大学出版社 2008 年版。

孙逊、杨建龙主编:《都市空间与文化想象》,上海三联书店 2008 年版。

任平:《当代视野中的马克思》,江苏人民出版社 2008 年版。

冯雷:《理解空间》,中央编译出版社 2008 年版。

汪民安:《城市文化读本》,北京大学出版社 2008 年版。

黄凤祝:《城市与社会》,同济大学出版社 2009 年版。

肖前主编:《马克思主义政治哲学原理》,社会科学文献出版社 2009 年版。

韩秋红、史巍、胡绪明:《现代性的迷思与真相——西方马克思主义的现代性批判理论》,人民出版社 2013 年版。

赵培:《资本的哲学——马克思资本批判理论的哲学考察》,人民出版社 2014 年版。

唐旭昌:《大卫·哈维城市空间思想研究》,人民出版社 2014 年版。

赫曦滢:《历史的解构与城市的想象》,社会科学文献出版社 2015 年版。

赫曦滢:《马克思主义视阈中的城市批判与当代价值》,社会科学文献出版社 2017 年版。

韩秋红、孙颖、王馨曼、王临霞:《西方马克思主义现代性理论批判》,人民出版社 2018 年版。

[西]卡斯特:《都市象征》,选自夏铸九编译:《空间的文化形式与社会理论读本》,台湾:明文书局 1988 年版。

[美]大卫·哈维:《论地理学的历史和现状:一个历史唯物主义宣言》,蔡运龙译,载《地理译报》1990 年第 3 期。

刘怀玉:《西方学界关于列斐伏尔思想研究现状综述》,载《哲学动态》2003 年第 5 期。

[美]迈克·迪尔:《后现代血统:从列斐伏尔到詹姆逊》,载包亚明主编:《现代性与空间的生产》,上海教育出版社 2003 年版。

冯鹏志:《时间正义与空间正义:一种新型的可持续发展伦理观》,载《自然辩证法研究》2004 年第 1 期。

刘怀玉:《历史唯物主义的空间化解释:以列斐伏尔为个案》,载《河北学刊》2005 年第 3 期。

[美]戴维·哈维:《马克思的空间转移理论》,郇建立编译,载《马克思主义与现实》2005 年第 4 期。

仰海峰:《全球化与资本的空间布展》,载《北京大学学报》(哲学社会科学版)2005 年第 4 期。

大卫·哈维:《列菲弗尔与空间的生产》,黄晓武译,载《国外理论动态》2006年第1期。

汪民安:《空间生产的政治经济学》,载《国外理论动态》2006年第1期。

胡大平:《马克思主义理论的时间敏感性》,载《河北学刊》2006年第2期。

胡大平:《马克思主义是否可能通过文化理论走向日常生活?——试析20世纪70年代之后国外马克思主义的"文化转向"》,载《南京大学学报》2006年第5期。

汪原:《生产、意识形态与城市空间——亨利·勒斐伏尔城市思想述评》,载《城市规划》2006年第6期。

胡大平:《从地理学到生态社会主义政治学——文献史和问题史中的哈维》,载张一兵等:《社会理论论丛》,南京大学出版社2006年版。

田毅鹏、张金荣:《马克思社会空间理论及其当代价值》,载《社会科学研究》2007年第2期。

孙江:《当代中国空间生产的现实语境及其矛盾分析》,载《苏州大学学报》(哲学社会科学版)2007年第3期。

仰海峰:《列斐伏尔日常生活批判理论研究的一部力作——读(现代性的平庸与神奇)》,载《北京大学学报》(哲学社会科学版)2008年第1期。

吴宁:《列斐伏尔的城市空间社会学理论及其中国意义》,载《社会》2008年第2期。

董慧:《现代空间维度的后现代想象——大卫·哈维的后现代主义思想探究》,载《哲学动态》2009年第8期。

韩秋红、史巍:《西方马克思主义现代性批判的双重维度》,载《江苏社会科学》2010年第1期。

孙江:《工业资本主义时代的空间拜物教批判》,载《学习与探索》2010年第1期。

庄友刚:《空间生产与资本逻辑》,载《学习与探索》2010年第1期。

陈忠:《空间生产、发展伦理与当代社会理论的基础创新》,载《学习与探索》2010年第1期。

唐旭昌:《论大卫·哈维的辩证乌托邦思想》,载《理论与现代化》2010年第4期。

李春敏:《资本积累的全球化与空间的生产》,载《教学与研究》2010 年第 6 期。

李春敏、章仁彪:《资本全球化视阈下的几个社会空间问题》,载《天津社会科学》2010 年第 10 期。

高春花:《我国城市空间正义缺失的伦理视阈》,载《学习与探索》2011 年第 3 期。

韩秋红、史巍:《西方马克思主义研究的方法论价值与局限》,载《马克思主义研究》2014 年第 8 期。

陈忠:《城市社会的生态逻辑:问题本质与伦理自觉》,载《现代哲学》2016 年第 5 期。

王志刚:《马克思主义社会理论与城市问题——兼评卡茨纳尔逊的都市马克思主义》,载《内蒙古社会科学》2017 年第 11 期。

杨生平:《都市马克思主义辨正》,载《理论视野》2017 年第 2 期。

陈忠:《城市社会:文明多样性与命运共同体》,载《中国社会科学》2017 年第 1 期。

任政:《都市马克思主义的理论限度及其总体批判》,载《国外社会科学》2018 年第 3 期。

胡大平:《哲学与空间转向——通往地方知识的生产》,载《哲学研究》2018 年第 5 期。

王雨辰:《马克思主义空间理论与当代都市空间问题》,载《山东社会科学》2018 年第 5 期。

Aglietta, Michel. *A Theory of Capitalist Regulation: The U.S. Experience.* Translated by David Fernbach. London: New Left Books, 1979.

Althusser, Louis. "Contradiction and Overdetermination." In *For Marx.* London: New Left Books, 1977.

Apel, Karl Otto. *Understanding and Explanation.* Cambridge, Mass.: MIT Press, 1984.

Aronowitz, Stanley. *The Politics of Identity.* New York: Routledge, 1992.

Baudrillard, Jean. *The Mirror of Production.* Translated and with an introduction by Mark Poster. St. Louis, Mo.: Telos Press, 1975.

Beauregard, Robert. *Voices of Decline: The Post-War Fate of U. S. Cities.* Oxford: Blackwell, 1993.

Beauregard, Robert, and Anne Haila. "The Unavoidable Incompleteness of the City." *American Behavioral Scientist*, 1997.

Becker, Uwe. "Class Theory: Still the Axis of Critical Social Scientific Analysis?" In *The Debate on Classes*, edited by Erik Olin Wright. New York: Verso, 1989.

Bell, Daniel. *The End of Ideology.* New York: Collier, 1961.

Bender, Thomas. *Community and Social Change in America.* Baltimore: Johns Hopkins University Press, 1982.

Blackmar, Elizabeth. *Manhattan for Rent*, 1785–1850. Ithaca, N.Y.: Cornell University Press, 1989.

Blakely, Edward James. *Fortress America: Gated Communities in the United States.* Washington, D.C.: Brookings Institution Press, 1997.

Bodnar, John. *The Transplanted: A History of Immigrants in Urban America.* Bloomington: Indiana University Press, 1985.

Boydston, Jeanne. *Home and Work: Housework, Wages, and the Ideology of Labor in the Early Republic.* Oxford: Oxford University Press, 1990.

Boyer, Christine. *Dreaming the Rational City: The Myth of American City Planning.* Cambridge, Mass.: MIT Press, 1983.

Calhoun, Craig. "Social Theory and the Politics of Identity." In *Social Theory and the Politics of Identity*, edited by Craig Calhoun. Oxford: Blackwell, 1994.

Callinicos, Alex. *Making History: Agency, Structure, and Change in Social Theory.* Ithaca, N.Y.: Cornell University Press, 1988.

Castells, Manuel. "Is There an Urban Sociology?" In *Urban Sociology: Critical Essays*, edited by Chris G. Pickvance. New York: St. Martin's, 1976.

Clough, Patricia. "Poststructuralism and Postmodernism: The Desire for Criticism." *Theory and Society* 21(1992).

Cohen, Jean. *Class and Civil Society: The Limits of Marxian Critical Theory.* Amherst: University of Massachusetts Press, 1982.

Cohen, Jean, and Andrew Arato. *Civil Society and Political Theory.* Cambridge,

Mass.:MIT Press,1992.

Cosgrove, Dennis, and Mona Domosh. "Author and Authority: Writing the New Cultural Geography." In *Place/Culture/Representation*, edited by James Duncan and David Ley.London:Routledge,1993.

Cutler, Anthony, et al.*Marx's Capital and Capitalism Today*.London: Routledge & Kegan Paul,1976.

Dagger, Richard.*Civic Virtues: Rights, Citizenship, and Republican Liberalism*.New York:Oxford University Press,1997.

Dahl, Robert.*Who Governs?* New Haven, Conn.:Yale University Press,1961.

Davis, Mike.*City of Quartz: Excavating the Future in Los Angeles*.New York: Vintage,1992.

Dear, Michael."Intentionality and Urbanism in L.A.,1781－1991." In *The City: Los Angeles and Urban Theory at the End of the Twentieth Century*,edited by Allen J. Scott and Edward W.Soja.Berkeley:University of California Press,1996.

Debord, Guy.*The Society of the Spectacle*.New York:Zone Books,1994.

Derrida, Jacques.*Writing and Difference*.Translated by Alan Bass.Chicago: University of Chicago Press,1978.

Downs, Anthony. *New Visions for Metropolitan America*. Washington, D. C.: Brookings Institution,Lincoln Institute of Land Policy,1994.

Dubofsky, Melvyn.*When Workers Strike: New York City in the Progressive Era*, 1910－1918.New York:Quadrangle Press,1968.

Duncan, Nancy, ed. *Body Space: Destabilizing Geographies of Gender and Sexuality*.London:Routledge,1996.

Durkheim, Emile. *Division of Labor*. Translated by George Simpson. New York: Free Press,1933.

Eagleton, Terry.*The Illusions of Postmodernism*.Oxford:Blackwell,1996.

Edel, Mathew, Elliot Sclar, and Daniel Luria.*Shaky Palaces: Homeownership and Social Mobility in Boston's Suburbanization*. New York: Columbia University Press,1984.

Elkin, Stephen.*City and Regime in the American Republic*.Chicago:University of

Chicago Press, 1987.

Fainstein, Susan. *The City Builders*. Cambridge, Mass. : Blackwell, 1995.

Fainstein, Susan, and Clifford Hirst. "Urban Social Movements." In *Theories of Urban Politics*, edited by David Judge, Gerry Stoker, and Harold Wollman. London : Sage, 1995.

Fischer, Claude S. *To Dwell among Friends : Personal Networks in Town and City*. Chicago : University of Chicago Press, 1982.

Fried, Morton. *The Evolution of Political Society*. New York : Random House, 1967.

Friedland, Roger, Frances Fox Piven, and Robert R. Alford. "Political Conflict, Urban Structure, and the Fiscal Crisis." In *Marxism and the Metropolis : New Perspectives in Urban Political Economy*, 2d ed., edited by William K. Tabb and Larry Sawers. New York : Oxford University Press, 1984.

Frug, Jerry. "Decentering Decentralization." *University of Chicago Law Review* 60, No. 2 (spring 1994).

Frug, Gerald E. *City Making : Building Communities without Building Walls*. Princeton, N.J. : Princeton University Press, 1999.

Fuss, Diana. *Essentially Speaking : Feminism, Nature, and Difference*. New York : Routledge, 1989.

Giddens, Anthony. *Modernity and Self-Identity*. Stanford, Calif. : Stanford University Press, 1991.

Glazer, Nathan. *The Limits of Social Policy*. Cambridge, Mass. : Harvard University Press, 1988.

Glenn, Susan. *Daughters of the Shtetl : Life and Labor in the Immigrant Generation*. Ithaca, N.Y. : Cornell University Press, 1990.

Godelier, Maurice. *The Mental and the Material*. Translated by Martin Thom. London : Verso, 1986.

Gottdienier, Mark. *The Social Production of Urban Space*. Austin : University of Texas Press, 1985.

Gould, Roger V. *Insurgent Identities*. Chicago : University of Chicago Press, 1995.

Gregory, Derek. "Interventions in the Historical Geography of Modernity : Social

Theory, Spatiality, and the Politics of Representation." In *Place/Culture/ Representation*, edited by James Duncan and David Ley. London: Routledge, 1992.

Grossberg, Lawrence. "Identity and Cultural Studies—Is That All There Is?" In *Questions of Cultural Identity*, edited by Stuart Hall and Paul du Gay. London: Sage, 1996.

Habermas, Jurgen. *Legitimation Crisis*. Translated by ThomasMcCarthy. Boston: Beacon Press, 1976.

Hartmann, Heidi. "Capitalism, Patriarchy, and Job Segregation by Sex." *Signs* 1 (1976).

Harvey, David. *Social Justice and the City*. Baltimore: Johns Hopkins University Press, 1973.

Hayden, Dolores. *The Grand Domestic Revolution: A History of Feminist Designs for American Homes, Neighborhoods, and Cities*. Cambridge, Mass.: MIT Press, 1981.

Hobsbawm, Eric R. "Marx and History." *New Left Review* 143 (January-February 1984).

Jameson, Fredric. *Postmodernism, or The Cultural Logic of Late Capitalism*. Durham, N.C.: Duke University Press, 1991.

Kakuthas, Chandran, and Philip Petit. *Rawls: A Theory of Justice and Its Critics*. Stanford, Calif.: Stanford University Press, 1990.

Katznelson, Ira. *City Trenches: Urban Politics and the Patterning of Class in the United States*. Chicago: University of Chicago Press, 1982.

Kearney, Michael. "The Effects of Transnational Culture, Economy, and Migration on Mixtec Identity in Oaxacalifornia." In *The Bubbling Cauldron: Race, Ethnicity*, and the Urban Crisis, edited by Michael Peter Smith and Joe R. Feagin. Minneapolis: University of Minnesota Press, 1995.

Kerr, May Walden. *Socialism and the Home*. Chicago: Charles H. Kerr & Co., 1901.

Kessler-Harris, Alice. *Out to Work: A History of Wage-Earning Women in the United States*. Oxford: Oxford University Press, 1982.

King, Anthony D. "Introduction: Cities, Texts and Paradigms." In *Re-Presenting the City*:*Ethnicity*,*Capital*,*and Culture in the Twenty-first-Century Metropolis*, edited by Anthony D.King.New York：New York University Press,1996.

Kymlicka,Will."Liberal Individualism and Liberal Neutrality."In *Communi-tari-anism and Individualism*, edited by Shlomo Avineri and Avner de-Shalit. Oxford：Oxford University Press,1992.

LaCapra,Dominick.*Rethinking Intellectual History*:*Texts*,*Contexts*,*Language*.Ithaca,N.Y.：Cornell University Press,1983.

Lacan,Jacques. *Ecrits*：*A Selection*. Translated by Alan Sheridan. New York：Norton,1977.

Laclau,Ernesto.*New Reflections on the Revolution of Our Time*.Translated by Jon Barnes.London：Verso,1990.

Laclau,Ernesto,and Chantal Mouffe.*Hegemony and Socialist Strategy*:*Towards a Radical Democratic Politics*.London：Verso,1985.

Lauria,Mickey,ed.*Reconstructing Urban Regime Theory*:*Regulating Politics in a Global Economy*.Thousand Oaks,Calif.：Sage,1996.

Lefebvre,Henri.*Le Droit a la ville*.Paris：Anthropos,1968.

Lemons,Stanley J.*The Woman Citizen*:*Social Feminism in the* 1920's.Urbana：University of Illinois Press,1973.

Levine, Andrew, Elliott Sober, and Erik Olin Wright. " Marxism and Methodological Individualism."*New Left Review* 162(1987).

Liggett,Helen."City Sights/Sites of Memories and Dreams."In *Spatial Practices*, edited by Helen Ligget and David Perry.Thousand Oaks,Calif.：Sage,1995.

Lofland,Lyn H.*A World of Strangers*:*Order and Action in Urban Public Space*. New York：BasicBooks,1973.

Logan,John R.,and Harvey Molotch.*Urban Fortunes*:*The Political Economy of Place*.Berkeley：University of California Press,1987.

Marcuse,Peter."A Useful Installment of Socialist Work：Housing in Red Vienna in the 1920's." In *Critical Perspectives on Housing*, edited by Rachel Bratt, Chester Hartman,and Anne Meyerson.Philadelphia：Temple University Press,1986.

Marx,Karl."The Eighteenth Brumaire of Louis Bonaparte." In *Karl Marx and*

Friedrich Engels, *Selected Works in One Volume*.London：Lawrence & Wishart,1968.

Massey, Doreen. "Flexible Sexism." *Environment and Planning：D*, *Society and Space* 9(1991).

McCarthy, Thomas A. *The Critical Theory of Jurgen Habermas*. Cambridge：Polity,1984.

Metcalf, Barbara, ed.*Making Muslim Space in Europe and North America*.Berkeley：University of California Press,1996.

Moscovici, Serge, and Willem Doise.*Conflict and Consensus：A General Theory of Collective Decisions*.Translated by W.D.Halls.London：Sage,1994.

Mouffe, Chantal.*The Return of the Political*.London, Verso,1993.

Munch, Richard. *Theory of Action：Towards a Synthesis Going Beyond Parsons*. London：Routledge & Kegan Paul,1987.

"Feminists Design a New Type Home." *New York Times*.April 5,1914.

Offe, Claus, and Ulrich Preuss."Democratic Institutions and Moral Resources." In *Political Theory Today*, edited by David Held.Stanford, Calif.：Stanford University Press,1991.

Ostrom, Elinor." The Social Stratification-Government Inequality Thesis Explored." *Urban Affairs Review* 19(1983).

Park, Robert.*Race and Culture*.Glencoe, Ill.：Free Press,1950.

Payne, Elizabeth Anne.*Reform, Labor, and Feminism：Margaret Drier Robins and the Women's Trade Union League*.*Urbana*：University of Illinois Press,1988.

Peterson, Paul.*City Limits*.Chicago：University of Chicago Press,1981.

Pickvance, Chris G. "The Structuralist Critique in Urban Studies." In *Cities in Transformation*, edited by Michael Peter Smith.Beverly Hills, Calif.：Sage,1978.

Plotkin, Sydney."Enclave Consciousness and Neighborhood Activism."In *Dilemmas of Activism：Class, Community, and the Politics of Local Mobilization*, edited by Joseph M.Kling and Prudence S.Posner.Philadelphia：Temple University Press,1990.

Pope, Jesse. *The Clothing Industry in New York*. 1905；New York：B. Franklin,1970.

Przeworski, Adam.*Capitalism and Social Democracy*.Cambridge：Cambridge University Press, 1985.

Raban, Jonathan. *Soft City*. London: Harvill Press, 1998.

Rawls, John. *Political Liberalism*. New York: Columbia University Press, 1993.

Rivera, Margo. "Linking the Psychological and the Social: Feminism, Poststructuralism, and Multiple Personality." *Dissociations* 2, no.1 (March 1989).

Robertson, David, and Dennis Judd. *The Development of American Public Policy: The Structure of Policy Restraint*. Glenview, Ill.: Scott, Foresman, 1989.

Rorty, Richard. "Objectivity, Relativism, Truth." *Philosophical Papers*, vol.1. Cambridge: Cambridge University Press, 1991.

Sanders, H. and C. Stone. "Reexamining a Classic Case of Development Politics: New Haven, Connecticut." In *The Politics of Urban Development*, edited by C. Stone and H. Sanders. Lawrence: University of Kansas Press, 1987.

Sassen, Saskia. *The Global City*. Princeton, N.J.: Princeton University Press, 1991.

Sarup, Madan. *Identity, Culture, and the Postmodern World*. Athens: University of Georgia Press, 1996.

Saunders, Peter. *Social Theory and the Urban Question*. 2d ed. New York: Holmes & Meier, 1986.

Savage, Mike. "Review of Marxism and The City." by Ira Katznelson. *International Journal of Urban and Regional Research* 17, no.1 (1993).

Savage, Mike, and Allen Warde. *Urban Sociology, Capitalism, and Modernity*. New York: Continuum, 1993.

Schnore, Leo. "The City as a Social Organism." *Urban Affairs Quarterly* 1 (1966).

Scott, Allen J., and Edward W. Soja. *The City: Los Angeles and Urban Theory at the End of the Twentieth Century*. Berkeley: University of California Press, 1996.

Scott, Joan Wallach. *Gender and the Politics of History*. New York: Columbia University Press, 1988.

Sennett, Richard. *The Uses of Disorder: Personal Identity and City Life*. New York: Norton, 1970.

Simons, May Wood. "Cooperation and Housewives." *The Masses: Women's Issue*, no.i(December 1911).

Singer, Daniel. *Prelude to Revolution: France in May* 1968. New York: Hill & Wang, 1970.

Skocpol, Theda. *States and Serial Revolutions.* Cambridge: Cambridge University Press, 1979.

Skowronek, Stephen. *Building a New American State: The Expansion of National Administrative Capacities*, 1877–1920. Cambridge: Cambridge University Press, 1982.

Smith, Michael Peter. "Postmodernism, Urban Ethnography, and the New Social Space of Ethnic Identity." *Theory and Society* 21(1992).

Smith, Michael Peter, and Joe R. Feagin, eds. *The Bubbling Cauldron: Race, Ethnicity, and the Urban Crisis.* Minneapolis: University of Minnesota Press, 1995.

Smith, Neil. *The New Urban Frontier: Gentrification and the Revanchist City.* London: Routledge, 1996.

Soja, Edward W. *Postmodern Geographies: The Reassertion of Space in Critical Social Theory.* London: Verso, 1988.

Soja, Edward W. and Allen J. Scott. "Introduction to Los Angeles: City and Region." In The City: Los Angeles and Urban *Theory at the End of the Twentieth Century*, ed. Allen J. Scott and Edward W. Soja. Berkeley: University of California Press, 1996.

Spivak, Gayatri C. *The Post-Colonial City: Interviews, Strategies, Dialogues.* Edited by Sarah Harasym. New York: Routledge, 1990.

Stansell, Christine. "The Origins of the Sweatshop: Women and Early Industrialization in New York City." In *Working Class America*, edited by Michael Frisch and Daniel Walkowitz. Urbana: University of Illinois Press, 1983.

Stephenson, Charles, and Robert Asher. "Dimensions of American Working-Class History." In *Life and Labor: Dimensions of American Working-Class History*, edited by Charles Stephenson and Robert Asher. Albany: State University of New York Press, 1986.

Stone, Clarence. "The Study of Politics in Urban Development." In *The Politics of Urban Development*, edited by Clarence Stone and Heywood Sanders. Lawrence: University of Kansas Press,1987.

Swanson,Gillian."Drunk with the Glitter:Consuming Spaces and Sexual Geographies."*In Postmodern Cities and Spaces*,edited by Sophie Watson and Katherine Gibson.Cambridge,Mass.:Blackwell Press,1995.

Szelenyi,Ivan.*Urban Inequalities under Socialism.*New York:Oxford University Press,1983.

Tajbakhsh,Kian. "Postmodernism, Postmarxism, and the Question of Class." *Social Scientist* 19,nos.3-4(March-April 1991).

Thrift,Nigel."An Urban Impasse?"*Theory,Culture,and Society* 10(1993).

Tilly,Charles.Big Structures,Large Processes,Huge Comparisons.New York:The Russell Sage Foundation,1984.

Thompson,E.P.*The Making of the English Working Class.*Harmondsworth:Penguin,1968.

Vance,James."Housing the Worker:The Employment Linkage in Urban Structure." *Economic Geography* 42(October 1966).

Walden Kerr,M.*Socialism and the Home.*Chicago:Charles H.Kerr & Co,1901.

Walker,R."Regulation and Flexible Specialization as Theories of Capitalist Development:Challenges to Marx and Schumpeter?" In *Spatial Practices*, edited by Helen Ligget and David Perry.Thousand Oaks,Calif.:Sage,1990.

Walzer,Michael. *Thick and Thin:Moral Argument at Home and Abroad.*Notre Dame,Ind.:University of Notre Dame Press,1994.

Ward,Lester F.*Pure Sociology.*New York:Macmillan,1921.

Weber,Max."Basic Sociological Terms." In *Understanding and Social Inquiry*, edited by Fred Dallmayr and Thomas McCarthy.Notre Dame,Ind.:University of Notre Dame Press,1977.

Weiher,Gregory.*The Fractured Metropolis:Political Fragmentation and Metropolitan Segregation.*Albany:State University of New York Press,1991.

Wellman,Barry."The Community Question." *American Journal of Sociology* 84 (March 1979).

Wolff,J."The Real City,the Discursive City,the Disappearing City:Postmodernism and Urban Sociology." *Theory and Society* 21(1992).

Wright,Erik Olin,et al.*The Debate on Classes.*New York:Verso,1989.

Young, Iris Marion. *Justice and the Politics of Difference.* Princeton, N. J.: Princeton University Press,1990.

Zaretsky, Eli. *Capitalism, the Family, and Personal Life.* New York: Harper & Row,1973.

Zolberg, Aristide. "How Many Exceptionalisms?" In *Working-Class Formation: Nineteenth-Century Patterns in Western Europe and the United States*, edited by Ira Katznelson and Aristide Zolberg.Princeton,N.J.:Princeton University Press,1986.

Zukin,Sharon.*The Culture of Cities.*Cambridge,Mass.:Blackwell,1995.

后　记

　　基于空间理论进行城市哲学的现代性问题研究,是我从事学术研究十个年头以来始终执着的问题域。经过不断深入的思考,并将其作为专题性问题进行课题式研究时,所申报的国家社科基金青年项目"基于人类命运共同体理念的空间正义重塑研究(2018czx004)"获得立项批准。这一偶然中的必然是,我对这一问题的研究始终在两个基本又核心的问题上展开。

　　一是何谓城市哲学,城市哲学何以可能,城市意义上的空间转向之生发原则立足于怎样的元问题。从哲学学科体制与哲学学术发展史的角度看,空间转向最早是在哲学领域出现的,在不断向经济、政治与文化等各个领域的蔓延过程中,学者们从马克思主义、存在主义、结构主义、人本主义和新实证主义等各个角度对这一问题进行探讨,使研究呈现出众说纷纭、差异巨大的显学状态。在学者们的研究过程中,凝练出城市哲学、都市马克思主义、都市社会、空间理论等概念及思想观点,使城市问题从地域性概念上升为全球化问题,进而成为不可或缺的现代性问题之一。在对马克思主义的研究中,学者们意识到在马克思、恩格斯的著作中,城市几乎是文明的代名词。在当代,城市又成为全球化的重要场域,并引领人类社会突破地域界限逐步实现全面"进化"则毫不奇怪。因为,资本主义现代性发展的核心成果在城市层面得以完美展现,城市化是资本主义发展的重要动力。从现实层面看,21世纪的全球化运动以前所未有的速度推进,在信息化、网络化越来越发达的今天,中国的城市化率从20个世纪末的48%已经提升到近60%,且这一势头有增无减。因此,以都市为对象进行现代性问题的哲学理论研究既符合历史的逻辑,也符合理论的逻辑,更是现实逻辑之必然。围绕这样的元问题及现实需要,我将研究视域首先聚焦于马克思主义哲学的城市问题,关注城市经济、政治、文化构成的现代性哲学问题并进行哲学反思。于 2015 年完成了由社会科学文献出版社出版的《历史的解构与城市的想象》一书,便是对上述问题的理论回应与研究呈现。

二是城市哲学是何种性质的哲学,它包含哪些内容和特征。城市研究历史久远,并非是新鲜事物。但随着现代都市的发展,一些理论已经不能解释当今的都市问题,需要在新的历史条件下加以改进和完善。城市哲学并非是一个确定的论域,而是开放性的问题域。我们不认为在哲学层面上存在现成可借鉴的城市理论,也不认为城市哲学是固化的、一成不变的哲学架构。城市问题在成为历史性问题的同时,也是与时俱进、不断发展的理论性哲学话语。因此,它的内涵与外延、发展与质量在多元化、多样性、多学科的研究中越来越需要哲学的维度,特别是需要从马克思主义哲学的理论与现实的维度中加以审视与研究。因此,在《马克思主义视阈中的城市批判与当代价值》一书中,我既对马克思主义城市理论作出概述,也对不同时期、不同社会形态下的城市持存状态作出言说,提出马克思主义城市理论及其思想观点,努力走向新空间化的马克思主义。这便是我的第二部著作《马克思主义视阈中的城市批判与当代价值》(2017)的核心要义。该著作延续着马克思《资本论》的思考方式,探讨大卫·哈维从经济、政治与文化维度对城市空间的解读。应该说,这对我本人是一场不小的挑战。由于马克思主义政治经济学的独特运思,使我阅读了大量的政治经济学著述特别是马克思本人的《1844 年经济学哲学手稿》、《资本论》等重要著作,对工业文明以来城市经济的现代发展从经济学角度作出一点自我理解与诠释,进而成就了这部著作的写作与研究。

以上两条基本线索始终萦绕我,使我在不到 10 年时间里完成两部作品,其中既有兴奋与快乐,也有诚惶诚恐。因为我更加清楚地意识到,上述两个基本问题还未能完整地呈现空间研究的全貌,若要继续挖掘空间的真意,就必须与时俱进,从经济、政治、文化三者统一的现代性理论层面作出更多理论反思,于是我开始构思第三部作品《现代性的城市场域与哲学之路》。在这部作品中,我企图扩大研究视野,从社会哲学、政治哲学视角系统介绍与审视"都市"马克思主义代表人物及其思想观点,将更多的代表人物纳入其中,研究的视野也需更加开阔,用马克思主义哲学辩证思维方式对待与研究工业文明以来的都市复杂问题,亦进一步发现城市不再是经济学研究或地理分析的特权地带。随着"空间转向"——从物理学转向社会文化学、从地理学转向政治经济学的到来,来自不同学科的科学家、思想家都将注意力转向都市,并构建了令人兴奋的新思维方式。如此一来,本书就面临着如何将来自不同学科的城市声音融入同一个对话框中,从多维度分析都市的本质和思考城市未来的问题。因此,本书更加侧重运用多学科交叉的方法研究当今城市的现代性问题,努力呈现城市现代性问题的发展与解决之路,通过走向哲学之路,在哲学理论与实践相统一的视野内找寻对现实的意义与价值,问题与危机破解与匡正的"良方"。我秉持着马克思主义哲学的使命——不但要认识与解释世界,更要改变世界,在不断求索中前行,完成着自己勾画的科研之路——三步曲的第三部问世。

2018年是我人生中重要的转折点。自2008年硕士研究生毕业后,我便踏上了从事马克思主义理论研究的职业生涯。寒来暑往的科研叠加,悄然而逝的生命流量,伴随着一篇又一篇科研成果的发表而渐增自己的职业历程。在这星移斗转的10年时光中,我也曾多次思考人生的方向究竟在哪里,也曾不断质问科研的终点究竟在何方。所以,在职业生涯的第10年我选择了出走,加盟东北师范大学这一有着悠久传统和优秀团队的平台,我想这种选择更多的是源于事业的冲动,"出走"是为了更好地"回归"到"不忘初心"。当我刚刚报道东北师范大学,将要在国外马克思主义研究二级学科进行我崭新的教学工作与深入的科学研究时,这部作品被东北师范大学国外马克思主义研究二级学科负责人、西方马克思主义现代性理论研究中心主任韩秋红教授纳入其西方马克思主义现代性理论研究丛书中,并得到学科建设与发展资金资助,使我的"出走"有了更加华丽与隆重的"归位"。我庆幸、我兴奋、我欢呼、我感谢、更感恩:感谢东北师范大学为我提供了一流的科研平台;感谢东北师范大学韩秋红教授对我的厚爱、帮助与支持!感谢我的导师赵海月教授十多年来的培养!感谢曾经和我并肩在科研一线奋斗的吉林省社会科学院的各位同仁!感谢我的家人给予我的支持、理解和包容!也感谢人民出版社为出版丛书付出的努力与辛苦!

终而复始,日月是也。死而复生,四时是也。奇正相生,循环无端,涨跌相生,循环无穷。人生只有走出来的美丽,没有等出来的辉煌;人生没有一劳永逸的开始,也没有无法拯救的结束。我们或许改变不了环境,但可以改变自己;改变不了过去,但可以把握现在;不能样样顺利,但可以事事尽心;不能选择容貌,但可以展现笑容。在未来的日子里,我还会一如既往、痴心不改地在国外马克思主义这片沃土上耕耘,不断提升自己的理论水平,不忘初心,不辱使命,不负众望。

赫曦滢

2019 年 4 月 20 日

丛书后记

对现代西方哲学进行现代性转向的思考,是在西方哲学宏大历史叙事及内在逻辑把握的基础上逐渐将思考问题的兴奋点聚焦在西方马克思主义现代性问题上。不断形成西方马克思主义如作为现代西方哲学的主要思潮流派其传承了西方哲学的怎样传统,在现代西方哲学的诸多学派中何以独立桥头以现代性问题为主题而实现不同于后现代的现代转向,西方马克思主义用什么方式将现代性问题典型呈现出来,西方马克思主义的现代性问题呈现和现代性批判与现代西方哲学特别是与启蒙主义传统和后现代主义有哪些区别联系;对西方马克思主义现代性问题研究如何在马克思现代性批判思想理论的视域中进行分析,西方马克思主义现代性问题研究在怎样的意义上成为马克思主义发展史中不可或缺的一支,其现代性问题研究所构成的思想理论在马克思主义理论维度上需要加以的甄别与借鉴,以及西方马克思主义现代性理论对中国现代化发展有何种问题导源和理论借鉴等问题,似乎越来越构成研究西方马克思主义现代性理论的问题域,更涉及理解西方马克思主义现代性理论思想实质等关键问题。

历史文化与现代社会在"现代性"自身的把握中更具有超越历史文化语境限制的可能,也具有对时代精神进行思想性精华跃迁的可能。以批判性和反思性的力量理解现代性、重估现代性已成为理论工作者命定之意和当下使命。故此,现代性的现实境遇与现代性问题的反思批判是理解西方马克思主义现代性问题的关键。西方马克思主义在黑格尔、马克思现代性思想理论基础上进一步实现现代西方哲学的现代性转向,使现代性问题的揭示、现代性问题的审视、现代性问题的批判不断发出不同声音的同时,承继西方哲学形而上的精神传统,秉持现代性批判的理论追求,使现代性问题的研究与批判在西方马克思主义思想理论的研究与发展中越走越远。

　　丛书是东北师范大学国外马克思主义研究学术团队不断坚持对现代性问题研究基础上逐渐形成的,是该团队对西方马克思主义现代性理论研究的集中呈现。丛书中既有团队成员及校内相关学者在该问题领域中的研究性论文,也有系统梳理和论证西方马克思主义现代性理论的专门性著作;既有对代表性的西方马克思主义现代性理论的深入开掘,也有对前沿性的西方马克思主义现代性理论的探索尝试。将西方马克思主义现代性理论作为研究主题,对其展开宏观而微观、抽象而具体、面面俱到又层层递进的分析和研究,以此求教与分享于学界同仁,为推进西方马克思主义现代性理论研究的进一步深入开展。

　　如丛书中的《论集》一部主要体现为东北师范大学国外马克思主义研究学术团队以及相关人员的研究性论文的合集。除我自己的研究成果之外,学者们在该问题上作出的贡献在此一并感谢。他们包括我的同事胡海波教授、庞立生教授、魏书胜教授、荆雨教授、王艳华教授、田冠浩副教授、杨淑静副教授、刘宇兰副教授、张岩磊副教授、刘静副教授、刘金山博士、刘伟斌博士、赵振宇博士及其他们的学生;也包括我的学生上海理工大学胡绪明副教授、东北师大史巍副教授、大连大学步蓬勃博士、吉林省委党校于洁博士等人,我的学生王吉宇、王临霞、孟丹丹、王宇飞、王馨曼、孙颖等为本论集及丛书的出版也做了大量整理和校对工作。

　　借助东北师范大学国外马克思主义研究中心更名为西方马克思主义现代性理论研究中心之际出版西方马克思主义现代性理论研究丛书。丛书付梓之时,欣喜、愉悦、兴奋、惶恐、紧张、压力等心绪之复杂,使我在复杂面前努力清晰而清楚地认识到:学界同仁支持的重要性,朋友之间相互鼓励相互切磋的必要性,学术群体团结一致共同努力的基础性,四面八方给予的精神养分之影响性,是用感谢二字表达不足矣的。特别感谢东北师范大学社科处王占仁处长、王春雨副处长及社科处给予的支持。特别鸣谢人民出版社崔继新主任率队的编辑室,对丛书的设计、选题、审核、编辑、校对等方面付出的努力和辛勤工作,深表谢意与致敬!

韩秋红

2017 年初秋

责任编辑:崔继新
封面设计:林芝玉
版式设计:东昌文化

图书在版编目(CIP)数据

现代性的城市场域与哲学之路/赫曦滢 著. —北京:人民出版社,
  2023.12
(西方马克思主义现代性理论研究丛书)
ISBN 978 - 7 - 01 - 021434 - 4

Ⅰ.①现⋯　Ⅱ.①赫⋯　Ⅲ.①城市学-研究　Ⅳ.①C912.81

中国版本图书馆 CIP 数据核字(2019)第 240001 号

现代性的城市场域与哲学之路
XIANDAIXING DE CHENGSHI CHANGYU YU ZHEXUE ZHILU

赫曦滢　著

人民出版社 出版发行
(100706　北京市东城区隆福寺街 99 号)

北京九州迅驰传媒文化有限公司印刷　新华书店经销

2023 年 12 月第 1 版　2023 年 12 月北京第 1 次印刷
开本:710 毫米×1000 毫米 1/16　印张:15.25
字数:176 千字

ISBN 978 - 7 - 01 - 021434 - 4　定价:68.00 元

邮购地址 100706　北京市东城区隆福寺街 99 号
人民东方图书销售中心　电话 (010)65250042　65289539

版权所有·侵权必究
凡购买本社图书,如有印制质量问题,我社负责调换。
服务电话:(010)65250042